KB153715

고려전쟁
생중계

고려전쟁 생중계

고려의 역사를 뒤흔든 10번의 전투

정명섭 · 신효승 · 이노우에 히로미 글 · 김원철 그림

북하우스

● 　　　고려는 후삼국시대의 분열을 끝낸 통일왕조이자, 외침에 당당
하게 맞선 나라였다. 그러나 한편으로는 부족한 자료와 관심 때문에 우리에게
덜 알려져 있는 나라이기도 하다. 북방에서 세력을 키워 중원을 정복하려던 민
족들에게 있어서, 고려는 반드시 거쳐야 하는 존재였다. 거란족이 새운 요나라
는 끝내 고려를 뛰어넘지 못하고 한때 중국의 북방을 차지했다가 사라졌고, 여진
족이 세운 금나라 역시 마찬가지였다. 몽골족이 세운 원나라도 고려를 수십 년
동안 공격했지만 끝내 합병하는 데는 실패했다. 고려는 북방의 침략세력들에 맞
서 나라를 지켜내느라 뼈아픈 희생을 치러야 했다. 그리고 그 과정에서 의미 있
는 성과를 거두며 더 강해진 면모를 보여줬다. 거란과의 전쟁을 통해 강동 6주
를 얻은 것은 물론, 비록 실패로 돌아가긴 했지만 윤관이 이끈 고려군이 여진족
과의 전쟁을 통해 9성을 쌓기도 했다. 원나라에게 침략을 당해 국력이 쇠약해진
이후에도, 고려는 홍건적과 왜구의 대규모 침략에 맞서 나라를 지켜내는 역동
성을 발휘했다.

　한 나라가 걸어온 역사의 흥망성쇠를 단지 전쟁이라는 키워드를 통해서만
바라보는 것은 대단히 위험하다. 그럼에도 전쟁을 통해서 역사를 바라보는 것
이 의미 있는 것은, 그것이 당대의 가장 중요한 사건이기 때문이다. 조선이 중
국과의 사대관계를 통해 평화를 획득했다면, 고려는 중원의 지배자가 되고자
했던 민족들과의 전쟁을 통해 나라를 지켰다. 당시의 백성들에게는 크나큰 고
통이었겠지만 이런 고난과 역경 덕분에 고려라는 나라의 존재감을 역사 속에
뚜렷하게 남겨놓을 수 있었다. 전작인 『조선전쟁 생중계』가 그랬던 것처럼, 이번
에도 우리는 생생한 역사 속 현장에 마이크를 들이댄다. 우리 조상들이 고려라

는 깃발 아래 어떻게 싸워왔는지 귀 기울여주길 바란다.

전쟁이라는 극한 상황에서는 인간성이 고스란히 드러난다. 평소에는 애국과 충성을 외치던 사람도 막상 전쟁터에서는 비겁한 모습을 보인다. 하지만 고려시대의 전쟁사를 보면 자기 자리를 묵묵히 지키다가 죽어간 이름 없는 군인들과 장수들이 너무나 많았다. 이런 희생을 바탕으로 우리 국가와 민족이 존속됐다고 해도 과언이 아니다. 국가와 가족을 위해 싸운 그들의 숭고한 희생에 고개 숙여 고마운 마음을 표시하고 싶다.

이번 작업은 지난번 『조선전쟁 생중계』의 저자들과 함께 진행하면서 시행착오를 많이 줄일 수 있었다. 부족하고 실수투성이인 나를 믿고 묵묵히 제 할 일을 다해준 동료작가들에게 고마움을 전하고 싶다. 김원철 작가는 부족한 자료에도 불구하고 최선을 다해 삽화를 그려줬다. 신효승 작가는 많은 의견을 제시했으며 좋은 글을 써줬다. 이노우에 히로미 작가 역시 본업이 바쁜 와중에도 일본어 자료들을 해석하고, 일본에 남아있는 방루의 흔적을 직접 찾아가는 등 많은 노력을 기울였다. 이런 동료들이 없었다면 전작과 이번 책 모두 세상에 나오지 못했을 것이다. 이들과 함께 일할 수 있어서 기뻤고 작가로서도 큰 영광이었다. 한 권의 책이 세상에 나오기까지 많은 사람들의 땀과 열정이 들어간다. 믿고 기다려준 북하우스 출판사에도 고마움을 전한다. 아울러 아쉽게도 이번 시리즈에 참여하지 못한 최민석 작가와 기획자 서민경씨에게도 고마운 마음을 남긴다.

정명섭

●　　　　『조선전쟁 생중계』가 출간되고 1년여 만에 후속작인『고려전쟁 생중계』에 참여해달라는 연락을 받고 개인적으로 고민이 많았다. 이미 전작을 만들면서 자료를 수집하고, 수십 장에 달하는 그림들을 고증에 맞춰 그리는 것이 보통일이 아니라는 것을 절절히 깨달았기 때문이다. 작업시간도 예상했던 것보다 훨씬 오래 걸렸는데, 프리랜서 일러스트레이터로 일하고 있는 나에게는 치명적인 일이었다. 이런 문제들로 고민을 하다가 처음『조선전쟁 생중계』작업을 시작했을 때를 생각해보았다. 그때는 어떻게 해서든 책이 출간만 될 수 있다면 하는 심정이었는데, 이제는 이런 생각들로 고민을 하고 있다니. 결국 다시 한번 처음 작업에 임했던 마음을 되새기며 작업에 합류하게 되었다.

　한 번 해봤으니 이번에는 조금은 더 수월하겠지, 라는 짐작과는 달리 고려사 쪽은 그림으로 표현할 자료들이 턱없이 부족해서 작업하는 데 어려움이 많았다. 우여곡절을 거치며 수개월 간의 긴 작업을 끝내고 보니, 후련하면서도 한편으로는 아쉬운 마음에 그림들을 계속 다시 들쳐보게 된다.

　『조선전쟁 생중계』작업을 할 때와 마찬가지로 이번에도 부족한 실력이나마 우리나라 전쟁사를 쉽게 알 수 있는 책을 만드는 일에 일조했다는 뿌듯함을 느낀다. 작업을 하는 동안 아들을 이해하고 믿어주신 어머니, 가족들, 친척분들게 고마움을 전한다. 또 옆에서 계속 힘이 돼준 친구와 후배들 그리고 부족한 남편을 늘 응원해주는 나의 짝에게 고맙다는 얘기를 전하고 싶다.

김원철

● 　　　　'전쟁'이라는 주제를 통해서 역사의 발전을 바라본다는 것이 그리 녹록한 작업은 아니다. 특히 당시의 시대적 상황이나 문화적 특성 등을 제대로 이해하지 못한 상태에서 이런 작업을 한다는 것은 어찌 보면 현재라는 틀 속에서 나의 관점으로만 역사를 바라보고 있는 것은 아닌가 우려되기도 한다. 하지만 수많은 퍼즐이 모여 거대한 그림을 만드는 것처럼 어둠 속에 가려진 역사에 대한 다양한 묘사가 모여 거대한 실체로 나타나게 되는 것은 아닐까라는 생각도 해본다.

　　고려시대는 사실 전쟁이라는 주제로 표현하기에 굉장히 좋은 여건을 갖고 있다. 사료의 유무를 떠나 고려 왕조가 지속된 약 5백여 년의 기간 동안 전쟁이 줄기차게 이어졌기 때문이다. 고려는 건국 당시부터 후삼국을 통합하는 통일전쟁을 거쳤으며, 이후 대륙을 지배하는 북방민족들과 전쟁을 치르고, 이어서 일본으로 대표되는 해양세력과의 전쟁까지 치뤄야 했다. 전쟁 주체의 다양성만큼이나 다양한 문화적 특징이 나타났으며, 이런 과정 속에서 고려는 역사 발전의 원동력을 형성해갔다고 생각한다.

　　『조선전쟁 생중계』에 이어 두 번째로 함께 한 정명섭 작가와 그림을 그려준 김원철 작가와의 작업 속에서 이러한 역사 발전상을 확인할 수 있었다. 그에 고마움을 전하고 싶다. 물론 이러한 작업이 고려시대라는 역사 전체를 조명할 수는 없겠지만 그 외에도 다른 관점과 요인이 존재한다는 것을 확인하는 것에 의의를 두고 싶다. 역사라는 망망대해에서 언제나 훌륭한 가르침으로 이끌어주시는 연세대학교 김도형 지도교수님과 최윤오, 윤훈표, 임성모, 하일식, 김성보, 도현철, 신주백 교수님 등 연세대학교 대학원 교수님께 감사와 존경의 뜻을 전하며, 함께 공부하고 있는 연세대학교 대학원 학우들에게도 고마움을 전한다. 또 군이라는 독특한 테두리에서 인연을 맺은 조국제, 주창환, 이춘권 장군님을 비롯한 김기섭, 모광용, 김남규, 남봉현, 송장호, 이태우 대령님과 송인환, 김한실, 강종원 중령님, 그리고 그 외에도 같이 근무했던 선후배님들과 특히 이우석, 고유환, 곽동우, 박성준, 김용길, 홍기준, 윤현달, 이필립, 허희경, 김광수, 공대연, 박영주 등 전우들에게도 고마움을 전한다. 끝으로 아직 철들지 못한 아들을 언제나 묵묵히 사랑해주시고 지켜봐주시는 부모님과 동생 신영승, 안대준 부부 그리고 조카 채령이에게 고맙고 사랑한다는 말을 전하고 싶다.

신효승

● 한국에 온 지도 벌써 13년이란 세월이 흘렀다. 친한 친구들도 이제는 나를 보고 "당신 정말 한국사람 같아"라든가 "일본사람 같지가 않아"라고 말하곤 한다. 2001년 처음으로 한국에 왔을 때 내 나이는 21살이었다. 열정만 있고 아직 아무것도 모르는 20대 초반에 한국에 와서 한국인과 결혼을 하고 30대 중반에 이른 지금까지 한국사회와 한국문화가 '나'라는 사람을 형성하는 데 있어서 많은 영향을 끼쳤다. 먼 곳으로 여행을 떠났다가 돌아갈 즈음이면 한국의 집이 너무 그리워지는 것만 보더라도 한국은 나의 제2의 고향임에 틀림없다.

『조선전쟁 생중계』를 집필할 때와 마찬가지로 이번 『고려전쟁 생중계』의 작업을 하면서도 한국과 일본 어느 한쪽으로 편향되지 않은, 있는 그대로의 역사적 사실을 집필하려고 노력했다. 과거를 바로 알지 못하면 똑같은 실수를 반복하게 되며, 과거를 바로 알아야 미래를 알 수 있기 때문이다. 고려사에 대한 자료를 모으고 연구하면서 또 다른 시각에서 역사를 바라볼 수 있는 좋은 기회도 가질 수 있었다.

　『조선전쟁 생중계』에 이어 『고려전쟁 생중계』의 집필을 제안하고 여러모로 지도해주신 정명섭 작가님에게 고마움을 전하고 싶다. 그리고 늘 아낌없는 사랑으로 나의 곁을 지켜주는 남편과 언제나 내 편이 되어주고 응원해주는 가족들에게 사랑하고 고맙다는 말을 하고 싶다.

　最後に日本にいるお父さん、お母さん、姉ちゃん、よっちゃん、みなみちゃん、すみれちゃんに韓国より愛を込めて.

이노우에 히로미

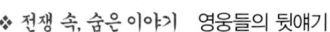

1.
삼수채 전투
고려군 vs 요나라군

◈ 제1차 여요전쟁 당시 양측 지휘관 및 참전 병력

고려군 지휘관 : 시중 박양유

참전 병력 : 불명

요나라군 지휘관 : 동경유수 소손녕

참전 병력 : 80만 명

◈ 제2차 여요전쟁 당시 양측 지휘관 및 참전 병력

고려군 지휘관 : 행영도통사 강조

참전 병력 : 30만 명

요나라군 지휘관 : 요나라 성종

참전 병력 : 40만 명

거란에서 사신을 보내 낙타 50필을 바쳤다. 그러자 왕은 "거란은 예전부터 발해와 화친했다가 못된 마음을 먹고 약속을 어긴 채 하루아침에 공격해서 멸망시킨 무도한 족속들이다. 그러니 화친을 맺고 가깝게 지낼만한 자들이 아니다"라고 말씀하시고는 왕래를 끊었다. 그리고 거란의 사자 30명을 바다의 섬으로 귀양 보내고 낙타들은 만부교 아래 묶어두고 모두 굶어 죽게 했다.

– 고려 태종 25년(서기 942년) 10월

서기 936년, 후백제가 멸망하면서 후삼국시대가 막을 내린다. 그리고 몇 년 후인 942년, 요나라의 사절이 고려를 찾아온다. 요하의 상류인 시라무렌 강 유역에서 살던 유목민족인 거란족은 10세기 초, 당나라가 멸망하면서 중원이 혼란에 빠지자 야율아보기의 지도 아래 빠르게 세력을 확대한다. 916년에 요나라를 세우고 926년에는 발해를 전격적으로 기습해서 멸망시키면서 차근차근 세력을 넓힌다. 그리고 고려에 사절을 보낸 것이다. 하지만 태조 왕건은 그들의 요구를 거절했을 뿐만 아니라 사신을 귀양 보내는 강경책을 쓴다. 당장은 이로 인해 아무 일도 없었다. 고려를 신경 쓰기에는 거란의 할 일이 너무나 많았기 때문이다. 하지만 거란은 그 일을 잊지 않았다.

누구에게나 피해갈 수 없는 운명이라는 것이 있다. 인간뿐만 아니라 땅 역시 운명에 얽매어있다. 북방의 유목민들은 늘 중원으로 진출하고 싶어 했다. 혹독한 추위나 메마른 대지 대신, 넓고 풍요한 농토와 노예로 부릴만한 인력이 풍부한 땅을 원했던 것이다. 그래서 유목민들은 정복자라는 불꽃같은 운명을 기꺼이 받아들였다. 하지만 그들이 중원으로 가기 위해서는 반드시 해결해야 할 문제들이 있었다. 첫 번째는 부족형태로 흩어져있는 내부의 결속과 통일이었고, 두 번째는 중원을 공격하기 위해서 반드시 평정해야 할 땅, 한반도의 정복이었다. 서기 342년, 전연의 모용황은 고구려를 침략해서 도읍인 환도성을 함락시켰다. 하지만 모용황은 환도성을 불태우고 퇴각했다. 그리고 미천왕의 시신과 함께 태후와 왕후를 포로로 끌고 갔다. 모용황이 퇴각하고 환도성으로 돌아온 고국원왕은 다음 해에 동생을 사절로 보내서 전연과 굴욕적인 화친을 맺었다. 전쟁이 이렇게 정리된 것은 그의 목표가 고구려가 아니라 중원이었기 때문이다. 모용황의 고구려 침략은 중원으로 쳐들어갔을 때 배후를 공격당하지 않기 위한 예비 전쟁이었던 셈이다. 본 무대에 올라가기 전 스파링 파트너와 치루는 마지막 연습 시합처럼 말이다.

역사는 다람쥐 쳇바퀴처럼 반복된다. 전연이 그랬던 것처럼 요나라[1] 역시 중원으로 나아가기 위해서 고려를 어떤 형태로든 복속시켜야만 했다. 첫 번째로 내민 카드는 화친이었다. 하지만 고려는 그 손을 뿌리쳤다. 고려로서는 자신

---

1 보통 역사책에는 거란족, 혹은 거란군으로 지칭하는 경우가 많지만 916년에 요나라를 건국했기 때문에 본문에서는 요나라로 지칭한다.

2 984년과 985년, 요나라군은 두 차례의 원정을 통해 청천강으로 추정되는 고려의 국경선 북쪽에 있던 여진족들을 공격해서 복속시켰다. 이때 발해 유민들이 압록강 가에 세운 정안국도 함께 멸망한 것으로 보인다.

에게 협력한 발해 유민들의 눈치를 보지 않을 수 없었고, 전통적으로 중원의 국가들과 가깝게 지내고 있었기 때문이다. 당시 고려는 건국한 지 얼마 되지 않아서 중원을 통일한 송나라의 책봉을 받아서 정통성을 확보하는 게 더 중요했다. 고려의 매몰찬 거절에 요나라는 일단 송나라의 공격을 막는 한편, 중간에 끼어있는 여진족들을 정벌하는 쪽으로 방향을 튼다.[2] 그 사이 고려는 태조 왕건이 죽고, 혜종과 정종, 그리고 광종과 경종을 거쳐서 성종에 이르렀다. 그리고 마침내 요나라가 여진족을 모두 평정하면서 고려는 한반도에 자리 잡고 있다는 이유만으로 기나긴 전쟁의 소용돌이에 휘말리게 된다.

전초전

요나라가 급격하게 팽창하고, 여진족이 그들에게 복속되는 사이 고려는 체제를 정비하기 위해 안간힘을 썼다. 하지만 광종의 개혁정책은 많은 희생자를 낳은 채 끝났고, 그 후유증은 오래 갔다. 광종의 맏아들 경종의 짧은 치세 이후, 성종이 즉위하면서 고려는 겨우 안정을 찾아가면서 외부로 눈을 돌리게 된다. 성종은 요나라의 침입에 대비하기 위해 국경지역에 성을 쌓는 한편, 984년에는 형관어사 이겸의를 압록강 유역으로 파견해서 성을 쌓게 한다. 여진족이 요나라의 공격을 받는 사이 압록강지역을 장악하려고 했던 것이다. 하지만 이겸의가 이끄는 고려군은 여진족의 공격을 받고 3분의 2가 전사하는 참패를 겪는다. 그리고 불길한 침묵이 찾아온다. 여진족 정벌을 완료한 요나라는 991년에 고려의 접경지역인 압록강에 요새를 쌓는다. 그중 압록강 남쪽인 오늘날의 의주 땅에 쌓은 내원성은 요나라의 다음 목표가 어디인지를 분명하게 알려줬다. 993년 8월, 동경 유수 소손녕이 이끄는 요나라 80만 대군[3]이 출진했다. 드디어 요나라가 중원의 주인이 되기 위한 마지막 시험대에 오른 것이다. 물론 그 시험이 그렇게 오랫동안 계속될 것이라고는 요나라도, 고려도 미처 예상하지 못했다.

최초의 경고신호는 요나라군이 출동하기 석 달 전인 5월에 울렸다. 국경 서북쪽에 거주하는 여진족이 요나라가 공격할 것이라고 알린 것이다. 하지만 고려는 여진족이 양쪽을 이간질하기 위해서 거짓말을 하는 것이라고 믿어버린다. 8월에 여진족이 다시 요나라 군대가 쳐들어온다는 소식을 전하자 고려의 성종은 그제야 사태의 심각성을 깨닫고 군대를 정비한다. 10월에 접어들면서 시중 박양유를 상군사로 삼고, 내사시랑 서희를 중군사로, 문하시랑 최량을 하군사로 삼아서 국경에 주둔시킨다. 군대를 셋으로 나눠서 국경에 전진배치한 것이다. 그리고 자신은 오늘날의 서경[4]을 거쳐 안북부[5]로 나아갔다. 요나라군을 국경선에서 막으려는 전략을 세운 것으로 보인다. 고려로서는 936년 후백제군과 일리천에서 전투를 벌인 이후 58년 만에 찾아온 대규모 전면전이었다. 반면, 요나라군을 지휘하는 동경유수 소손녕은 985년, 고토를 회복하기 위해 반격에 나선 송나라군을 전멸시킨 장수다. 휘하의 장수와 병사들 역시 송나라와 여진과의 전쟁에서 잔뼈가 굵은 병사들이었다. 이런 경험의 차이는 오늘날 평안북도 구성시 인근 봉산군에서 고려군의 선봉부대와 요나라군 사이에서 벌어진 첫 전투의 결과에서 그대로 나타났다. 고려군이 전멸당하고, 선봉장인 급사중 윤서안이 생포된 것이다.[6] 첫 전투에서 패배했다는 소식을 들은 고려의 성종은 그대로 말머리를 돌려서 서경으로 돌아간다. 중군사 서희가 이끄는 고려군이

---

3 물론 80만 대군이라는 얘기는 거짓말이다. 오늘날의 학자들은 총사령관격인 도통이 지휘하지 않는 군대는 최대 6만을 넘지 않는다는 요나라군 병제를 토대로 당시 병력을 대략 6만 명 정도로 추정한다.
4 오늘날의 평양.
5 오늘날의 평안남도 안주.
6 국방부전사편찬위원회의 『여요전쟁사』에서는 봉산성에서 고려군이 싸우다가 패배한 것으로 나오지만, 안주섭의 『고려거란전쟁』에서는 봉산군 일대는 성을 구축할 수 있는 지형이 아니라고 설명한다. 한편, 첫 전투가 벌어진 봉산군 바로 옆에는 고려와 요나라의 마지막 전쟁이 벌어진 귀주성이 있다.
7 오늘날의 북한산.
8 오늘날의 평안북도 정주.

봉산군으로 진출하면서 2차전이 벌어질 찰나, 요나라 진영에서 편지 한 통이 날아온다. 요나라는 고구려를 계승했으니 그 영토인 서경 이북을 넘겨주고 항복하라는 요구였다. 아울러 항복하지 않으면 반드시 멸망시킬 것이라는 엄포도 잊지 않았다. 첫 전투에서 이겼다는 자신감이 잔뜩 묻어난 편지를 받은 고려 조정은 주눅이 들었다. 그래서 왕이 직접 항복을 하고, 서경 북쪽의 땅을 넘겨주자는 의견이 대세를 이룬다. 성종 역시 항복하는 쪽으로 마음이 기울어진다. 이런 조정의 의견에 제동을 건 것은 서희였다. 누구보다 냉정하게 사태를 바라봤던 그는 항복해서는 안 되는 두 가지 이유를 지적했다.

첫 번째는 고구려의 옛 땅을 내놓으라는 요나라의 주장을 들어줄 경우 역시 고구려의 영토인 삼각산[7] 이북도 욕심을 낼 것이 틀림없다고 얘기한다. 즉 이번에 굴복하게 되면 다음번에는 더 큰 걸 요구할 것이라고 지적한 것이다. 두 번째는 서경 남쪽은 상대적으로 지형이 험준하지 않기 때문에 개경의 방위 역시 어려워진다고 언급한다. 이런 이유를 든 서희는 고려군의 전력을 집중해서 결전을 벌일 것을 주장한다.

이렇게 고려 조정이 항전이냐 항복이냐를 놓고 계속 고민하는 사이, 조급해진 소손녕은 두 번째 공격을 준비한다. 당시 고려군과 요나라군은 청천강을 사이에 두고 대치중이었기 때문에 소손녕이 찍은 목표는 청천강 하류의 안융진이라는 작은 성이었다. 귀주에서 출발한 요나라 별동대가 정주[8]를 거쳐서 청천강과 대령강이 합류하는 지점을 은밀하게 건너갔다. 하류는 수심이 깊고 물살이 세서 강을 건너기가 어려울 것이라는 예측을 뒤집고 기습을 감행한 것이다. 전선을 지키는 군인들이 가장 공포를 느끼는 것은 바로 등 뒤에서 적군이 몰려오는 상황이다. 세계 전쟁사를 보더라도 잘 싸우던 군대가 적군에게 포위되었다거나 후방에 적군이 나타났다는 얘기 한 마디에 붕괴되는 경우는 너무나 많았다. 소손녕이 노린 것도 바로 이런 점이었을 것이다. 청천강이라는 방어선이 무너졌다는 소식을 들은 고려군이 혼란에 빠지면, 그 틈에 주력군을 움직여서 고

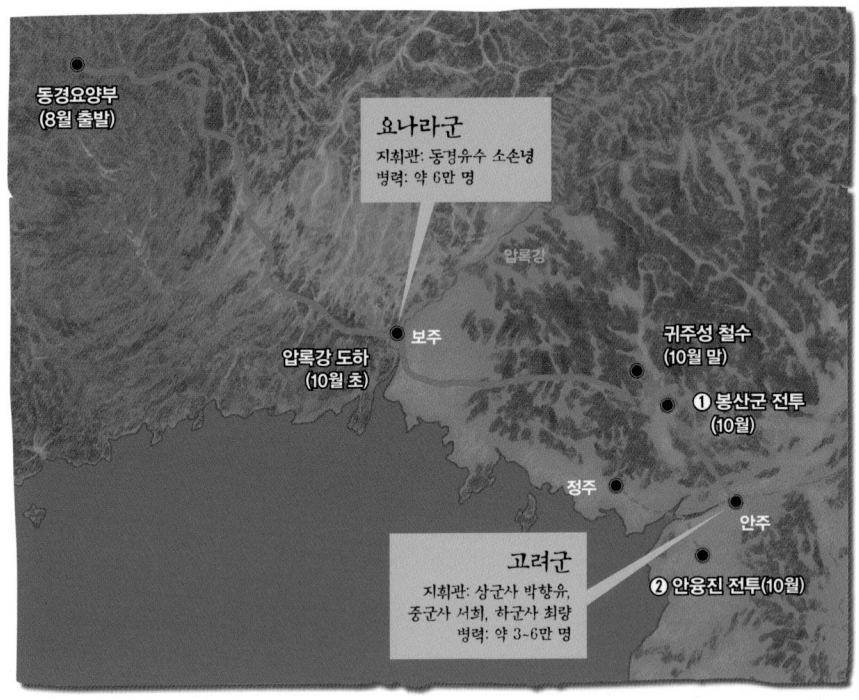

요나라군의 1차 침입 경로. 청천강 하류에 위치한 안융진을 급습했다가 실패하면서 기세가 꺾인다.

려군의 지휘부가 있는 안북부를 공격하거나 혹은 서경으로 진격할 계획이었던 것으로 보인다. 요나라 별동대가 기습적으로 청천강 하구를 건너 진격하면서 이 계획은 성공할 것처럼 보였다. 그들 앞을 가로막고 있는 것은 둘레가 1킬로 미터도 되지 않은 안융진이라는 작은 성뿐이었다. 그곳을 지키고 있는 지휘관이 정5품의 중랑장 대도수와 정6품의 낭장 유방이었던 점을 미뤄보면 수비대 병력도 최대 5백 명 정도였을[9] 것이다.

고려사에는 싸워서 이겼다는 기록만 남아있기 때문에 어떤 식으로 전투가

---

9 중랑장은 1천 명을 지휘하는 장군의 부관 격이고, 낭장은 2백 명을 지휘한다. 따라서 당시 안융진에는 최대 5백 명, 최소 2백 명의 병력이 주둔하고 있었을 것으로 보인다.

진행되었을지는 알 수 없다. 확실한 것은 요나라 별동대가 안융진을 함락시키는데 실패했다는 점이다. 비록 고려사에는 짤막하게 나와 있지만 결과는 극적이었다. 기세가 꺾인 소손녕은 더는 군대를 움직이지 못하고, 계속 항복하라는 협박만 가한 것이다. 하지만 안융진의 승리는 항복에 반대하는 서희의 주장에 힘을 실어주기에 충분했다. 그리고 서희는 자신이 직접 소손녕과 담판을 짓기로 결심한다. 요나라군의 진영으로 건너간 서희와 소손녕은 치열한 신경전을 펼친다. 하지만 아직 완전히 복속되지 않은 여진족을 배후에 둔 요나라군은 더는 시간을 끌 상황이 아니었다. 따라서 요나라와의 왕래를 방해하는 압록강 일대의 여진족들을 몰아내는 것을 허락해주면 기꺼이 국교를 맺겠다는 서희의 주장에 수긍한다. 이 얘기는 서희가 말 한마디로 청천강과 압록강 사이의 영토를 얻었다는 식으로 과대 포장된다. 하지만 당시 고려의 영역은 청천강 남쪽이었고, 요나라의 영역 역시 의주 지역까지였다. 강동 6주라고 불렀던 그 땅은 여진족들이 살고 있었다. 그러니까 일종의 완충지대였던 셈이다. 소손녕은 그 땅을 얻으면 기꺼이 국교를 맺겠다는 서희의 얘기를 듣고 목적을 이뤘다고 판단한 것이다. 소손녕은 7일간 잔치를 열고 막대한 선물을 안겨줌으로써 자신의 승리를 축하했다. 서희는 소손녕이 건넨 술을 마시면서 앞날을 구상했다. 서희의 보고를 받은 성종은 시중 박양유를 사신으로 보낸다. 아울러 요나라의 연호를 쓰고 송나라와의 국교를 끊는다. 요나라의 역사를 담은 요사에는 고려의 왕이 박양유를 보내서 표문을 올리고 사죄해서 여진족에게서 빼앗은 압록강 동쪽 땅 수백 리를 하사했다고 나와 있다. 정확하게는 여진족이 살고 있는 땅을 고려가 차지해도 좋다는 승인을 한 것이다. 성종 입장에서는 남의 땅을 가지고 생색을 낸 셈이고, 그 땅에 살고 있는 여진족들에게는 날벼락 같은 일이었겠지만 고려로서는 머뭇거릴 이유가 없었다. 다음 해인 994년 2월, 고려와 요나라는 사이좋게 여진족의 땅을 나눈다. 평장사로 임명된 서희는 여진을 공격해서 몰아내고 장흥진과 귀화진, 그리고 곽주와 귀주성을 쌓았다. 그리고 마침내 압록강까지 영토를 넓히는 데 성공한다. 이렇게 얻은 땅은 훗날 벌어질 요나라와의 전쟁에서 방어막 구실을 톡톡히 한다. 고려는 비록 요나라의 침략에 제대로 대응하지 못했지만 사후처리는 대단히 뛰어났다. 반면 요나라는 초반의 기세를 이어가지 못했다. 소손녕과의 담판을 성공으로 이끌고 강동 6주를 개척하는 데 큰 공을 세우며 요나라의 첫 번째 침략으로부터 고려를 지켜낸 주역인 서희는 998년 7월 57세의 나이로 세상을 떠난다. 하지만 고려와 요나라의 전쟁은 이제 막 시작된 것에 불과했으며, 죽음을 앞둔 서희 역시 그것을 잘 알고 있었다. 2차전의 발화점은 고려였다.

반역과 애국 사이

997년 10월, 병이 깊어져 사경을 헤매던 성종은 전왕인 경종의 맏아들인 개령군 송에게 왕위를 물려주고 내천왕사로 옮겼다가 그곳에서 세상을 떠난다. 새로 왕위에 오른 개령군이 바로 목종이었다. 18살의 나이로 왕위에 오른 그는 지방을 순행하고, 사면령을 반포하는 등 군주로의 책무를 다했다. 하지만 그의 어머니인 천추태후가 황해도 서흥 출신의 외척인 김치양과 가깝게 지내면서 문제가 생겼다. 목종이 어린 나이로 왕위에 오른 탓에 천추태후의 입김이 강했고, 그녀가 총애하는 김치양이 자연스럽게 조정의 핵심권력으로 등장한 것이다. 급기야 천추태후는 김치양의 아들을 낳고 아예 목종의 후계자로 삼으려고 들었다. 목종의 아들이 없는 상태에서 가장 큰 걸림돌은 천추태후의 여동생인 헌정왕후가 숙부 왕욱과 정을 통해서 낳은 대량군 순이었다. 이에 천추태후는 12살이 된 대량군 순을 중으로 출가시켰다. 그리고 몇 년 동안 고려 궁궐은 목종의 후계자 자리를 놓고 암투가 벌어진다. 즉위한 지 12년째인 1009년에 접어들면서부터 목종이 장군과 대신들을 궁궐에 계속 숙직시키고 병을 핑계로 칩거한 것으로 봐서는 신변의 위협을 느끼는 수준에 이른 것 같다.

그러던 어느 날, 목종은 은밀히 중추원부사 채충순을 불러서 김치양이 자신의 암살을 꾀하고 있다는 밀서를 보여준다. 그리고 삼각산의 신혈사에 머물고 있던 대량군 순에게서 온 편지를 꺼내 보인다. 거기에는 암살 위협에 시달리고 있으니 살려달라는 간절한 내용이 적혀있었다. 비록 불륜으로 인해 태어난 사생아이긴 했지만 태조의 핏줄은 이제 대량군 순뿐이었다. 목종은 채충순에게 중추원사 최항과 함께 대량군 순을 보호할 것을 부탁한다. 목종은 이 모든 일을 은밀하게 진행해서 정적인 김치양이 눈치채지 못하게 한다. 그런데 마지막 변수가 생긴다.

목종은 대량군 순을 후계자로 정하는 것을 굳히기 위해서 서북면 도순검부사 강조를 개경으로 불러들인다. 그런데 개경으로 돌아오던 강조에게 목종이 죽고 천추태후와 김치양이 조정을 장악했으며, 걸림돌이 되는 그를 제거하기 위해서 부른 것이라는 잘못된 정보가 전해진다. 강조는 일단 돌아가서 사태의 추이를 지켜보기로 한다. 그는 우여곡절 끝에 목종이 죽지 않았다는 사실을 알았지만 이번에는 왕의 명령을 어기고 개경으로 오지 않은 꼴이 되어버렸다. 결국 강조는 군대를 이끌고 개경으로 진입한다. 본의 아니게 쿠데타를 일으키게 된 것이며, 목종과 천추태후 사이에서 벌어진 권력 투쟁에 끼어들게 된 것이다. 단숨에 최고 권력자의 자리에 오른 강조는 대량군 순을 즉위시켰으니, 그가 바로 현종이었다. 뒤이어 목종을 폐위시킨 후 죽이고, 김치양과 그의 아들도 처형하면서 단숨에 조정을 장악했다. 대량군 순은 18살의 나이에 즉위했지만 강조의 허수아비에 불과했다.

고려가 이렇게 내분에 휩싸인 사이 요나라는 애초의 목표물인 중원을 착실하게 장악해나간다. 비록 송나라의 반격에 밀려 완전히 정복하는 데는 실패했지만 막대한 양의 조공을 상납 받으면서 우위를 점했다. 송나라를 꺾은 요나라의 성종은 동쪽으로 눈길을 돌리고, 상황은 18년 전인 993년과 똑같아진다. 중원을 완전히 정복하기 위해서는 배후에 있는 고려를 굴복시켜야만 했다. 고려가 비록 요나라의 연호를 쓰고 송나라와 국교를 끊었다고는 하지만 비공식적인 왕래를 계속하고 있었기 때문에 더더욱 신경이 쓰였다. 배후의 위협을 제거하기 위해서는 고려군의 주력을 전멸시키고 영토를 빼앗아서 아예 반격할 마음도 먹지 못하게 만들어야만 했다. 그러던 중에 고려의 정변 소식이 들어왔다. 요나라의 성종은 지방의 군대를 정비해서 고려 정벌을 준비하라는 조서를 내려보낸다. 대역죄인 강조를 처벌한다는 명분을 내세워서 군대를 일으키려는 속셈이었던 것이다. 성종은 자신이 직접 군대를 이끈다고 선언하고, 실제 지휘관인 도통에는 송나라와의 전쟁에서 두각을 나타낸 남경 유수 소배압을 임명했다.

현종이 즉위한 다음 해인 1010년 7월, 성종은 대장군 야율 윤을 보내서 목종의 일을 추궁했다. 사실상의 선전포고나 다름없었다. 고려에게 삶의 터전을 빼앗겼던 여진족도 발 빠르게 움직였다. 요나라에 말 1만 필을 바치며 원정에 참여시켜줄 것을 요청한 것이다. 이에 고려 현종은 사신을 보내서 군대의 출병을 중지해달라고 요청한다. 하지만 그해 10월 강조가 이끄는 고려군 30만 명이 통주[10]에 집결한 것을 보면 큰 기대는 하지 않은 듯하다. 18년 전 봉산군에서 일격을 당하고 청천강에 방어선을 폈던 것에 비하면 이번에는 훨씬 북쪽에 자리를 잡은 셈이다.

그 와중에도 양쪽은 서로 사절을 보내면서 전쟁을 선포하고, 화친을 요청하는 등 물밑 작업을 계속한다. 하지만 11월, 요나라 성종은 장군 소응을 보내서 친히 전쟁터에 나선다고 알려왔다. 이에 현종은 30년간 폐지되었던 팔관회를 개최한다. 부처의 힘으로 요나라의 침략을 막아보려 했던 것일까? 개경에서

---

10 오늘날의 평안북도 선천군.

요나라의 2차 침입 당시 고려군 지휘부

직책	관직	이름
행영도통사	이부상서, 참지정사	강조
부사	이부시랑	이현운
	병부시랑	장연우
행영도병마사	검교상서, 우복야, 상장군	안소광
부사	어사중승	노정
좌군병마사	소부감	최현민
우군병마사	형부시랑	이방
중군병마사	예빈경	박충숙
통군사	형부상서	최사위

팔관회가 열리던 때, 의군천병이라고 자칭한 요나라군 40만 명이 압록강을 건너온다. 두 번째 전쟁이 시작된 것이다.

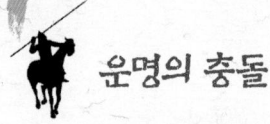

운명의 충돌

정명섭 독자 여러분, 안녕하십니까? 저는 고려전쟁사를 중계할 정명섭이라고 합니다. 도움 말씀을 주실 신효승 작가님께서 이 자리에 나와주셨습니다. 지금까지의 상황을 살펴보면 말이죠. 993년에 있었던 첫 번째 싸움에서 원하던 목적을 이루지 못한 요나라가 강조의 정변을 핑계로 다시 쳐들어왔습니다. 초반에 잘 싸웠지만 무승부로 끝난 것에 만족하지 못한 요나라가 2차전을 선언한 셈인데요. 그래도 이번에는 고려 쪽의 대응이 눈에 띄게 빨라졌습니다.

신효승 요나라의 성종이 미리 군대를 일으켜서 정벌하겠다고 아주 친절하게 알려준 덕분이기도 하지만 이미 한 번 겪었던 일이라 쉽게 전쟁을 예측할 수 있었죠. 영토 확장 측면에서 보자면 고려가 요나라를 따라가지는 못했지만 강동 6주에 성을 쌓고, 중앙집권제를 강화하는 등 나름대로 만반의 준비를 했다고 볼 수 있습니다.

정명섭 첫 번째 침입에서 요나라는 80만 대군이라고 허풍을 쳤는데 이번에는 40만 대군이라고 했습니다. 이에 맞서는 고려군도 30만의 병력을 동원했는데요. 그렇다면 양측 전력을 합쳐서 70만에 달하는 대군입니다. 어마어마한데요.

신효승 요나라의 첫 번째 침입 때는 총사령관격인 도통이 없었습니다. 요나라 병제에 의하면 도통이 없는 군은 최대 6만 명까지 동원할 수 있습니다. 따라서 당시 요나라군의 전력은 6만 명에 보조병력들이 추가되었다고 보는 게 맞을 것 같습니다. 반면 이번 2차 침입에서는 성종의 친정이기 때문에 친위군 격인 어장친군과 궁위기군이 모두 동원되었다고 봐야 합니다. 어장친군의 경우 대략 5만 명, 궁위기군의 경우 대략 10만 명을 동원할 수 있습니다. 그러니까 40만 명까지는 아니라고 해도 첫 번째 침입 때보다는 많은 정예군을 투입했다고 봐야하겠죠.

정명섭 이에 맞서는 고려군의 전력도 만만치 않습니다. 18년 전에 벌어진 1차전 때와는 달리 병력이 꽤 많아 보입니다. 그동안 착실하게 준비했나 보군요.

신효승 사실 고려는 정종 때인 947년에 이미 요나라의 침입에 대비해서 광군사라는 관청을 설립하고, 광군이라는 대규모 군대를 동원할 수 있는 체계를 마련합니다. 이 광군은 지방군인 주현군과 주진군으로 변화하는데요. 북쪽의 국경지방인 북계와 동계의 지방군을 주진군, 그 외 지방의 지방군을 주현군이라고 불렀죠. 그 밖에도 4만 5천 명 규모의 중앙군이라고 할 수 있는 2군 6위가 있었습니다. 군대가 증강되기도 했지만 침입을 미리 예상했기 때문에 동원령을 내릴 수 있었고, 이렇게 대규모의 군대를 집결시킬 수 있었던 것입니다.

정명섭 이렇게 양측의 전력을 살펴봤는데요. 이번 싸움에 임하는 양군의 전략적 목표와 그것을 달성하기 위해서 어떤 전술을 들고 나올지 간단한 설명 부탁드립니다.

신효승 일단 공격자인 요나라 측의 전략은 고려를 확실하게 굴복시켜서 송나라를 공격하는 데 걸림돌이 되지 않게 하는 것입니다. 1차 침입 때와 같은 목표입니다만 당시는 지나치게 신중하게 움직였고, 강동 6주에 대한 지배권을 쉽게 넘겨줌으로써 오히려 고려의 영토 확장을 도와준 셈이 되고 말았죠. 일단 표면상으로는 목종을 폐위시키고 살해한 강조를 벌한다고 공표했기 때문에 명분 싸움에서는 앞서고 있는 상황입니다.

정명섭 이번에도 장기인 기병들을 앞세워서 기습과 돌파로 고려군을 괴롭힐까요?

신효승 아마도 같은 전략을 들고 나오겠죠. 고려의 주력군을 격파하고 왕의 항복을 받아내면 강동 6주와 서경 이북의 땅을 넘겨달라고 요구할 가능성이 높습니다. 그게 힘들면 후대의 청나라처럼 왕위 계승자를 인질을 잡아가는 방식을 취할 수도 있겠죠.

정명섭 이에 맞서는 고려군은 강조를 지휘관으로 해서 통주에 집결 중입니다. 고려군의 전략은 역시 버티기겠죠?

신효승 그럴 겁니다. 고려군은 아직 야전에서 기병이 주력인 요나라군을 이긴 적이 없는 상황입니다. 또한 새로 얻은 강동 6주의 지형이 워낙 험난하기 때문에 이곳에 쌓은 성에 의지해서 방어하는 게 최선의 방법이죠. 산이 많은 지역이라 기동로가 제한적이어서 아무리 빨리 움직인다고 해도 움직임을 예측하기가 쉬운 편이기도 합니다.

정명섭 새삼 이 땅을 차지하고 성을 쌓는 일을 진두지휘한 서희의 선견지명에 놀라게 되는군요. 기동로가 많이 제한된 편이라고 하셨는데요. 어떤 루트가 있고, 요나라 군대는 어떤 길로 올까요?

신효승 일단 요나라군은 압록강을 넘어와서 지금의 의주인 내원성에 집결할 것 같고, 이곳에서 출발하면 대략 두 가지 루트가 있습니다. 첫 번째 길은 내원성에서 출발해서 동남쪽에 있는 고려군의 최북단 성인 흥화진[11]을 거쳐서 남쪽인 통주와 곽주[12]를 거친 후 청천강을 건너서 안북부를 지나가는 루트입니다. 남로 내지는 서로[13]라고 불리는 이 길은 바로 옆이 황해여서 해상 보급에 유리하고 해안선 쪽으로부터 공격을 받지 않는다는 장점이 있습니다. 다른 길은 역시 흥화진과 귀주를 지나서 박주와 태주를 통과한 다음 청천강을 건너서 안북부에 이르는 루트인데요. 보통 북로 내지는 동로라고 불렀습니다. 거리상으로는 해안루트보다는 짧지만 더 험한 지형을 거쳐야한다는 문제점이 있습니다. 1차 침공 때는 북로를 이용해서 침공했

---

11 오늘날의 평안북도 의주군 위원면에 있는 성으로 정묘호란과 병자호란때 임경업 장군이 지켰다.
12 오늘날의 평안북도 정구군 곽산면.
13 남로 혹은 서로를 통해서 이후 몽고군은 물론 조선시대 청나라군이 남하했다.

갑옷을 입힌 말을 탄 요나라의 중장기병인 정군과 보급을 담당하는 타초곡병. 유목민족들은 모두 활을 주 무기로 쓰는 경기병이라는 선입견과는 달리 요나라의 정군은 말과 사람 모두 갑옷을 착용한 중장기병이다. 이들은 활과 창, 칼과 도끼, 그리고 철퇴 등 다양한 장비들을 갖추고 전장에 나갔다. 타초곡병은 정군에게 배속된 병사들로서 약탈을 통해 식량과 말먹이를 조달하는 것이 주 임무였다. 또한 정찰이나 패잔병들의 추격을 담당하기도 했다. 이들의 조합은 불필요한 보급을 줄이면서 장거리 작전을 가능하게 만들면서 송나라와 고려군을 충격과 공포에 몰아넣었다.

다가 귀주 근처의 봉산군에서 고려군의 선봉과 교전이 벌어졌고, 전선이 고착되자 남로 쪽으로 기습 공격했다가 안융진에서 패배하고 말았죠.

정명섭 그렇다면 고려군이 해안루트의 중간 지점인 통주에 머물고 있는 것은 요나라군이 이쪽으로 공격하는 것에 대비하겠다는 의미가 되겠군요.

신효승 그렇습니다. 아무래도 대규모 군대가 움직이기에는 해안루트 쪽이 좀 편하거든요. 하지만 통군사 최사위를 귀주 쪽에 보내서 내륙루트에 대한 방비도 하고 있는 상태죠.

정명섭 결국 이번 싸움의 승패는 요나라군의 공격을 고려군이 어떻게 막느냐, 그리고 통주성에 주둔한 고려군의 주력이 얼마나 잘 싸우느냐에 따라 달라지겠군요. 말씀드리는 순간, 드디어 내원성에 주둔하고 있던 요나라군이 움직입니다.

신효승 어떤 루트로 가든 흥화진성은 반드시 함락시켜야만 하기 때문에 그곳을 먼저 공격해야 합니다. 성을 뒤에 남겨두는 건 매우 위험한 일이죠.

정명섭 첫 번째 목표는 말씀하신대로 흥화진성이군요. 이곳의 지휘관은 서북면 도순검사 양규 장군입니다. 11월 17일, 요나라가 대군을 동원해서 공격을 개시합니다. 비교적 험하지 않은 남문과 서문 쪽에 공격을 집중합니다. 화살이 날아드는 가운데 요나라군이 북을 치면서 벌떼처럼 몰려듭니다. 하지만 이에 맞서는 흥화진성의 고려 군민들도 일치단결해서 대응합니다. 방금, 성문을 부수려고 했던 요나라군의 시도가 실패로 돌아갔습니다. 고려군이 성벽에 걸쳤던 사다리들을 하나 둘씩 치우고, 요나라군은 즐비한 시체들을 남겨두고 퇴각합니다. 고려군의 방어가 예상 외로 단단하군요.

신효승 흥화진성이 있는 곳은 낮은 능선이지만 매우 가파른데다가 성 안에 우물이 많아서 장기전을 대비하기에 좋은 곳이죠. 또 이곳을 지키는 지휘관인 양규 장군의 뛰어난 통솔력도 한몫했습니다.

정명섭 아! 요나라 성종이 성 밖에서 붙잡힌 고려 백성에게 편지를 들려서 성 안

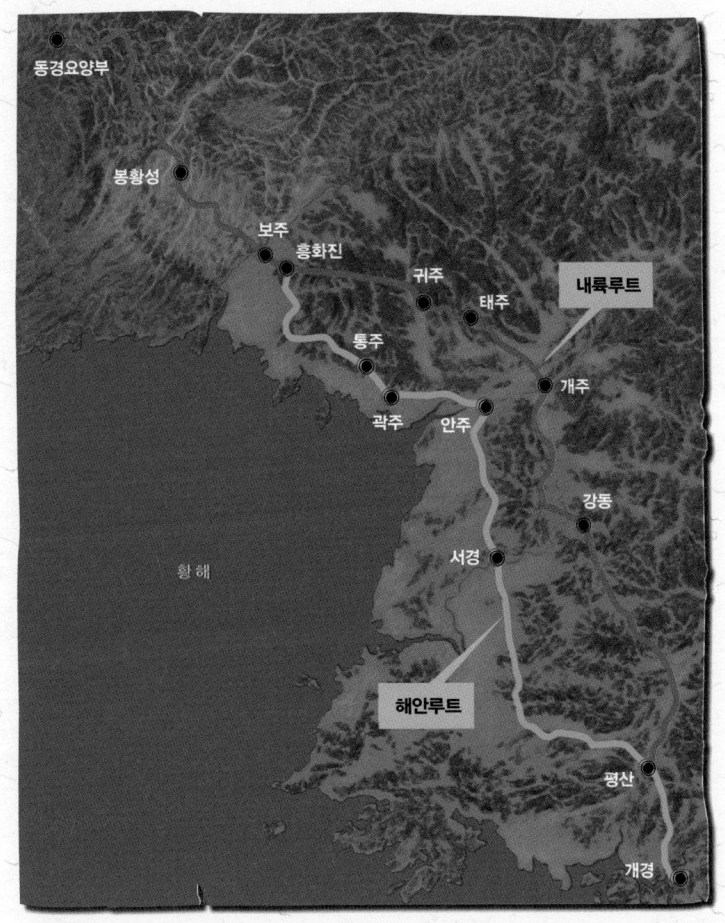

요나라의 고려 침공루트. 해안과 내륙 두 갈래 길이 있다. 이렇게 공격루트가 제한된 상태였기 때문에 요나라 기병들의 장기인 빠른 진격과 우회 침입이 불가능했다.

으로 들여보냅니다. 좋게 말할 때 항복하라 이거군요. 하지만 흥화진성을 지키던 양규 장군은 눈 하나 깜짝하지 않습니다. 성종이 거듭 편지를 보내서 항복하라고 하지만 효과가 없자, 결국 요나라군이 전열을 재정비해서 다시 공격해옵니다. 첫 단추를 잘 꿰겠다는 집념어린 공격입니다. 하지만 이번에도 잘 막아내는 고려군! 기병이 주력인 요나라군은 일주일간 맹공을 퍼부었지만 결국 흥화진성을 함락하는 데는 실패합니다. 결국 흥화진성을 포기하고 남진하기로 결정하는군요. 배후에 성을 놔두고 가면 위험하지 않을까요?

신효승 그렇긴 하지만 언제까지 이 성에 매달릴 수는 없으니까요. 기습을 막기 위해서 흥화진성 남쪽의 무로대라는 곳에 20만 대군을 남겨두었으니까 나름대로의 대책을 세운 셈이죠.

정명섭 흥화진성에서 양군의 교전이 한참이던 11월 18일에 귀주성 북쪽의 탕정과 서성 등지에서 최사위가 이끄는 고려군과 요나라군이 교전을 벌입니다. 그런데 고려군이 밀리는군요. 역시 야전에서는 안 되는 걸까요?

신효승 송나라나 여진과 매년 싸우던 요나라군과 20여년 만에 처음 전투를 겪는 고려군과의 실전경험 차이라고 봐야하겠죠.

정명섭 다행스럽게도 요나라군이 패주한 고려군을 추격하지 않습니다. 이렇게 되면 고려와 요나라가 나란히 1승 1패를 기록하는 상황이 되었네요. 아무래도 양쪽의 주력부대가 결전을 벌이는 것으로 승패가 나뉠 것 같습니다. 빠른 속도로 남진하는 요나라군의 주력입니다. 메인 경기가 눈앞으로 다가오고 있군요.

신효승 지금까지 고려군은 나쁘지 않았습니다만 이번 전투가 중요합니다. 여기서 요나라군을 물리치거나 혹은 공격을 저지한다면 승리할 수 있게 되겠죠. 반면 요나라군은 흥화진성을 함락시키지 못한 상황이라 빠른 결전을 벌일 것으로 예상됩니다.

정명섭 11월 25일, 드디어 요나라군이 강조가 이끄는 고려군이 있는 통주성에 도착합니다. 고려군 역시 성 밖으로 나와서 싸울 준비를 하는군요. 진영을 잠깐 살펴볼까요?

신효승 성 밖으로 나온 고려군은 세 곳으로 나눠서 진을 칩니다. 우선 강조가 이끄는 군대는 통주성의 서쪽에 세 개의 하천이 만나는 삼수채를 방패 삼

통주성

통주성 전투
(11월 25일)

고려군

삼수채 전투
(11월 23일)

청 강

고려군
지휘관: 행영도통사 강조
병력: 약 30만 명

요나라군
지휘관: 성종, 도통 소배압
병력: 약 20만 명

→ 요나라군 기동로
- 고려군 방어진지

통주성 앞에 진을 친 강조의 고려군 배치도. 지형의 이점을 이용해서 요나라군의 공격을 막을 계획이었던 것으로 보인다.

아서 진을 치고, 다른 한 부대는 근처의 산에, 그리고 나머지는 통주성 앞에 진을 친 상태입니다.

정명섭 야전을 벌이기는 하지만 강과 산에 의지한다는 얘기는 지형을 최대한 이용하겠다는 뜻인가요?

신효승 그렇습니다. 아무래도 요나라 기병들과 야전을 벌이기는 어렵고, 시간을 끌면 끌수록 유리하다는 계산을 한 것으로 보입니다. 물론 겨울이라 하천이 모두 얼어붙었겠지만 어쨌든 빠른 이동을 막는 장애물로는 손색이 없죠.

정명섭 고려군이 삼수채에 목책과 보루를 세웁니다. 어, 그런데 고려군의 진영에 이상한 게 있네요. 바퀴가 달린 수레에 방패를 세워놓고 앞쪽에 창을 꽂

아났네요.

신효승 검차檢車라는 겁니다. 수레에 창과 방패를 달아서 기병의 공격을 막는 일종의 이동용 바리케이드라고 보시면 될 겁니다.

정명섭 강을 앞에 두고 검차로 방어를 하게 되면 요나라 기병이라고 해도 돌파하기가 쉽지 않을 것 같은데요. 흥화진성에서 그랬던 것처럼 우회할 가능성은 없을까요?

신효승 그렇습니다. 게다가 배후에 통주성까지 있으니까 버티기에는 최적의 장소죠. 흥화진성을 함락시키지 못한 상태에서 통주성까지 우회한다면 배후가 완전히 차단되는 것이나 마찬가지죠. 또 애당초 거병한 목표인 강조를 놔두고 간다면 명분도 잃어버리는 꼴이 될 거고요. 어떤 식으로든 일단 공격을 하고 보겠죠.

정명섭 예상하신 대로 통주성에 도착한 요나라군이 공세에 나섭니다. 하지만 유리한 지형과 검차를 앞세운 고려군의 방어벽을 뚫지는 못하고, 피해만 늘어납니다. 검차 뒤에 몸을 숨기고 있던 고려의 궁병들이 접근하던 요나라의 기병들을 쓰러뜨립니다. 결국 피해를 견디지 못한 요나라 기병들이 퇴각합니다. 첫 전투는 강조의 승리로 돌아갑니다. 이런 식의 버티기라면 고려군에게 절대적으로 유리하겠죠? 우회도 불가능하고, 보급 문제 때문에 오래 있을 수도 없고 말이죠.

신효승 맞습니다. 이대로 가면 고려군이 매우 유리합니다. 하지만 요나라군은 송나라나 여진과 싸운 경험이 풍부하고, 임기응변에 능한 편이죠. 아마 끊임없는 탐색전을 벌이면서 고려군의 약점을 찾으려고 할 겁니다. 끝까지 방심하지 말고 경계를 늦추지 말아야 합니다.

정명섭 예상하신 대로 작은 규모의 기병들이 치고 빠집니다. 고려군 진영의 약점을 찾으려는 것이겠죠. 처음에는 경계하던 고려군도 차츰 방심을 하는 것 같습니다. 위험한데요. 이러다 갑자기 전력을 집중해서 공격해올 수 있습니다. 잘 막아야 합니다. 아! 야율분노가 이끄는 요나라군이 기습적으로 고려군의 목책과 보루를 돌파합니다. 뒤이어 야율적로가 이끄는 병사들도 진입하는데요. 적에게 방어선을 돌파당한 고려군이 우왕좌왕합니다. 전방의 상황이 이런데 총사령관인 강조는 한가하게 바둑을 두고 있네요.

신효승 요나라군의 기습을 받았다는 보고를 받았지만 워낙 수가 적어서 무시한 것 같습니다.

정명섭 강조가 두 번째 보고를 받고 놀라서 일어납니다만, 뭘 봤는지 투구를 벗고 무릎을 꿇어버리네요. 순식간에 요나라군 기병들이 들이닥쳐서 강조를 잡아 깔개와 함께 싸서 끌고 갑니다. 함께 있던 행영도통부사 이현운, 도관원외랑 노전, 행영도통판관 노전, 감찰어사 노이, 양경, 이성좌 등이 함께 포로로 붙잡히고, 행영도병마부사 노정과 사재승 서숭, 주부 노제 등이 전사합니다. 일격에 고려 지휘부가 모두 포로가 되거나 전사하는 일이 벌어졌네요. 수만 명이 지키고 있던 진영에서 어떻게 이런 일이 벌어진 걸까요?

신효승 요나라군이 기병 특유의 치고 빠지기, 그리고 교란작전을 통해서 약점을 파악한 다음, 그곳에 전력을 집중해서 돌파하는 방식을 쓴 것이죠. 이렇게 전선 한 곳이 무너지면 나머지 병사들은 공포감에 휩쓸려서 흩어지게 됩니다. 이런 상황이 오게 되면 가장 중요한 병력 통제가 불가능하고 패전과 학살로 이어지게 되죠.

정명섭 지휘부를 잃은 고려군이 우왕좌왕하는 것을 본 요나라군이 총공세에 나섭니다. 역시 기회를 놓치지 않는 요나라군입니다. 고려군은 제대로 싸워보지도 못하고 곽주성 방면으로 도주합니다만, 요나라 기병들에게 금방 따라잡힙니다. 추풍낙엽처럼 쓰러지는 고려군! 안타깝습니다. 곽주성은 아직 먼데 이렇게 쫓기다가는 도착하기도 전에 모두 전멸당할 것 같습니다. 후퇴하던 고려군의 일부가 완함령 고개에서 멈추네요.

신효승 좌우기군장군 김훈과 김계부, 이원, 신영한 등이 소수의 고려군을 규합해서 고갯길에 매복합니다. 어차피 이렇게 도망치다 죽느니 싸우다 죽겠다는 각오 같습니다.

정명섭 매복이 있는 줄 모르고 진격해오던 요나라군이 고려군의 기습을 당합니다. 고려군과 요나라군이 백병전을 벌입니다. 고려군이 맹렬하게 반격하면서 말에서 떨어지는 요나라 기병들이 늘어납니다. 결국 요나라 기병들이 추격을 포기하고 후퇴합니다. 이렇게 기나긴 하루가 끝이 납니다. 삼수채에서 완함령까지 고려군의 시체가 즐비합니다. 대체 얼마나 많은 피해를 입은 걸까요?

신효승 고려사의 기록을 보면 대략 3만 명이 전사했다고 나와 있습니다. 전사자가 그 정도면 부상자와 포로, 실종자까지 합치면 최소한 5만 명 이상의 인명피해가 났다고 봐야하겠죠.

정명섭 처음에는 잘 싸우는 것 같더니 어이없게도 진영을 돌파한 요나라군에게 강조를 비롯한 지휘부가 생포당하거나 전사당하면서 한순간에 붕괴되고 말았습니다. 참으로 안타깝습니다. 붙잡힌 강조는 성종 앞에 끌려갔군요. 강조를 회유하려는 모양입니다.

신효승 강조의 협력을 얻으면 고려를 손쉽게 손에 넣을 수 있기 때문이죠. 어쨌든 실권자였으니까 말이죠.

정명섭 하지만 강조는 고문을 받으면서도 끝끝내 회유를 거부합니다. 반면 함께 생포된 이현운은 신하가 되기로 합니다. 강조는 그대로 처형당하고 맙니다. 이렇게 되면 이번 싸움은 요나라의 승리로 끝나는 건가요?

신효승 비록 고려군의 주력이 붕괴되고, 지휘관인 강조가 포로로 잡히기는 했지만 아직 전쟁이 끝난 것은 아닙니다. 당장 참패를 눈앞에서 지켜봤던 통주성의 고려군이 항복을 거부하고 있거든요.

정명섭 항복할 줄 알았는데 아니군요. 요나라 성종이 생포한 노전을 통주성으로 본진을 급습한 요나라군 기병들에게 생포된 강조.
요나라 기병들의 속도와 돌파력을 무시한 대가를
톡톡히 치르게 된다. 순식간에 지휘부를 잃은 고려군은
큰 혼란에 빠진다.

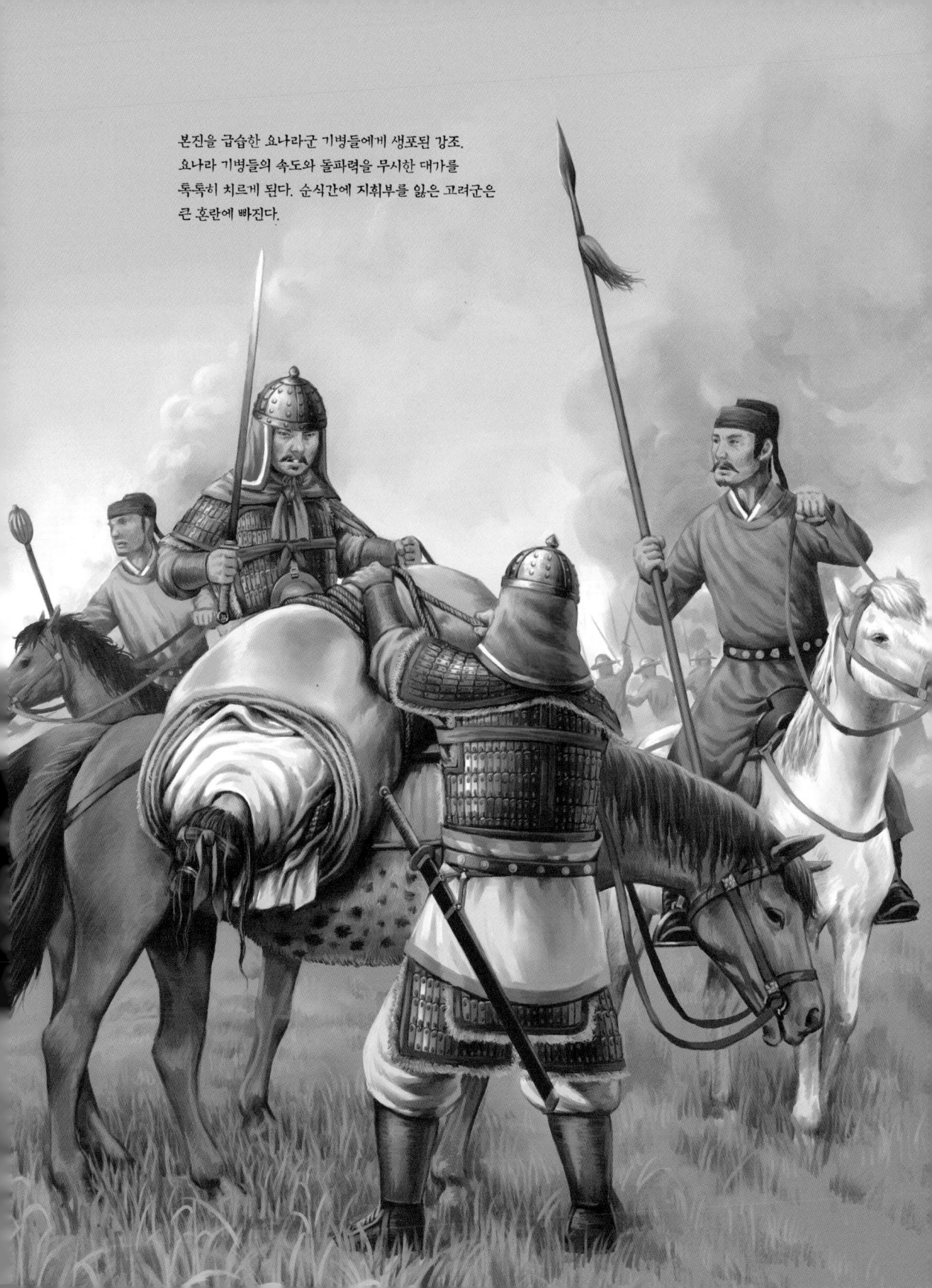

보내서 항복하라고 요구하지만 중랑장 최질과 홍숙이 노전을 체포하고 결사항전을 주장합니다. 기다리던 성종이 공격 명령을 내립니다. 하지만 이게 웬일입니까? 통주성의 고려군이 공격을 막아냅니다. 역시 방어전에는 강하군요. 12월 5일까지 전투가 계속되지만 결국 고려군이 성을 지켜내는 데 성공합니다. 이번에도 요나라군은 통주성을 놔두고 남하합니다. 다음 목표는 어디인가요?

신효승 삼수채에서 패전한 고려군이 도망친 곽주성이겠죠. 이곳을 함락하면 청천강을 건너서 안북부를 공격할 수 있고, 그 다음은 고려의 서경, 즉 평양이 코앞입니다. 청천강 남쪽은 상대적으로 평야지대가 많은 편이라 이곳에서부터는 요나라군을 막기가 사실상 불가능하죠.

정명섭 고려군은 그나마 통주성 방어에 성공하면서 희망의 불씨를 지펴갑니다. 원래대로라면 삼수채 전투의 승패를 알려드리고 중계방송을 마쳐야 합니다만, 싸움이 아직 완전히 끝나지 않은 관계로 조금 더 중계해드려야 할 것 같네요. 통주성 공격을 포기한 요나라군이 12월 6일, 곽주성 공격에 착수합니다. 고려군이 과연 잘 막아낼까요? 그런데 곽주방어사 조성유가 야음을 틈타 도망치고 맙니다. 곽주성이 혼란에 빠진 틈을 타서 요나라군이 총 공세에 나섭니다. 결국 곽주성이 함락되면서 대장군 대회덕 등이 전사하고 맙니다. 성을 함락한 성종은 수비군 6천 명을 두고 계속 남하합니다. 고려 조정은 화주[14]에서 여진족을 막고 있던 중랑장 지채문에게 즉시 서경을 구할 것을 명령합니다. 뒤늦게 방어병력을 움직이기로 한 것인데 과연 늦지 않을까 궁금합니다. 요나라군의 상황은 어떤가요?

신효승 곽주성을 함락하고 남하한 요나라군이 12월 8일, 드디어 청천강을 건너는 데 성공합니다.

---

14 오늘날의 함경남도 영흥군.

정명섭　안북부의 고려군이 막지 않았나요?

신효승　안북도호부사인 박섬이 홀로 도망치는 바람에 남은 고려군도 저항을 포기하고 흩어져버렸습니다. 삼수채에서의 패배에 큰 충격을 받은 모양입니다.

정명섭　정작 참패를 지켜본 통주성은 버텼는데 후방이 무너지는군요. 이렇게 해서 청천강 방어선이 뚫리고 맙니다. 요나라군의 다음 목표는 서경입니다만, 화주에서 출발한 지채문의 고려군이 조금 일찍 도착합니다. 그런데 서경에서 성문을 열어주지 않네요. 분위기가 이상하게 돌아가는데요?

신효승　12월 9일에 요나라군이 삼수채에서 포로로 잡았던 감찰어사 노이를 보내서 항복을 요구했기 때문이죠. 그 전에 서경 근처의 중흥사 탑을 불살라버리는 등 무력시위를 벌이자 서경부 유수 원종석은 항복하기로 마음먹고 항복문서를 만들어놓은 상태죠. 지채문의 군대가 도착한 게 딱 그 시점입니다.

정명섭　서경까지 넘어가면 진짜 위험해질 수밖에 없게 되는데요. 그런데 서경의 성문이 열립니다. 원종석이 마음을 바꾼 걸까요?

신효승　그게 아니라 항복에 반대하던 분대어사 조자기가 몰래 성문을 연 것으로 보입니다.

정명섭　지채문이 입성하는 데 성공하지만 원종석은 여전히 항복할 뜻을 굽히지 않습니다. 결국 지채문이 항복문서를 가지고 요나라 진영으로 가던 노이를 죽이고 맙니다. 같은 고려인들끼리 피를 흘리는군요. 이 문제로 항복을 주장하는 쪽과의 갈등이 심해지자 지채문은 군대를 이끌고 서경 남쪽으로 물러납니다. 하지만 동북계 도순검사 탁사정이 도착하면서 다시 분위기가 바뀝니다. 한편, 강조가 죽고 전황이 불리하게 돌아가자 고려의 현종은 강화를 요청합니다. 현종의 요청을 받은 요나라 성종은 마보우를 개성 유수로, 왕팔을 부유수로 임명하고, 장수 을름에게 천명의 기병으로 호위하게 하고는 출발시키는군요.

신효승 말이 강화요청이지 사실상의 항복 선언이나 다름없죠. 아마 서경 쪽 분위기를 전해 들었을 테니까 이번 싸움이 끝났다고 믿은 모양입니다.

정명섭 아울러, 한기라는 장수에게 기병 2백 명을 줘서 서경을 먼저 접수하려고 합니다. 서경 안의 상황을 미처 파악하지 못한 모양입니다. 한기가 병사들을 이끌고 서경에 이르러서 얼른 문을 열라고 합니다. 문이 열리기는 하는데 꽃다발을 든 환영인파 대신 무장한 고려군 기병들이 뛰쳐나오네요. 방심하고 있던 요나라 기병은 글자 그대로 기습을 당하고 맙니다. 한기를 비롯한 1백여 명이 전사하고 나머지는 모조리 생포되고 맙니다. 아무도 도망치지 못했기 때문에 뒤따라오던 을름 역시 기습을 당하고 맙니다. 이렇게 상황은 극적으로 반전되는 걸까요?

신효승 하지만 아직 요나라군의 본대가 남아있죠. 항복을 얻기 위해 진격을 멈췄던 것이니까 항전하는 것을 알았다면 다시 진격할 겁니다.

정명섭 예상하신 대로 이 소식을 접한 성종은 전군을 이끌고 서경으로 진격합니다. 선봉장 을름의 군대가 안정역[15]에 이르렀다는 소식을 들은 서경의 고려군도 맞서 싸울 준비를 합니다. 법언이 이끄는 승병 부대를 포함한 고려군 9천 명이 서경을 빠져나와서 북상합니다. 드디어 임원역[16]에서 요나라군과 고려군이 교전을 벌입니다. 의외로 고려군이 강하게 나오면서 혼전이 벌어집니다. 양쪽 모두 한 치의 물러섬도 없이 싸우고 있는데요. 결국 요나라군이 3천 명의 전사자를 내고는 물러납니다. 고려군 역시 승병 부대를 지휘하던 법언이 전사하는 등 적지 않은 피해가 발생합니다. 그래도 야전에서 고려군이 요나라군을 격파한 것은 처음이 아닐까 싶은데요?

신효승 그렇습니다. 처음에는 실전경험이 부족해서 밀렸지만 계속 싸우다보니까 차츰 실력이 늘어난 것이죠.

정명섭 다음 날도 같은 장소에서 전투가 벌어집니다. 이번에는 얼마 싸우지도 않았는데 요나라군이 물러나는군요. 전날 패배 때문인가요? 승세를 탄 고려군이 신나게 추격해서 마탄[17]에 이릅니다. 드디어 전세가 뒤집히는 걸까요? 아! 그런데 퇴각하던 요나라군이 말머리를 돌립니다. 그리고 매복하고 있던 우군과 합세해서 반격에 나섭니다. 추격을 하느라 지쳐있던 고려군이 다시 밀리기 시작합니다. 간신히 서경 안으로 퇴각한 고려군은 성문을 굳게 닫고 방어에 나섭니다. 퇴각이 아니라 유인전술이었군요.

신효승　유목민들의 우월한 기동력을 이용해서 일단 퇴각했다가 추격하는 군대가 지치고 흩어지기를 기다린 후 단숨에 역습을 가하는 방식입니다. 몽골군이 유럽의 군대와 싸울 때 큰 효과를 본 전술이죠.

정명섭　상황이 반전에 반전을 거듭합니다. 이제 요나라군이 서경을 완전히 포위합니다. 성종은 서경의 서쪽에 있는 빈 절에 사령부를 설치하는군요. 어느덧 시간이 흘러서 밤이 됩니다. 그런데 동문인 대동문이 조용히 열리고 고려군이 나옵니다. 그러고는 숨을 죽인 채 요나라군의 진영으로 다가가네요. 아! 야간에 기습을 벌이는 모양입니다. 선두에 선 장수의 결의가 남달라 보입니다.

신효승　맞습니다. 이 야습을 선두에서 이끄는 장수가 바로 18년 전에 안융진에서 요나라군을 물리쳤던 대도수 장군입니다. 대도수 장군은 요나라의 공격을 받고 멸망한 발해의 왕자 대광현의 아들입니다.

정명섭　요나라와는 철천지원수라서 그런지 전의에 불타오르는 것 같습니다. 대도수 장군의 부대를 뒤따라서 서문이 열리고 고려군이 나옵니다. 이들이 합세해서 요나라군 진영을 기습할 모양입니다. 어, 그런데 뒤에 나온 군대가 방향을 틀어서 남쪽으로 도주합니다. 어찌된 일입니까?

신효승　동북계 도순검사 탁사정이 대도수 장군에게 야습을 하자고 하고는 정작

15　오늘날의 평안북도 평원군.
16　오늘날의 평안남도 대동군.
17　오늘날의 평안남도 강동군 마탄면으로 임원역 북쪽에 있다.

자기는 성문을 빠져나와서는 도주하는 것 같습니다.

정명섭 아! 이렇게 무너지나요? 대도수가 이끄는 고려군은 제대로 싸워보지도 못하고 항복하고 맙니다. 지휘관이 밤중에 도망치면서 성 안의 민심이 어지러워집니다. 이렇게 되면 서경이 또 위험해지겠는데요.

신효승 서경 방어를 책임지는 지휘관이 주력부대를 이끌고 도망쳤으니 그럴 만도 하죠. 항복이나 항전이냐를 놓고 엎치락뒤치락하는 와중에 요나라군을 기습 공격했고, 임원역에서 혈전까지 벌인 상황이라 지금 항복을 해도 순순히 받아주느냐가 문제가 되겠네요.

정명섭 다행히 성 안에서는 통군 녹사 조원, 애수 진장 강민첨 등이 백성들과 남은 병사들을 규합해서 항전을 결의합니다. 강민첨이면 나중에 강감찬 장군과 함께 크게 활약한 그 장수 맞습니까?

신효승 그렇습니다. 수뇌부들이 이런저런 이유로 사라지면서 능력이 있지만 직위가 낮았던 사람들이 두각을 나타내게 된 것이죠.

정명섭 이렇게 서경이 항전을 선택하자 요나라군이 공격을 개시합니다. 조원과 강민첨 등이 잘 버티고 있지만 주력 부대가 사라진 상황에서 얼마나 버틸지 걱정이 됩니다. 어, 그런데 요나라군이 맨 처음 공격했지만 함락시키지 못했던 흥화진성에서 12월 16일, 수백 명의 병사들이 포위망을 뚫고 남하합니다. 무슨 일이죠?

신효승 흥화진성을 지키던 서북면 도순검사 양규가 결사대 7백 명을 이끌고 나온 것입니다. 전황이 어렵게 돌아가는 것을 보고 돌파구를 마련하기 위해서 나선 모양입니다.

정명섭 하지만 요나라군이 이미 서경을 포위한 상황에서 수백 명의 병력이 무슨 도움이 될까 모르겠습니다. 남쪽으로 내려간 양규 장군의 군대가 역시 요나라군의 공격을 받았지만 함락되지 않았던 통주성에 진입합니다. 전광석화 같은 움직임에 요나라군이 미처 대응하지 못하는군요.

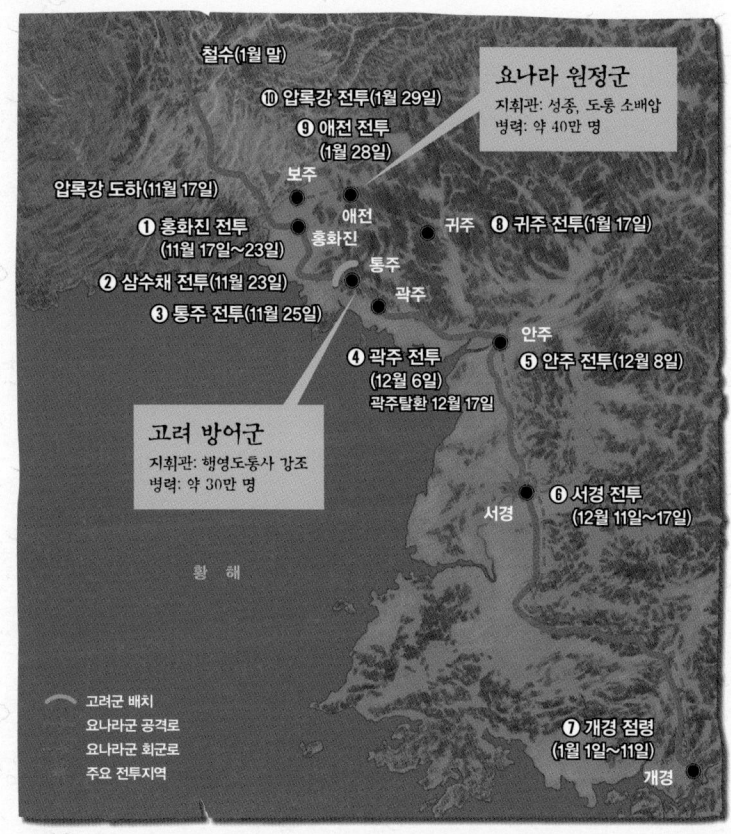

요나라군의 2차 침입 경로. 개경을 점령하는 데는 성공했지만 현종이 도망쳐버림으로써 항복을 받거나 생포한다는 애초 목표를 달성하는 데 실패했다. 요나라군은 분풀이로 개경을 불태워버린다. 그리고 돌아가는 요나라군에게는 혹독한 시련이 기다리고 있었다.

신효승 지금까지 고려군이 대부분 방어적으로 나왔기 때문에 이런 움직임은 미처 예상하지 못했을 겁니다. 또한 주력 부대가 이미 서경까지 남하했기 때문에 경계망이 허술했던 것도 한 가지 원인이 될 수 있겠습니다.

정명섭 양규 장군이 이끈 부대가 통주성의 병력 천 명과 함께 다시 남하합니다. 요나라군 6천 명이 지키고 있던 곽주성이 목표군요.

신효승 고려사에는 자세한 얘기가 나와 있지 않지만 양규 장군은 흥화진성에 있으면서 전황을 계속 파악한 모양입니다. 그래서 요나라군이 파죽지세로 남하하고 있지만 후방이 매우 약하다는 것을 파악한 것 같습니다. 곽주는 압록강과 청천강 사이에 요나라군이 가지고 있는 유일한 연결선이자 보급기지였습니다.

정명섭 흥화진성을 나와서 통주성에 진입한 양규 장군의 부대가 쉬지 않고 바로 남하해서 곽주성을 공격합니다. 수적으로 한참 열세이긴 하지만 지형에 익숙한 고려군의 은밀한 기습에 안심하고 있던 요나라군이 속수무책으로 당합니다. 결국 전멸당하는 요나라군. 양규 장군은 곽주성에 포로로 잡혀있던 고려 백성들을 통주성으로 옮깁니다. 계속된 반전에 정신을 못 차릴 지경이네요.

신효승 확실한 건 이제 시작이라는 점이죠. 곽주를 잃은 요나라군과 서경까지 밀린 고려군은 이제 유리할 것도 불리할 것도 없는 상황입니다. 이제 아주 작은 판단과 결정들이 이번 전쟁의 승패를 가늠할 것입니다.

정명섭 요나라군의 움직임을 먼저 볼까요? 이대로 서경을 공격해서 함락하거나 군대를 돌려서 곽주성을 탈환하지 않을까 예상됩니다. 하지만 제 예상과는 반대로 서경을 포기하고 남하합니다. 곽주는 그렇다 쳐도 서경까지 포기하는 건 위험하지 않을까요?

신효승 어차피 개경을 함락하고 왕의 항복을 받지 않으면 전쟁을 끝낼 수 없다는 점을 간파한 것 같습니다. 또 요나라 군대는 기병이라 빠른 속도로 이동할 수 있고, 현지에서 약탈을 해서 물자를 보급 할 수 있다는 점 역시 감안했을 것으로 보입니다.

정명섭 서경에서 탈출한 중랑장 지채문이 이 사실을 보고하자 조정은 큰 충격에 빠집니다. 다들 혼란에 빠진 가운데 항복이냐, 아니면 개경을 버리고 도망치느냐 하는 결단만이 남았습니다. 현종이 강감찬의 건의를 받아들여서 항복 대신 남쪽으로 피난가는 것을 선택합니다. 강조에 의해서 옹립

되어서 전혀 실권이 없던 왕이었지만 이번만큼은 스스로 판단을 내리는 군요. 서경에서 돌아온 지채문이 호위하는 가운데 현종이 신하들과 함께 호위군 50명을 이끌고 개경을 탈출합니다. 성종이 이끄는 요나라군은 1011년 정월 초하루 개경에 입성합니다. 고려의 도읍을 점령하긴 했지만 왕을 사로잡거나 항복을 받는 데는 실패하고 말았군요.

신효승 그렇습니다. 애초에 개경을 목표로 삼은 것도 왕의 항복을 받기 위해서였는데 물거품이 되었죠. 왕은 놓치고, 북쪽에서는 양규 장군의 고려군이 보급선을 위협하고 있는 상태가 되어버렸습니다.

정명섭 서둘러 남쪽으로 추격대를 보내서 한강까지 추격하지만 간발의 차이로 현종을 놓치고 맙니다. 결국 하공진을 비롯한 강화사절만을 끌고 귀환하는군요. 철수하던 요나라군은 개경을 불태워 버립니다.

신효승 나폴레옹이 모스크바를 함락하고 불태운 것과 비슷한 것이죠. 분풀이로는 적당하지만 상황을 바꾸지는 못하죠. 이렇게 되면 물자 보급도 어려워지고 말이죠.

정명섭 요나라군은 결국 추격대가 데리고 온 강화사절을 볼모 삼아서 1010년 1월 11일 철군합니다. 삼수채에서 고려군의 주력을 격파하고 도읍인 개경까지 함락시켰지만 원하는 목표는 이루지 못했네요.

신효승 그렇습니다. 고려는 많은 어려움이 있긴 했지만 결국은 버티기에 성공한 셈이죠.

정명섭 이렇게 해서 요나라군이 많은 희생 끝에 개경까지 함락했지만 빈손으로 돌아가게 되었다는 소식을 전하면서 이번 중계를 마치도록 하겠습니다. 다음 시간에는 고려와 요나라의 30년 전쟁을 종결지은 귀주 대첩을 중계해드리도록 하겠습니다.

우리는 고려와 요나라와의 전쟁에서 협상을 통해 강동 6주를 얻어낸 서희나 귀주 대첩을 이끈 강감찬만을 기억한다. 하지만 흥화진성을 끝끝내 지켜내고 반격을 이끌었던 양규 장군과 항복하려던 서경을 지켜내고 현종을 호위했던 지채문 장군, 그리고 승려들을 이끌고 전쟁터에 나선 법언 스님과 강화 사절로 나선 하공진 등의 활약으로 요나라의 두 번째 침입을 막아낼 수 있었다. 중앙 집권이 완전하게 이뤄지지 않았던 고려에서 왕의 피난길은 온갖 위험이 도사리는 일이었다. 지채문은 호위병들이 모두 도망치거나 배신한 상황에서도 끝끝내 현종을 지켜내서 나주로 피난시키는 데 성공했다. 만약 현종이 중간에 죽거나 실종되었다면 고려는 더 큰 혼란에 빠지고 말았을 것이다. 법언 스님은 서경의 북쪽 임원역에서 벌어진 전투에서 승병들을 이끌고 싸우다가 전사하고 말았다. 비록 다음 날의 패배로 빛을 바래기는 했지만 임원역 전투는 고려군이 야전에서 요나라군에게 거둔 첫 번째 승리였다. 목종의 측근이었던 하공진은 귀양을 갔다가 풀려난 상황에서 강화 사절을 자처했다. 요나라의 성종이 무슨 짓을 할지 모르는 상황이었지만 하공진은 자신이 그 임무를 맡기를 자처했다. 그는 현종을 거의 따라잡은 요나라의 추격부대에게 왕이 멀리 떠나갔다고 둘러대서 위기를 벗어나는 데 큰 역할을 했다.

마지막으로 흥화진성을 지키다가 결사대를 이끌고 남하해서 곽주성을 함락시킨 양규 장군과 귀주별장 김숙흥은 이후 철군하는 요나라군과 곳곳에서 맞서 싸웠다. 청천강을 건넌 요나라군은 해안루트 대신 귀주를 통과하는 내륙루트로 이동한다. 해안루트의 유일한 거점이었던 곽주성이 함락된 상황이라 선택의 여지가 없었던 것으로 보인다. 고려군의 반격은 귀주별장 김숙흥에 의해 시작된다. 1월 17일 귀주성에서 출동한 그는 근처를 지나던 요나라군 1만 명을 죽인다. 다음 순서는 양규였다. 그는 무로대에 머물러있던 요나라군을 공격해서 2천 명을 죽이고 포로로 잡혀있던 고려 백성 3천 명을 구출한다. 그것을 시작으로 이수와 석령, 여리참에서 요나라군을 격파하고 붙잡힌 백성들을 구해낸다. 철군하는 요나라군에게 최대의 타격을 주는 한편, 포로로 끌려가는 백성들을 구출하기 위해 최선을 다한 것이다. 1월 28일 귀주 별장 김숙흥과 합류한 양규 장군은 애전에서 다시 요나라군을 격파하고 1천 명을 참살한다. 하지만 전투가 끝난 직후 성종이 이끄는 요나라군의 본대가 나타나 고려군을 포위한다. 양규 장군과 김숙흥의 고려군은 압도적인 수적 열세에도 불구하고 최후의 1인까지 싸우다 전사했다.

요나라군은 골칫거리인 양규 장군과 그 부대를 섬멸시켰지만 철군 길은 고달팠다. 겨울에 어울리지 않게 큰비가 내리면서 요나라군을 더욱 지치게 만든다. 고생 끝에 압록강에 도착해서 겨우 강을 넘었지만 흥화진성의 고려군이 지칠 대로 지친 이들을 공격한다. 결국 요나라군은 적지 않은 피해를 입은 채 돌아가야만 했다. 요나라군은 풍부한 실전 경험을 토대로 삼수채에서 고려군의 주력까지 괴멸시켰지만 묵묵히 목숨을 걸고 자신의 임무를 다했던 고려의 이름 없는 영웅들에게 패배하고 만 것이다. 요사에는 회군하던 중 항복시킨 여러 성들이 반란을 일으켰다는 식으로 고려군의 저항을 얼버무렸다. 그리고 비바람이 심해서 귀주 동쪽에 이르렀을 때 말과 낙타들이 모두 지쳐서 무기와 갑옷을 버리고, 압록강을 건넜다는 것으로 자신들의 패배를 숨겼다. 어렵게 내원성을 거쳐 동경으로 돌아온 성종은 군대를 해산시켰다. 그리고 포로로 잡은 고려 백성들을 조상들의 능과 사당에 배치하고, 황족과 대신들에게도 나눠줬다. 수만 명이 죽거나 다치고, 혹은 포로로 끌려왔지만 양쪽 모두 결과에 만족하지 못하면서 전쟁은 다음 무대로 넘어가게 되었다.

끝나지 않은 운명

926년, 발해가 요나라의 공격을 받고 멸망하자 적지 않은 발해 유민들이 고려로 들어온다. 견훤과 한창 전쟁 중이던 고려의 태조 왕건에게 이들은 하늘이 내려준 선물이나 다름없었다. 고려에 별다른 연고가 없던 발해 유민들이 태조 왕건의 든든한 지지기반이 된 것이다. 고려가 신라를 병합하고 후백제를 쓰러뜨리면서 한반도는 다시 통일이 되고 발해 유민들은 차츰 고려 사회에 섞여 들어간다.

이들이 다시 자신들의 정체성을 깨닫게 된 것은 불구대천의 원수 요나라가 고려를 쳐들어오면서이다. 요나라의 첫 번째 침입을 막아낸 계기가 되었던 안융진 전투를 지휘한 중랑장 대도수는 발해의 왕자였다가 고려로 들어온 대광현의 아들이나 손자로 추정된다. 현재 대씨의 후손들인 태씨 집안의 족보에는 아들로 나와 있다. 안융진 전투에서 승리한 그는 장군으로 승진했고, 18년 후인 1010년에도 서경에서 요나라군과 맞서 싸운다. 하지만 야습을 위해 성 밖으로 나갔다가 탁사정의 배신으로 인해 요나라군의 포로가 되고 말았다. 역시 발해 유민으로 추정되는 대장군 대회덕은 곽주성을 지키다가 전사했다. 대도수를 비롯해서 그의 휘하에서 싸운 발해인의 후손들은 모두 요나라의 영토인 동경, 오늘날의 요양으로 끌려갔다. 뜻하지 않게 아버지와 할아버지의 고향으로 귀환한 것이다.

기묘한 이들의 운명은 20년 후 다시 역사의 소용돌이에 휘말린다. 1029년, 동경 사리군의 장군이자 발해 왕족의 후손이었던 대연림이 반란을 일으켜서 흥요국을 세운 것이다. 이 반란에는 동경에 있던 발해 유민들이 거의 다 참여했다. 그 중에는 20년 전 고려에서 끌려온 이들도 분명 있었을 것이다. 흥요국을 세운 대연림은 군대를 일으킨 후 즉시 고려로 사신을 보내 원병을 청했다. 하지만 현종은 그의 요청을 들어주지 않았다. 발해 유민들이 세운 흥요국은 다음 해 8월 요나라의 반격을 받고 멸망하고 만다. 한때는 고려군에 속해 요나라군과 싸우다가 포로로 끌려와 발해 왕족의 후손이 일으킨 반란에 가담한 발해 유민들의 운명은 알려지지 않았다.

2.
귀주 대첩

고려군 vs 요나라군

◈ 제3차 여요전쟁 당시 양측 지휘관 및 참전 병력

고려군 지휘관 : 상원수 강감찬
참전 병력 : 20만 8천3백 명

요나라군 지휘관 : 도통 소배압
참전 병력 : 10만 명

...

거란의 사신 좌감문위대장군 야율행평이 와서 홍화 등 여섯 성을 달라고
요구했다.

– 고려 현종 4년(서기 1013년) 3월

거란의 사신 야율행평이 와서 다시 여섯 성을 달라고 요구했다.

– 같은 해 7월

거란이 장군 이송무를 보내 홍화 등 여섯 성을 넘겨줄 것을 또 요구했다.

– 고려 현종 5년(서기 1014년) 9월

두 번째 침입에서 큰 피해를 입고 물러난 요나라 성종은 강동 6주에 대한 미련
을 버리지 못하고 고려에 사신을 보내서 넘겨줄 것을 요구했다. 하지만 고려는
요나라의 거듭된 요청을 거부한다. 강동 6주를 넘겨주면 서경은 물론 개경까지
위험해지기 때문이었다. 고려가 강동 6주의 반환을 거절하자, 성종은 다시 무력
으로 이 문제를 해결하기로 결심한다. 고려 역시 군대를 증강하고 성을 수축하
는 등 요나라의 침입에 대비한다.

피로 물든 강동 6주

1010년에서 그 이듬해 초까지 계속된 요나라의 두 번째 공격은 비록 개경을 함락시키기는 했지만 현종의 항복을 얻어내지는 못했다. 게다가 철군하면서 막대한 피해를 입은 소득 없는 싸움이었다. 전쟁이 끝난 후 성종은 고려에 거듭 사신을 보내 강동 6주를 돌려줄 것을 요구했다. 아마 강화조건에 들어가 있었던 것으로 보이지만, 그 땅의 가치를 누구보다 잘 알고 있던 고려의 현종은 요나라의 요구를 거절한다. 이에 성종은 무력으로 땅을 빼앗기로 한다. 두 번째 공격에서 험한 지형으로 이뤄진 강동 6주를 점령하지 못하고 진격하다가 큰 피해를 입었기 때문에 이 지역을 차지하는 것이 고려를 굴복시키는 첫 번째 열쇠라고 믿은 것이다.

우리는 흔히 요나라의 침입이 세 차례에 걸쳐 벌어졌다고 알고 있다. 하지만 그 사이에 크고 작은 충돌은 계속 이어졌다. 1013년 5월 여진족이 거란 군사와 함께 압록강을 건너오려다가 대장군 김승위가 이끄는 고려군의 반격으로 물러난 것이 시작이었다. 다음 해 10월에는 요나라 장수 소적열이 통주와 흥화진을 침입한다. 흥화진을 지키던 장군 정신용은 병사들을 이끌고 나가 싸워서 요나라군 7백 명을 죽이는 승리를 거둔다. 다음 해 정월에는 고려의 반격이 벌어진다. 요나라가 압록강에 다리를 놓고 그 다리를 보호하기 위해서 성을 쌓자 군대를 보내 공격한 것이다. 하지만 고려군의 공격은 성공하지 못한다. 이어 같은 달에 요나라 군사가 흥화진을 포위했지만 고려의 장군 고적여와 조익이 물리쳤다. 비슷한 시기에 통주까지 공격한 것을 봐서는 아마 다리 건설을 완료한 이후 강동 6주에 대한 본격적인 공격에 나선 것으로 보인다. 이에 맞서 고려는 4월에 강동 6주를 내놓으라는 요나라의 사신의 요구를 거부하고 아예 억류해 버리는 강경책을 쓴다. 1015년 9월에는 요나라군이 다시 흥화진과 통주를 공격한다. 지난번의 전공으로 대장군으로 승진한 정신용은 군대를 이끌고 나가 싸워서 7백 명을 사살한다. 하지만 이어진 요나라군의 반격으로 대장군 정신용을 비롯해서 별장 주연 등 지휘관들이 다수 전사한다. 아마 요나라군의 유인 전술에 걸려든 것으로 보인다. 흥화진과 통주를 공격한 거란군은 영주로 이름이 바뀐 안북부를 공격한다. 하지만 성을 함락하는 데 실패하고 물러난다. 퇴각하는 요나라군을 추격하던 고려군은 이번에도 매복에 걸려서 대장군 고적여와 장군 소충현 등이 전사한다. 그 밖에 병마판관 왕좌와 녹사 노현좌가 포로로 끌려간다.

1016년 정월에는 야율세량과 소굴렬이 이끄는 요나라군의 공격에 곽주성이 함락되고 만다. 고려는 수만 명이 전사하고 대량의 물자를 노획당하는 피해를 입는다. 하지만 이번에도 요나라군은 곽주성을 점령하는 대신 포로와 물자를 끌고 돌아간다. 요사에는 이때 야율세량이 군영에서 갑자기 병들어 죽었다고 나오는데, 혹시 전투 중에 전사했거나 부상이 악화되서 죽음에 이른 것이 아닌지 의심스럽다. 같은 달 다시 요나라의 사신이 왔지만 현종은 이들을 아예 국경으로 들어오지도 못하게 한다. 아울러 요나라의 연호를 폐지하고 송나라의 연호를 쓰고, 전사한 장군과 병사들을 포상하고 그 자식들을 관리로 임명 하는 등 전쟁을 피하지 않겠다는 의지를 천명한다. 1017년 8월에도 소합탁이 지휘하는 요나라군이 흥화진성을 포위하고 9일 동안 공격했지만 실패하고 돌아간다. 그러자 장군 견일과 홍광 등이 성문을 열고 나가서 요나라군을 공격해서 큰 전과를 거둔다. 요나라군은 6년 동안 끊임없이 강동 6주를 공격했고, 고려군에게 적지 않은 피해를 입혔지만 땅을 차지하는 데는 실패한다.[1] 기병 위주로 편성된 군대로 성을 공격하는 것에 익숙하지 않았고, 설사 성을 함락시킨다고

---

1 일부 학자들은 2차와 3차 침공 사이에 벌어진 이 싸움을 국지전이 아닌 전면전으로 본다. 1014년의 공격을 3차 침공, 1015년의 공격을 4차 침공, 1016년의 공격을 5차 침공으로 보는 것이다. 이런 견해에 따르면 귀주 대첩이 벌어진 1019년의 전쟁은 3차 침공이 아니라 6차 침공이 된다.

해도 보급 문제가 발생하기 때문에 오랫동안 머물러 있을 수가 없었다. 또 보급 거점을 확보하지 못했기 때문에 장기적인 작전을 펼칠 수 가 없었다. 더군다나 겨울에 이런 식의 치고 빠지는 전술로 고려군에게 충격과 공포는 줄 수 있을지 몰라도 굴복시키는 건 불가능했다. 강동 6주의 지형이 험준하고 길이 좁아서 중원처럼 우회를 하는 것도 불가능했다. 고려군 역시 요나라군과 계속 전투를 벌이면서 단련되어갔다. 몇 대만 더 치면 쓰러뜨릴 수 있을 것 같았던 고려가 끈질기게 버티자 성종은 결정적인 한 번의 전투로 이 지루한 대치상황을 끝내기로 결심한다. 성종이 고른 해결사는 바로 소배압이었다.

전쟁을 끝내기 위한 전쟁

1차 침공을 지휘한 소손녕의 형인 그는 몽골족과 송나라군과의 전투에서 두각을 나타낸 믿음직한 인물이었다. 성종이 직접 이끌었던 2차 침공군을 실질적으로 지휘하기도 했다. 1018년 10월, 성종은 고려를 침략할 군대의 지휘관인 도통에 소배압을 임명한다. 그 밖에 소허열을 부통으로, 동경유수 야율팔가를 도감으로 임명했다. 이들에게 지루한 전쟁을 끝내기 위한 단 한 번의 전쟁을 수행해야 할 임무가 주어진 것이다. 성종의 특명을 받은 소배압은 그동안의 전투 양상을 분석한다. 야전에서는 여전히 요나라군이 우위였다. 기병의 빠른 기동력을 이용한 치고 빠지기와 매복, 역습은 알고서도 당할 수밖에 없는 전략이었다. 기병을 앞세운 빠른 진격은 방어선을 우회하거나 약한 곳을 돌파하기도 쉬웠다. 하지만 이런 장점들은 강동 6주의 험난한 지형과 그 지형에 의지해서 쌓아올린 고려의 성에는 무용지물이었다. 공성을 위해서는 돌을 날리는 포차와 운제, 사다리 등이 필요하고, 이런 것들을 가져가려면 기동력이 필요했다.

그렇지만 이렇게 성을 하나씩 공격하는 데는 시간이 너무 오래 걸렸다. 요나라 군은 주로 강과 땅이 얼어서 움직이기 쉬운 겨울철에 공격을 감행했다. 하지만 성을 공격하느라 시간을 끌다보면 겨울이 끝나 강이 녹고, 땅이 질퍽해졌다. 때문에 기동에 막대한 지장이 생겼다. 성종 휘하에서 2차 침공을 지휘했던 소배압은 아슬아슬하게 고려의 현종을 놓친 사실을 떠올렸을 것이다. 그는 현종이 개경에서 도망치지 못한 상태에서 포위하거나 혹은 운 좋게 사로잡는다면 이 답답한 교착 상황을 타개시킬 수 있으리라 믿었다. 오랜 고민 끝에 그가 내린 결론은 묻지도 따지지도 말고 개경을 공격하는 것이었다. 매우 위험한 일이었지만, 요나라가 몇 년 동안 강동 6주만을 공격했기 때문에 이번 침공 역시 그 정도 수준일 것이라는 고려의 의표를 찌른다면 작전이 성공할 것도 같았다.

같은 달 요나라의 움직임이 심상치 않음을 눈치챈 고려의 현종은 평장사 강감찬을 서북면행영도통사로 임명하고 전쟁에 대비한다. 강감찬 역시 같은 고민을 하고 있었다. 고려는 확실히 예전보다는 요나라군의 공격을 잘 막아내고 있었다. 하지만 언제 어느 곳을 공격할지는 순전히 요나라의 의지였고, 패배한 적을 추격하는 것 역시 매복과 역습을 받을 수 있기 때문에 매우 신중해야만 했다. 무엇보다 이런 전술로는 상대방의 주력에게 타격을 줄 수가 없었다. 싸울 때마다 병사들과 물자의 손실이 계속 이어졌다. 요나라처럼 송나라로부터 막대한 조공을 받거나 활발한 정복활동을 통해서 손실을 보충할 수 없었던 고려로서는 안에서 쥐어짜는 수밖에 없었고, 경군의 영업전을 몰수해서 관리들에게 주었다가 이에 불만을 품은 무인들이 정변을 일으키기도 했다. 이제는 요나라에게 결정적인 타격을 줘서 더 이상의 침략을 막아야만 했다. 다행스러운 것은 요나라의 계속된 공격으로 인해 고려군의 대응속도와 준비태세도 그만큼 빨라졌다는 것이다. 따라서 예전에는 엄두도 못 냈던 야전에서의 결전도 시도해볼 만하다고 생각했다. 정면 승부는 여전히 위험했지만 말이다.

고려군의 대승

정명섭 독자 여러분, 안녕하십니까? 오늘은 지난 시간에 이어 고려와 요나라의 마지막 전쟁을 중계해드리도록 하겠습니다. 역사 교과서에는 요나라의 3차 침입, 그리고 강감찬 장군의 맹활약이 중점적으로 소개되었습니다만, 좀 더 복잡한 일들이 많았다고 합니다. 도움 말씀을 주실 신효승 작가님께서 나와주셨습니다. 앞에서 2차 침입 이후 벌어진 양측의 갈등과 그에 따른 전투를 살펴봤습니다. 이번 전쟁은 아무래도 10년 전의 결과에 서로 만족하지 못했기 때문에 벌어진 것 같은데요.

신효승 맞습니다. 2차전은 권투 경기로 치면 고려가 요나라에게 카운터펀치를 맞아서 위기에 처했지만 간신히 벗어나서 막판에 선전을 펼쳤다고 보시면 될 것 같습니다. 요나라 입장에서는 한 방만 더 쳤어도 이길 수 있는 경기를 놓친 것이죠.

정명섭 그런 안타까움 때문일까요? 3차 침입을 하기 전에 요나라는 강동 6주를 지속적으로 공격했네요. 그냥 소소한 국지전이 벌어진 것으로 알고 있었는데 그게 아니라는 얘기가 있던데요?

신효승 네, 고려사에는 침공군의 규모가 정확하게 나와 있지 않고, 단편적인 기사들만 실었기 때문에 파악이 거의 불가능합니다. 하지만 요나라 역사를 기록한 요사와 대조해서 보면 좀 더 확실하게 알 수 있습니다. 1014년 10월, 고려로 쳐들어온 요나라 군대의 지휘관 소적열은 도통에 임명되었습니다. 요나라 군제에 따르면 도통이 임명된 원정군은 최대 15만 명, 그렇지 않은 부대는 최대 6만 명을 동원할 수 있습니다. 그리고 오늘날의 의주 땅에 세운 내원성 외에 선의진과 정원진을 만들어서 침략의 교두보로 삼았죠. 소적열이 이끈 부대의 규모는 정확히 알려져 있지 않지만 흥화진과 통주를 나눠서 공격할 정도였다고 볼 수 있습니다. 하지만 두 성 모두 함락시키는 데 실패했고, 흥화진성의 경우 오히려 고려군의 역습에 피해를 입고 말았죠. 이때 일단 퇴각한 것으로 보이는데요. 반격에 나선 고려군이 요나라군이 압록강에 세운 다리를 공격했다가 실패하고 맙니다. 전열을 정비한 요나라군은 다음 해인 1015년 1월에 다시 쳐들어와서 흥화진과 통주를 공격하지만 역시 실패로 돌아갔죠.

정명섭 그렇게 설명을 들으니까 이해가 가는군요. 산발적인 기습 정도가 아니라 아예 작정하고 공격했다 이거군요.

신효승 그렇습니다. 다만 고려 입장에서는 예전처럼 서경이나 개경을 목표로 하지 않았기 때문에 위기감을 덜 느꼈을 뿐이죠. 요나라 입장에서는 강동 6주를 점령하지 않으면 남진하는 것이 불가능하다는 것을 알았기 때문에 이곳에 전력을 집중했습니다.

정명섭 그 후에도 싸움이 계속 되죠?

신효승 네, 1014년부터 그다음 해 1월까지의 공세가 실패한 후, 요나라는 다시 사신을 보내서 고려에 강동 6주의 반환을 요구합니다. 하지만 고려 조정에서는 들은 척도 안 하고 오히려 사신들을 억류해버리죠. 결국 요나라 성종은 다시 군대를 출동시킵니다. 요사에 따르면 유성을 최고지휘관인 도통으로 임명합니다. 하지만 어떤 이유에서인지 유성은 직접 출정하지 않고 부통인 야율세량과 도감인 소굴렬이 군대를 지휘하게 되죠.

정명섭 도통이 임명되었다는 걸 보면 역시 적지 않은 규모인 것 같습니다만?

신효승 그럴 것으로 추정됩니다. 1015년 9월, 요나라는 다시 사신을 보내 강동 6주를 내놓으라고 요구하면서 흥화진성과 통주성을 공격합니다.

정명섭 화전 양면책인가요?

신효승 그럴 가능성이 높죠. 하지만 이번에도 두 성의 함락에는 실패합니다. 그러자 두 성을 우회해서 청천강 남쪽에 있는 안북부, 당시에는 영주라고

이름이 바뀐 곳을 공격하지만 역시 실패합니다. 퇴각하던 요나라군은 역습을 감행해서 고려군에게 적지 않은 피해를 입혔지만 성을 함락시키지 못하는 이상 전황에는 아무런 영향을 미치지 못합니다. 퇴각한 요나라군은 상경과 동경 지역의 지원군 5만 5천 명을 증원 받은 후, 다음 해인 1016년 1월 다시 강동 6주로 쳐들어옵니다. 이번 목표는 앞에서 한 번도 공격받지 않았던 곽주성입니다. 요나라군은 이곳을 함락시키는 데 성공하지만 결국 성을 포기하고 철수할 수밖에 없었죠.

정명섭 요나라 입장에서는 계속 공격을 하지만 성과를 올리지 못하는 상황이 반복되는군요. 또 쳐들어오나요?

신효승 그렇습니다. 고려가 사신의 입국을 거부하고, 한술 더 떠서 요나라의 연호를 폐지하고 송나라 연호를 쓴다는 통보를 하자 무력으로 응징하기로 결심하죠. 한 해 건너뛰고 1017년 2월에 성종은 다시 소외와라는 신하에게 침공군을 지휘하라는 명령을 내립니다. 하지만 석 달 후인 5월에 소합탁을 도통으로 임명하고 중국인인 왕계충을 부관으로 임명합니다.

정명섭 이번에도 도통이 임명되었다면 적지 않은 군대가 동원되었겠군요.

신효승 그렇습니다. 이번 침공은 몇 가지 눈에 띄는 점이 있습니다. 일단 예전과는 다르게 겨울철이 아니라 8월에 움직였다는 점, 거기에다 중국인들까지 동원한 걸 보면 성을 공격하는 데 좀 더 신경을 쓰지 않았나 싶습니다. 요나라군은 9일 동안 흥화진성을 공격하지만 성공하지 못하고 오히려 고려

《 검차와 고려의 광군. 수레에 창을 꽂은 검차는 기병의 공격을 막을 수 있는 일종의 이동식 바리케이드 역할을 했다. 대규모 기병을 육성하기 어려웠던 고려는 검차를 대량으로 운용했다. 강조가 통주성 전투에서 사용했으며, 강감찬 장군이 이끌었던 고려군도 이용했을 것으로 보인다. 검차 옆에 서 있는 고려군은 정종 때인 947년 창설된 광군이다. 고려 전기의 갑옷과 투구 유물은 전무한 편이고, 기록 역시 적은 편이다. 여기에 나온 고려의 광군은 경북 예천의 개심사지에 있는 오층 석탑에 새겨진 것을 참고했다. 검차 옆에 서 있는 장수가 허리에 차고 있는 칼은 처인성에서 발굴된 유물을 토대로 그린 것이다. 삼국시대의 환두대도와 유사한 형태의 직도로 추정되며, 날과 손잡이 사이에 칼코등이가 있었다. 검차 앞에 서 있는 병사가 든 것은 편곤으로 송나라가 북방 유목민족의 기병들과 싸우기 위해 장비했으며, 고려도 같은 목적으로 도입한 것으로 보인다.

군의 반격에 큰 피해를 입고 말죠.

정명섭 그야말로 피를 말리는 싸움이군요. 하지만 이런 식이라면 요나라가 원하는 결과를 얻기가 어려울 것 같습니다.

신효승 맞습니다. 요나라군도 몇 년간 싸우면서 그 사실을 깨달았죠. 그래서 특단의 대책을 세우기로 합니다.

정명섭 특단의 대책이라면 무엇인가요?

신효승 강동 6주의 성들을 모두 우회하고 개경을 직접 공략한다는 것이죠.

정명섭 위험하지 않을까요? 2차전 때도 그렇게 했다가 돌아가는 길에 큰 피해를 입지 않았습니까?

신효승 고려 왕의 항복을 받거나 유리한 조건에 강화협정을 맺으면 안전하게 돌아갈 수 있다고 믿은 것 같습니다. 먼 훗날이긴 하지만 청나라가 병자호란 때 이런 방식으로 쳐들어와서 인조가 미처 강화도로 도망치지 못하고 남한산성에 갇히고 말았죠.

정명섭 뜻대로 된다면 좋겠지만 가능할지 모르겠네요. 고려 쪽에서도 만반의 준비를 하고 있는데요.

신효승 아무튼 고려나 요나라 모두 이번 싸움으로 결판을 내기를 원하고 있는 것 같습니다. 지루한 소모전은 양쪽 모두에게 괴로운 일이니까요.

정명섭 전쟁을 끝내기 위한 전쟁이란 말씀이군요. 1018년 12월 10일, 도통 소배압이 이끄는 요나라 군대가 압록강을 건너옵니다. 이에 맞서는 강감찬 장군 역시 20만 대군을 청천강 남쪽인 영주에 집결시킵니다. 요나라군이 어느 코스를 이용할까요?

신효승 침공 시기나 규모에 상관없이 이동할 수 있는 루트는 해안과 내륙 두 군데뿐입니다. 흥화진성을 공격한 이후에 어느 곳으로 움직이는지 확인해보면 알 수 있을 겁니다.

정명섭 어, 그런데 흥화진성을 공격하지 않고 동쪽으로 그냥 우회해버리는군요.

포위도 안하고 그냥 우회하는 요나라 군대입니다.

신효승 홍화진성은 요나라군이 한 번도 함락시키지 못한 성이었습니다. 방어태세가 만만치 않다고 생각해서 그냥 우회하는 것 같습니다.

정명섭 이렇게 되면 당연히 홍화진성을 공격할 것이라고 믿은 고려군이 한방 맞은 셈이겠네요. 그런데 요나라 군대가 홍화진을 휘감아 도는 삼교천을 건너는 중입니다만, 강물이 얼지 않았네요. 12월이면 꽝꽝 얼어야 정상 아닙니까?

신효승 강감찬 장군이 미리 강의 상류에 소가죽을 꿰어서 둑을 만들었다가 요나라군이 강을 건너는 순간 터트려서 혼란에 빠트린 다음 복병으로 공격해서 승리했다고 고려사에 나와 있죠.

정명섭 을지문덕 장군이 살수에서 수나라 대군을 공격한 것과 같은 방식이군요. 그런데 소가죽으로 물을 막았다가 터트렸다고 혼란을 줄 수 있나요? 거기다 지금은 한겨울 아닙니까?

신효승 군대에 다녀 왔으면 잘 아시겠지만 행군 중에는 작은 시냇물도 이동에 방해가 됩니다. 발목까지만 물이 차도 제대로 걷지 못하죠. 거기에다 식량과 무기를 운반하는 수레까지 생각한다면 더더욱 그럴 테고요. 개인적인 추측이지만 강감찬 장군은 강이 얼지 않도록 계속 물을 흘려 보냈거나, 얼어버린 강 위에 모아놓은 물을 흘려 보냈던 것 같습니다.

정명섭 어쨌든 요나라 군대는 한참 추울 때인 12월에 강물에 발을 담가야 하는 신세가 되었네요. 역시 요나라 군대가 혼란에 빠진 틈을 타서 매복하고 있던 고려군 기병 1만 2천 명이 공격을 감행합니다. 혼란에 빠진 요나라군은 제대로 대응하지 못하고 이리저리 흩어지고 맙니다. 이렇게 초반 승리는 고려군이 가져가네요. 기분 좋은 출발을 보이는 고려군입니다. 이렇게 되면 요나라군이 어떻게 나올지 궁금합니다.

신효승 기록에 나와 있지 않아서 조심스럽긴 합니다만, 이 패배는 어쩌면 소배압의 계산에 들어가 있을지도 모릅니다.

정명섭 그게 무슨 말씀이신가요?

신효승 물론 패배까지는 아니겠지만 이후의 움직임을 보면 한동안은 소배압의 의
도대로 흘러가기 때문이죠. 강감찬 장군의 고려군이 영주에 집결해 있는
상태였습니다. 이곳은 내륙과 해안루트 모두에 대비할 수 있는 곳이지만
아무래도 해안 쪽에 더 치우친 상태입니다. 소배압이 고려군의 주력이 이
곳에 배치되어 있다는 것을 알고 있거나 혹은 예측하고 있었다면 당연히
내륙루트를 이용했을 것입니다. 하지만 고려군 역시 거란군의 움직임을
감시하고 있을 테니까 어떻게든 이들을 따돌리거나 속여야만 했습니다.
따라서 흥화진성 동쪽으로 접근한 요나라군은 본대가 아닌 별동대 혹은
유인작전을 실시하던 부대라고 봐야 할 것 같습니다.

정명섭 유인작전을 실시했다면 본대는 따로 이동했다는 말씀이신가요?

신효승 다음번 전투가 벌어진 곳은 모두 청천강 남쪽입니다. 그 얘긴 고려군이
방어선으로 생각하고 있던 청천강을 요나라 군대가 별 어려움 없이 돌파
했다는 것이죠. 만약 삼교천을 건너다 패배한 요나라군이 소배압이 이끄
는 주력의 선봉이었다면 고려군이 이들이 청천강을 건너가도록 그냥 놔
둘 리가 없었을 겁니다. 중간에 교전이 벌어졌어야 했는데 별일 없이 다음
번 전투는 모두 청천강 남쪽에서 벌어졌죠.

정명섭 그런가요? 그렇다면 이번 승리는 그다지 큰 의미가 없다고 볼 수도 있겠네요?

신효승 제가 말씀드린 게 사실이라고 해도 첫 번째 전투에서 승리했다는 것은 중
요한 의미를 가지고 있습니다. 그리고 기병을 매복시켰다가 일시에 기습
한 것은 주로 요나라군이 쓰던 전술입니다. 이 전술을 고려군이 성공시켰
다는 것은 그만큼 전투 능력이 높아졌다는 것을 의미하기도 하죠. 그리고
이 부대가 만약 별동대라면 계속 고려군을 혼란시켰거나 혹은 빈틈을 노
렸을 겁니다. 위험요소를 미리 제거했다는 것은 향후 작전을 수행하는 데

아주 큰 도움이 됩니다.

정명섭 나름 의미가 있는 승리인 것 같습니다. 예상하신 대로 요나라 군대는 내륙루트를 따라 빠른 속도로 남하합니다. 중간에 있는 성은 거들떠보지도 않습니다. 요나라군이 어려움 없이 청천강을 건너는 데 성공합니다. 초반의 패배를 만회하는 것 같습니다. 고려군이 이들을 놓친 겁니까?

신효승 몇 만 명이나 되는 병사와 사람이 움직이는데 전혀 눈치채지 못했다는 것은 이해가 가지 않는 일이죠. 거기에다 넘어올 수 있는 길도 두 군데뿐인데 감시를 소홀히 했을 리 없을 테고요. 아마 강감찬 장군이 주력부대를 끌고 해안루트를 따라 북상하는 사이 내륙루트로 이동했을 가능성이 높습니다. 아니면 고려군이 이들의 움직임을 눈치채긴 했지만 워낙 빠른 속도로 이동했고, 대군이라서 쉽사리 공격하지는 못했을 것이고 말이죠. 이 당시의 전투라는 게 길 위에서 만나서 바로 싸울 수 있는 게 아니라서 어느 한쪽이 적당한 곳을 먼저 포진을 해야만 싸움이 일어납니다. 하지만 요나라군이 그럴 틈을 주지 않고 계속 강행군을 거듭했다면 고려군으로서는 쉽사리 도전을 하지 못했을 겁니다.

정명섭 중간에 매복을 하고 있다가 기습을 가하면 되지 않을까요?

신효승 요나라군은 원탐난자군이라는 척후기병들을 운영합니다. 거기에다 고려군이 승세를 타고 반격에 나섰다가 역습을 당한 사례는 수도 없이 많았죠.

정명섭 하긴 마탄 전투부터 시작해서 강동 6주에서도 성문을 열고 나간 고려군이 몇 번 역습을 당해서 피해를 입긴 했죠.

신효승 강감찬 장군 입장에서도 굉장히 조심스러웠을 겁니다. 자칫해서 삼수채 전투처럼 주력부대가 패배한다면 돌이킬 수 없는 일이 벌어졌을 테니까요.

정명섭 청천강을 넘어온 요나라 군대가 빠른 속도로 남진합니다. 후방의 위협을 완전히 무시하는 건 둘째 치고 이러면 보급에 문제가 발생하지 않을까요?

신효승 요나라 군대에는 타초곡병이라는 일종의 현지 보급을 맡은 병사들이 있습니다. 이들은 정찰은 물론 식량과 마초의 조달 임무를 맡고 있죠.

정명섭 현지 조달이라면 약탈이겠군요. 현지에서 물자를 얻을 수 있다면 굳이 보급 문제에 신경을 쓰지 않아도 되긴 하겠습니다. 남진하는 요나라 군대의 뒤를 추격하는 고려군입니다. 추격부대를 이끄는 고려 장군의 얼굴이 낯이 익은데요?

신효승 요나라의 1차 침입 때 서경을 지켰던 강민첨 장군입니다.

정명섭 강민첨 장군의 고려군이 드디어 자주의 내구산[2]에서 요나라 군대를 따라잡습니다. 흥화진성 근처에서 첫 번째 전투가 벌어진 이후 드디어 두 번째 전투가 벌어집니다. 고려군의 맹렬한 공격에 요나라군이 속수무책으로 무너집니다. 하지만 도마뱀이 꼬리를 자르고 도망치는 것처럼 요나라 군대도 아랑곳하지 않고 계속 남진합니다. 이렇게 되면 서경도 위험해질 것 같은데요.

신효승 흥화진성도 공격하지 않았는데 서경을 공격하느라고 시간을 허비할 것 같지는 않습니다.

정명섭 아! 말씀하신대로 서경을 크게 우회해서 동쪽으로 지나칩니다. 하지만 서경을 지키고 있던 시랑 조원이 마탄에서 대기하고 있군요. 마탄이라면 9년 전 요나라의 두 번째 침입 때 서경을 지키던 지채문 장군이 매복에 걸려서 패배했던 곳 아닙니까?

신효승 맞습니다. 조원 역시 그때 강민첨 장군등과 함께 서경성을 지켰죠.

정명섭 마탄에 도착해서 잠깐 휴식을 취하는 요나라 병사들입니다. 말도 사람도 확연히 지친 모습입니다.

신효승 12월 10일에 압록강을 넘고 보름 동안 쉬지 않고 달려왔으니까 당연히 지쳤을 겁니다.

정명섭 그 틈을 타서 마탄에서 대기하고 있던 고려군이 공격에 나섭니다. 허둥지둥하는 요나라군! 하지만 말도 사람도 지쳤는지 대응이 느립니다. 결국

1만 명의 전사자를 내고 패주하고 맙니다. 하지만 북쪽이 아니라 남쪽으로 내려갑니다. 기필코 개경을 함락시키겠다는 소배압의 집념이 대단하군요. 세 번의 패배에도 불구하고 목적을 달성하겠다는 의지가 엿보입니다. 이렇게 되면 강감찬 장군의 마음이 복잡해지겠는데요?

신효승 그랬을 겁니다. 이제 서경까지 지나쳤으니 남은 건 개경뿐이죠.

정명섭 9년 전 요나라 군대가 쳐들어와서 쑥대밭으로 만들어놓고 갔는데요. 이번에도 그렇게 될지 걱정입니다. 고민하던 강감찬 장군이 결국 다음 해인 1019년 1월 2일, 병마판관 김종현에게 1만 명의 병사를 이끌고 개경으로 내려갈 것을 명령합니다. 동쪽의 여진족을 막던 동북면병마사 역시 3천3백 명의 병사를 보내서 개경을 구원합니다. 하지만 요나라 군대의 남진 속도가 경이로울 정도로 빠르네요. 개경의 대응은 어떤가요? 지난번처럼 피난을 떠나야 하지 않을까요?

신효승 요나라 군대가 개경에 접근한다는 소식을 접한 현종은 일단 현릉에 있는 태조의 재궁[3]을 향림사로 옮기고 사면령을 내리는 등 민심을 다독거립니다. 그 밖에 개경 주변에 사는 백성들을 모두 성 안으로 피난시킨 후 집을 부수고 식량들을 모조리 숨겨둡니다.

정명섭 청야전술을 쓰는 건가요? 피난을 가지 않고 버티네요.

신효승 현지 보급을 차단하려는 것이죠. 현종이 9년 전에야 실권이 없고 어렸지만 지금은 상황이 달라졌죠. 요나라 군대가 지치고 굶주려 있으니 버티면 승산이 있을 것이라고 판단한 것 같습니다.

정명섭 현종이 이렇게 만반의 준비를 갖추고 있는 가운데 1019년 1월 3일, 요나라 군대가 신은현[4]에 도달합니다. 개경과 불과 백리, 그러니까 겨우 40킬

---

2 오늘날의 평안남도 순천 근처.
3 왕이나 왕세자의 시신이 들어있는 관을 높여 부르는 말.
4 오늘날의 황해도 신계.

로미터 정도 떨어져 있는 곳입니다. 말을 타면 하루면 도착할 수 있는 거리까지 접근했군요. 과연 개경을 공략할까요? 그런데 고민하는 소배압이 부하인 야율호덕을 개경으로 보내서 철군하겠다고 통보합니다. 이게 어찌된 일입니까? 진짜 물러나는 걸까요?

신효승 일단 반응을 살펴보려는 의도일 겁니다. 혹은 공포감을 주려는 속셈일 수도 있고요.

정명섭 소배압이 야율호덕을 보내서 철군한다고 해놓고는 원탐난자군이라는 척후기병 3백 명을 몰래 보내는군요. 역시 다른 의도가 있었던 것으로 보입니다. 하지만 개경에서도 1백 명의 척후대를 파견합니다. 금교역[5]에서 양측이 마주치고 전투가 벌어집니다. 하지만 요나라 척후기병대는 수적 우위를 살리지 못하고 패퇴합니다. 정찰대가 패배했다는 소식을 들은 소배압이 드디어 철수를 명령합니다. 온갖 고생을 하고 개경까지 내려왔는데 허무하겠네요.

신효승 냉정하게 상황을 판단했을 겁니다. 빠른 속도로 내려오느라 성을 공격할 장비들을 가져오지 못했을 것이고, 그런 상황에서 개경을 공격하는 건 무리라고 판단한 것이죠. 게다가 속속 고려의 구원군이 도착하고 있는 상태라서 잘못하면 역으로 포위를 당하는 사태가 벌어질 것을 우려한 모양입니다.

정명섭 퇴각하는 요나라 군대의 앞을 강감찬 장군의 고려군이 막아서는 모양새입니다. 서경을 지나서 북상하던 요나라군과 고려군의 산발적인 교전이 벌어집니다. 1월 23일, 고려군이 연주[6]와 위주[7]에서 요나라군 5백 명의 목을 벱니다. 이 두 지역에서 교전이 벌어진 걸 보면 요나라군은 남하했던

---

5 오늘날의 황해도 금천.
6 오늘날의 평안남도 개천군.
7 오늘날의 평안북도 영변군.

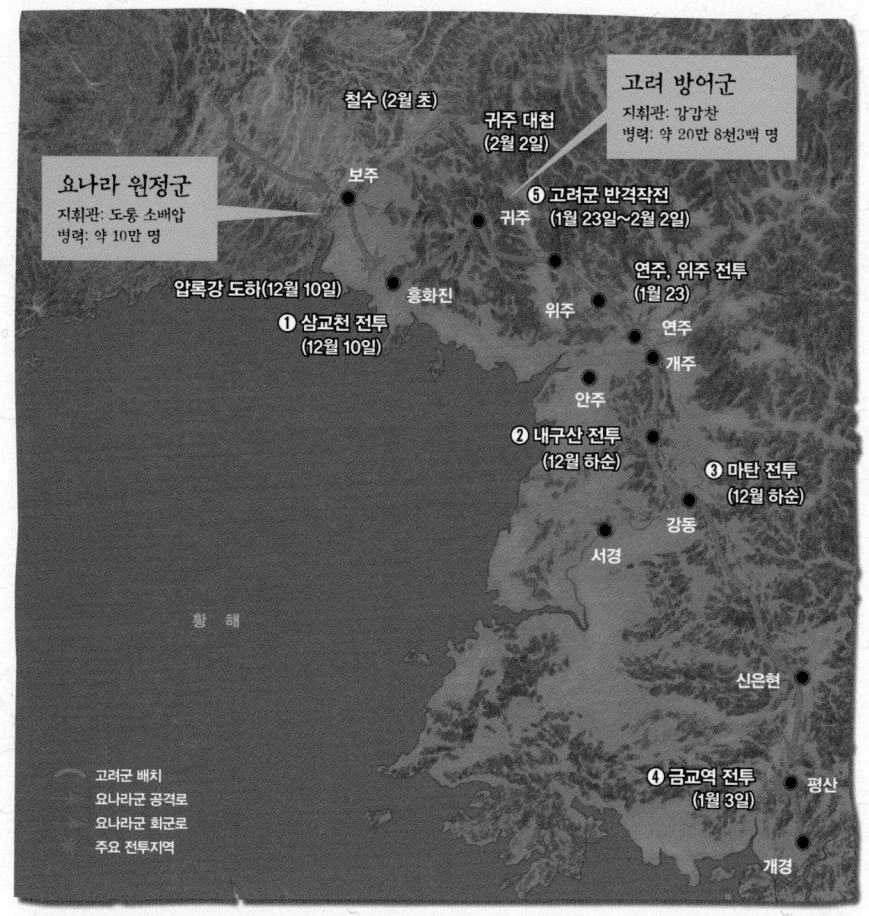

요나라군의 3차 침입 경로. 바류루트를 이용해서 단숨에 개경을 공격한다는 계획이었지만 강감찬 장군의 반격에 실패로 돌아가고 말았다. 철군을 결정하고 북상하는 요나라군을 고려군이 가로막는다.

내륙루트로 다시 북상하는 것 같습니다.

신효승 아무래도 길이 익숙하고 강감찬 장군이 이끄는 고려군의 주력을 피하기 위해서 이쪽 루트를 택한 것 같습니다. 하지만 연주와 위주에서 교전이 벌어지면서 강감찬 장군이 요나라군의 움직임을 눈치챈 것으로 보입니다.

정명섭 2월 2일, 소배압이 이끄는 요나라군이 천신만고 끝에 귀주에 도착합니다.

하지만 고려군도 비슷한 시각 귀주성의 동쪽 들판에 모습을 드러냅니다. 이동을 포기한 요나라군이 진영을 펼칩니다. 드디어 결전이 벌어지나요?

신효승 주력부대가 나타났으니 피하는 것은 더 이상 의미가 없다고 본 것이죠. 요나라군은 안전한 후퇴를 위해서도 반드시 고려군을 격파해야만 하는 상황입니다. 더불어 고려군을 격파한다면 상황을 반전시킬 수 있다고 믿기도 했을 겁니다.

정명섭 결전을 앞둔 양쪽 부대의 배치를 살펴보도록 하겠습니다. 요나라군은 귀주성 동쪽 벌판을 가로질러 흐르는 두 개의 하천, 동문천과 백석천[8] 뒤쪽에 포진합니다. 9년, 아니 10년 전에 강조가 통주성의 삼수채에 진을 친 것과 유사하군요. 이번에는 반대로 요나라군이 강을 방어선 삼아 진을 쳤습니다.

신효승 거듭된 패배로 전력이 많이 약화되었을 것이고, 사기도 많이 떨어졌을 테니까 수비지향적으로 나온 것 같습니다. 그 얘기는 고려군이 공세에 나서겠다는 움직임을 보이고 있다는 것을 의미하기도 하죠.

정명섭 고려군이 요나라군을 공격하려면 앞에 있는 두 개의 하천 때문에 이동에 방해를 받겠군요. 물론 겨울이라 얼어 있긴 하지만 빙판은 강물만큼이나 움직이는 데 방해가 되죠. 또 강기슭이 가파르다면 자연적인 방어벽도 생기는 셈이고요. 그런데 요나라군이 조금 전진해서 하천 사이에 진을 칩니다. 왜 유리한 위치를 포기했을까요?

신효승 도감 야율팔가의 의견 때문인데요. 애초에 소배압은 고려군이 두 개의 하천을 다 건너느라 지치고 진형이 흩어지기를 기다렸다가 공격한다는 계획이었습니다. 하지만 야율팔가는 그랬다가는 고려군이 배수진을 친 형태가 될 것이고, 결사적으로 전투에 임해서 피해가 커질 것이라고 주장하면

---

8 요사에는 사하와 다하로 기록되어 있다.

귀주성 앞에서 싸우던 고려군과 요나라군의 배치도. 요나라군은 두 개의 강 사이에 진을 치고 고려군과 맞서 싸웠다.

서 반대합니다.

정명섭 하지만 이런 포진이라면 요나라 군대 역시 뒤쪽의 하천 때문에 배수진을 치는 꼴이 될 텐데요.

신효승 야율팔가가 우리도 배수진을 치면 병사들이 결사적으로 싸우지 않겠느냐는 말로 소배압을 설득한 것이죠.

정명섭 그만큼 자신감이 떨어졌다는 얘기군요. 어쨌든 소배압이 야율팔가의 의견대로 하천 사이의 벌판에 진을 칩니다. 운명의 결전이 눈앞에 다가오고 있습니다. 역시 고려군이 먼저 움직입니다. 먼저 소수의 기병들을 보내서 빈틈을 노립니다. 하지만 요나라군 역시 백전노장들이 많아서 그런지 쉽사리 움직이지 않습니다. 결국 고려군이 총공격을 감행합니다. 하지만 요나라 병사들도 젖 먹던 힘을 짜내서 막고 있습니다. 양측의 피해가 속출하는 가운데 요나라 병사들이 지친 상태에서도 힘을 내고 있군요.

신효승 강행군에 지친 상태라고는 하지만 백전노장의 정예 병력들이 많이 포함되어 있습니다. 베테랑들이 많이 있는 부대는 위기상황에서도 쉽게 무너지지 않는 법이죠.

정명섭 이렇게 되면 승패가 어떻게 될지 모르겠는데요. 바람까지 고려군을 도와주지 않는군요. 양측이 조금도 물러서지 않고 최선을 다해서 싸우는 가운데 남쪽에서 새로운 군대가 접근합니다. 어느 쪽 군대인가요?

신효승 깃발을 보니까 지난달 2일, 강감찬 장군이 개경으로 내려 보냈던 병마판관 김종현의 부대 같습니다. 퇴각하는 요나라군을 따라서 북상한 모양이군요.[9]

정명섭 양측이 이렇게 팽팽하게 대치하고 있는 상황에서 큰 변수가 될 것으로 보입니다.

신효승 워털루 전투에서 영국군과 잘 싸우던 나폴레옹군이 블뤼허가 이끄는 프로이센군이 나타나면서 급격하게 무너졌습니다. 이렇게 팽팽한 균형은 아주 작은 변수로도 무너지는 법입니다.

정명섭 말씀하신대로 잘 싸우던 요나라 병사들은 크게 당황한 반면, 고려군은 기운을 냅니다. 기세를 올리는 고려군의 공격에 요나라 군대가 조금씩 뒤로 밀립니다. 하지만 뒤쪽의 하천이 물러나는 데 방해가 됩니다.

신효승 물을 등지고 결사적으로 싸운다는 배수진의 단점입니다. 퇴각할 공간이

---

9 김종현이 이끈 고려군이 어느 방향에서 출현했는지는 기록에 나와 있지 않다. 임용한 교수는 이들이 요나라군의 뒤쪽인 태주 방향에서 나타났을 것으로 보고 있고, 안주섭의 저서에 나온 지도에는 안주 방면에서 북상한 것으로 나와 있다.

10 고려사에 나오는 것으로 백석천으로 추정됨.

없어져서 전열을 정비할 여유가 없어지죠.

정명섭 요나라군에게는 불운하게도 바람의 방향까지 바뀝니다. 갑자기 남쪽에서 비바람이 휘몰아치면서 요나라군의 정면을 때립니다. 눈을 제대로 뜨지 못하는 요나라 병사들에게 바람을 탄 고려군의 화살이 날아듭니다. 하늘까지 고려군을 도와주는군요. 속수무책으로 당하는 요나라 병사들입니다. 결국 요나라군이 견디지 못하고 물러납니다. 하지만 뒤로 물러나려고 해도 하천 때문에 퇴로가 막혀있는 상태입니다. 결국 전투를 포기한 병사들이 하나 둘씩 도망칩니다. 드디어 요나라군이 패주합니다.

신효승 이제부터가 중요합니다. 전쟁의 가장 큰 피해는 바로 무질서하게 퇴각하는 과정에서 일어나죠. 고려군으로서는 최대한의 타격을 주기 위해서 숨 쉴 틈 없이 밀어붙여야 합니다.

정명섭 석천[10]을 건넌 요나라 병사들이 반령에 도착하지만 추격하던 고려군에게 따라잡히고 맙니다. 이건 전투가 아니고 학살이네요. 들판과 언덕길에 온통 요나라 병사들의 시신뿐입니다. 한쪽에서는 저항을 포기한 병사들이 항복을 합니다. 포로도 최소한 수천 명에 이를 것 같습니다. 고려군의 전투력이 장난 아니네요.

신효승 이번 전투에 참전한 고려 병사들은 대부분 요나라군과 크고 작은 전투를 치러봤을 것이고, 그 와중에 동료들을 잃거나 가족 중에도 피해를 본 사람이 분명 있을 겁니다.

정명섭 하긴 이렇게 속 시원하게 분풀이를 할 기회가 얼마나 있겠습니까? 처절한 패배를 당한 요나라군은 간신히 압록강을 건너갑니다. 무사히 돌아간 병사는 수천 명에 불과합니다. 수만 명의 요나라 병사들이 귀주와 반령에서 쓰러졌고, 포로로 잡힌 병사들도 적지 않습니다. 버리고 간 무기와 깃발도 어머어마하네요. 요나라가 고려와의 싸움에서 이렇게 크게 패배한 적이 있었나요?

회각하는 요나라군을 추격하는 고려군과 이를 지휘하는
강감찬 장군. 귀주 대첩은 요나라의 침입을 종식시킨 전투였으며,
고려가 거둔 최대의 승리였다.

신효승 2차 침입 때 양규와 김숙흥 장군에게 몇 차례 패전한 적이 있긴 하지만 주력부대가 야전에서 정면승부를 벌였다가 패배한 건 이번이 처음일 겁니다. 그리고 아마 마지막이 되겠죠.

정명섭 의미심장한 말씀이시군요. 전투가 끝나고 고려군이 포로들을 앞세우고 위풍당당하게 개선합니다. 현종이 직접 영파역까지 마중을 나와서 노고를 치하하고 연회를 베풀어줍니다. 10년 전 개경을 버리고 도망쳤던 현종으로서는 감개무량하지 않을 수 없겠습니다.

신효승 그렇습니다. 요나라 원정군의 주력부대를 야전에서 격파했다는 것은 큰 의미를 지니고 있는 일입니다. 이제 요나라로서는 고려의 성과 험난한 지형 뿐만 아니라 자신감까지 얻은 고려군이라는 장애물을 만난 셈이죠.

정명섭 요나라군의 피해가 막대한 모양이네요. 성종이 패전을 하고 돌아온 소배압의 얼굴 가죽을 벗겨버리겠다고 펄펄 뜁니다.

신효승 일반 병사들뿐만 아니라 장수들도 꽤 전사했으니까요. 그중에 발해 유민으로 구성된 부대를 지휘한 것으로 보이는 고청명이라는 이름도 있는 것으로 봐서는 발해 유민들도 상당수 목숨을 잃은 것으로 보입니다.

정명섭 성종이 발해 유민들로 구성된 부대에게 포상을 내립니다. 말씀대로 큰 피해를 입었거나 잘 싸운 모양입니다. 입맛이 씁쓸하군요. 어쨌든 결과를 알고 있어서 약간 싱겁기는 했지만 정말 드라마틱한 승리가 아닐 수 없습니다. 이번 전투의 의의와 향후에 미칠 영향에 대해서 간단하게 정리를 부탁드리겠습니다.

신효승 일단 성종은 원정에 참가했다가 전사한 장교와 병사들의 유가족들을 위로해주고 공이 있는 병사들과 부대에게 금과 비단으로 포상을 합니다. 비교적 조용히 전후 처리를 한 것이죠. 하지만 요나라로서는 정복활동에 제동이 걸렸다고 봐야겠죠. 만만한 상대로 봤던 고려를 굴복시키는 데 실패했고, 설상가상으로 뜻하지 않은 패배까지 겪었으니 이러지도 저러지도 못하는 상황에 빠진 것이죠.

정명섭 하긴 자신감이 붙은 고려가 순순히 말을 들을 리가 없겠죠. 그럼 평화가 찾아오는 겁니까?

신효승 요나라 역사를 기록한 요사에 보면 1019년 8월, 성종은 또 다시 고려를 공격하려고 합니다.

정명섭 아! 그런가요? 또 쳐들어왔다가는 뼈도 못 추릴 것 같은데 말이죠.

신효승 실제 행동에 옮기려고 했는지 아니면 자존심을 세우려고 한 얘기인지는 모르겠습니다. 하지만 다음 해 9월에 중국인들의 말을 징발해서 고려 원정군에게 지급하라는 명령을 내린 것으로 봐서는 어느 정도 실행에 옮기려고 했던 모양입니다.

정명섭 4차 침입까지 벌어지는 건가요?

신효승 벌어졌을지도 모릅니다. 요사를 보면 1023년 10월에 요나라군이 두 방향으로 고려를 침입했다고 나와 있거든요. 한 부대는 일찌감치 철수하고 다른 한 부대는 홍파지령이라는 곳에서 고려군과 교전을 벌여서 말과 낙타를 많이 잃었다고 나와 있습니다.

정명섭 앞선 기록들을 보면 패배한 것을 에둘러서 얘기했을 가능성이 높네요. 말과 낙타가 많이 죽었으면, 그걸 타고 있던 병사나 장교들이 멀쩡할리는 없지 않습니까?

신효승 재미있는 건 고려사에는 요나라의 침입 기록이 없다는 겁니다. 화해 분위기 조성을 위해 일부러 뺐거나, 기록을 남길 필요가 없을 정도로 위기감을 안 느꼈다는 뜻이죠. 실제로 고려는 1019년 11월, 현종이 향림사로 옮겼던 태조의 재궁을 다시 현릉에 안치시킵니다. 이걸 보면 고려는 어느 정도 전쟁의 위협에서 벗어났다고 믿은 모양입니다. 그리고 그해 연말에 고려의 사신이 오면서 요나라의 전쟁 준비도 흐지부지되었죠. 요나라로서는 더 이상 고려를 공격해봤자 성과를 거둘 자신이 없었고, 고려도 언제까지 싸울 수는 없으니까요. 다음 해 3월에 고려에서 몇 년 전부터 억류하고 있던 요나라 사신 야율행평을 돌려보냄으로서 화해 분위기가 조성되었고, 1023년에 다시 한 차례 전쟁이 벌어졌지만 더 이상 나라가 위기에 빠질만한 전쟁은 없었습니다. 그리고 고려가 다시 요나라의 연호를 쓰면서 양국은 이제 전쟁을 잊어버리게 되죠. 정확하게는 무력으로는 고려를 굴복시킬 수 없다고 판단한 요나라가 포기한 겁니다.

정명섭 다행이네요. 요나라에서는 고려를 이기지 못한 원인이 어디 있다고 봤나요?

신효승 그 점과 관련해서 요사에 흥미로운 구절이 보입니다. '사치하는 버릇이 들고 자만심이 생기면서 용맹한 군대가 무너져서 동쪽의 싸움에서 패배했다. 이는 매번 승리를 거두면서 적을 얕잡아봤기 때문이다. 그리고 고려는 비록 작은 나라지만 우리나라에게 적지 않은 피해를 입혔으니 이것은 그들이 험난한 지형을 잘 이용했기 때문이다'라고 나와 있습니다.

정명섭 자만했기 때문에 졌다고 했지만 어쨌든 자신들의 패배를 인정했네요. 그리고 중요한 건 이번 전쟁이 평화를 가져왔다는 것 아니겠습니까?

신효승 그렇습니다. 요나라가 전쟁으로 고려를 굴복시킬 수 없다는 사실을 깨닫게 된 것입니다. 고려는 피로서 평화를 쟁취한 셈이죠.

정명섭 이렇게 귀주에서 고려군이 대승을 거두고 평화가 찾아왔다는 소식을 끝으로 이번 중계를 마치도록 하겠습니다. 다음 시간에 뵙도록 하겠습니다.

전쟁이 가져온 평화

귀주 대첩은 고려와 요나라의 기나긴 30년 전쟁의 종지부를 찍었다. 승리한 고려는 요나라에 적당히 고개를 숙였다. 귀주에서 크나큰 패배를 겪은 요나라로서도 더 이상의 침략은 무리였다. 사실 요나라는 1004년에 송나라와 '전연의 맹'이라는 평화조약을 체결한 상태였다. 요나라는 매년 비단 20만 필과 은 10만 냥을 받는 대가로 송나라에 대한 공격을 포기했다. 요나라가 고려를 거듭 공격했던 이유는 송나라와 전쟁을 할 때 배후의 안정을 위해서였다. 따라서 전연의 맹이 체결된 이후에는 고려를 공격할 이유가 사라졌다. 하지만 요나라가 고려를 굴복시켜서 강동 6주를 빼앗는 데 성공했다면 힘의 균형추는 급격하게 요나라 쪽으로 기울 수밖에 없었을 것이고, 요나라는 무슨 핑계를 대서라도 전연의 맹을 깨고 송나라를 공격했을 것이다. 즉 만약 귀주 대첩이 없었다면 전연의 맹이 가져온 평화는 깨졌을 것이다. 하지만 고려가 귀주에서 요나라군에게 일격을 가함으로서 힘의 균형추가 다시 팽팽해졌다.

고려는 승리 후에 자만하지 않고 억류한 사신을 풀어주고 요나라의 연호를 쓰는 등 사대관계를 유지했다. 그리고 명분과 자신감을 잃어버린 요나라는 다시는 강동 6주를 내놓으라는 요구를 하지 않았다. 이것은 고려와의 전쟁을 포기하겠다는 의미였으며, 고려와 요나라, 그리고 송나라 사이에 평화가 찾아왔다는 것을 뜻했다. 군대가 지나가고, 전쟁이 벌어졌던 길로 양국의 사신과 장사꾼, 승려들이 오갔다. 그리고 전쟁이 끝난 후 고려는 요나라로부터 대장경을 들여오면서 본격적인 불교문화가 꽃을 피웠다. 물론 이런 평화는 여진족이 세력을 떨치기 전 약 1백 년밖에는 지속되지 않았다. 하지만 오랜 전쟁에 지친 고려인들에게는 그것만으로도 충분했을 것이다.

최초의 무신반란

고려시대의 무인정변, 혹은 무신들의 난이라고 하면 대부분 의종 때인 1170년, 정중부와 이고, 이의방 등이 일으킨 것만 알고 있다. 하지만 157년 전인 1014년에도 무신들의 정변이 있었다. 이들이 정변을 일으킨 원인은 정중부 등의 이유와 다르지 않았다. 무신들에 대한 홀대와 모욕이 정변의 원인이었다.

1014년 11월, 소적열이 이끄는 요나라군이 흥화진과 통주 공격에 실패하고 물러난 직후, 한 무리의 장군들이 병사들과 함께 북을 치면서 궁궐 안으로 몰려들었다. 그리고 중추원사 장연우와 중추원사일직 황보유의를 결박한 다음 무자비하게 구타했다. 강조의 쿠데타로 발생한 요나라의 2차 침입으로 불타버린 개경을 재건하고, 강동 6주를 지키기 위해서는 막대한 비용이 필요했다. 요나라처럼 정복전쟁을 통한 약탈이 불가능했던 고려로서는 세금을 거두는 수밖에는 없었지만 그 방법에도 한계가 있었다. 급기야 관리들에게 줄 녹봉[11]이 부족해지자 장연우와 황보유의는 현종에게 건의해서 경군의 영업전[12]을 빼앗았다. 이런 어이없는 조치에 무신들이 분개한 것은 당연했다. 춥고 험한 강동 6주에서 요나라군과 목숨을 걸고 싸웠는데 보상은 커녕 홀대를 받은 것이다. 불만을 품은 무관들은

---

11 왕조국가에서 관리들이 국가로부터 지급받은 보수. 쌀이나 베같은 현물로 받았다.
12 고려시대 군인 등에게 지급했던 토지.

김훈과 최질을 우두머리로 삼아서 들고 일어났다. 김훈은 삼수채 전투에서 패배한 고려군을 규합해서 완함령에서 반격을 했던 장군이다. 최질 역시 삼수채 전투의 패배를 눈앞에서 목격하고도 침착하게 통주성을 지켜낸 인물이다. 궁궐 안에 난입한 무신들은 현종에게 억울함을 호소했다. 고려사에는 '발이 신발에 안 맞는다고 발뒤꿈치를 자른다면 몸이 어떻게 되겠습니까?'라고 외친 이들의 절규가 고스란히 남아있다. 현종은 문제를 일으킨 두 사람을 귀양 보내고 무신들이 문신들의 직책을 겸임하게 해달라는 요구도 들어줬다. 후대에 일어난 무신의 난에 비하면 사상자도 거의 없었고 왕을 직접적으로 위협하지도 않았다. 무신들의 요구역시 정당했다. 하지만 권력의 세계에서는 옳고 그름은 그다지 중요하지 않다.

무신들의 힘이 강해지자 위협을 느낀 현종은 이들을 제거할 계획을 세웠다. 행동대장으로 나선 것은 화주방어사를 역임한 이자림이었다. 그는 한 고조 유방이 초나라의 운몽으로 행차해서 마중 나온 한신을 체포했던 사례를 넌지시 현종에게 고한다. 이자림의 뜻을 눈치챈 현종은 그를 서경유수로 임명해서 파견한다. 다음 해인 1015년 3월, 현종은 서경으로 행차한다. 물론 김훈과 최질을 비롯한 무신들도 동행했다. 서경에 도착한 현종은 장락궁에서 연회를 베풀고, 이자림이 서경의 병사들을 동원해서 김훈과 최질을 비롯한 무신들을 모두 체포한 후 목을 베었다. 하지만 현종은 지나친 처벌은 피했다. 요나라와의 전쟁이 계속되기도 했고, 어쨌든 이들의 불만을 이해했기 때문이리라. 이렇게 무신들의 짧은 반란은 반년 만에 끝났다.

3.
귀문관 전투

고려군 vs 여진족

◈ **귀문관 전투 당시 양측 지휘관 및 참전 병력**

고려군 지휘관 : 행영 대원수 윤관
참전 병력 : 8천 명

여진족 지휘관 : 불명
참전 병력 : 불명

의사가 돌아와 왕에게 아뢰기를 "여진의 흑수에 사는 부족이 날로 강해지고 있고, 군사들 역시 날래고 사납습니다"라고 하였다.

– 고려 숙종 8년(서기 1103년) 7월

고려와 요나라와의 전쟁 이후 동아시아에 평화가 찾아왔다. 그러나 동북방의 여진족이 흥기하면서 차츰 먹구름이 낀다. 위기 상황을 눈치챈 고려는 전 국력을 기울여서 여진족을 정벌하기로 결심한다.

불길한 조짐

귀주 대첩 이후 고려에는 약 1백 년간의 평화가 찾아온다. 그 사이 고려는 안정을 누렸고, 요나라와 송나라와의 활발한 교류를 통해 문화경제적으로 많은 발전을 했다. 고려가 이렇게 평화에 취해 있는 사이 동북쪽에서 전쟁의 바람이 불어왔다. 오늘날의 만주와 연해주 일대에 살던 유목민족인 여진족은 시대에 따라서 말갈, 숙신, 읍루라고 불렸다. 이들은 말을 잘 타고 용맹했지만 분열되어 있었기 때문에 요나라와 고려의 간섭을 받았다. 요나라에서는 자신들의 지배를 받고 있던 여진족을 숙여진, 그렇지 않은 여진족을 생여진으로 불렀다. 고려에서는 함경도 일대에 거주하는 여진족을 동여진[1], 평안도 일대에 사는 여진족을 서여진이라고 불렀다. 고려는 이들 여진족들에게 생필품을 주고 관직을 하사하는 방법으로 간접 지배하는 한편 예전부터 변방에 쌓았던 성과 보루를 수리하고 연결해서 정종 때인 1044년, 서쪽의 압록강부터 동쪽 정주의 해안가인 도련포까지 연결되는 천리장성을 완성했다. 그러나 고려와 요나라가 평화에 젖어 있는 사이 여진족 사이에서 심상치 않은 움직임이 보였다. 그것은 송화강 일대에 거주하던 흑수 말갈의 후예이자 요나라의 간섭에서 비교적 자유로웠던 생여진의 한 부락인 완안부에서 시작되었다. 고려인 김준 혹은 김극수의 후예라는 전설을 가진 오고내가 주변 부족들을 정벌하면서 차츰 세력을 키웠다. 오고내의 다섯째 아들인 영가 역시 흩어진 부족들을 통합하면서 차츰 세력을 떨쳤다. 이즈음에는 고려에서도 완안부의 움직임을 눈치챘지만 크게 개의치 않았다. 그러는 사이 완안부의 세력은 차츰 강대해졌다.

1103년, 영가의 후계자인 오아속은 지훈[2]이라는 장수를 보내서 자신에게 복종하지 않은 갈라전[3]의 여진족들을 공격했다. 지훈의 침략을 받은 갈라전의 여진족들은 고려 영토인 정주[4]로 피신했다. 고려사에는 1104년 정월 1753명의 여진족들이 보호를 요청했다고 기록되어 있다. 완안부 여진족들을 이끌고 온 지훈은 정주성 밖에 진을 치고 망명한 자들의 송환을 요구했다. 고려로서는 낯설고 황당한 요구였다. 당시 고려의 임금이었던 숙종은 문하시랑평장사 임간을 동북면행영병마사로 임명해서 이들에게 본때를 보이라고 지시했다. 개경을 출발한 임간은 2월에 정주성에 도착해서 곧장 성 밖에 진을 치고 있던 완안부 여진족들을 공격한다. 하지만 오랜 평화에 젖어 있던 고려군은 매일 전쟁을 치르던 완안부 여진족의 상대가 되지 못했다. 유목민 특유의 거짓 후퇴에 속아 추격전을 벌이다가 역습을 받은 고려군은 출정한 병사의 절반이 전사하는 참패를 당한다.

당시 추밀원 별가라는 하급관리의 자격으로 참전한 척준경은 임간에게 무기와 갑옷을 입힌 말 1필을 요구한다. 임간이 요청을 들어주자 척준경은 단신으로 완안부 여진족 진영으로 쳐들어가서 장수 1명을 베고 포로로 잡혀 있던 고려군 2명을 구출한다. 뒤이어 교위 준민과 덕린이 활로 여진족을 쓰러뜨리자 비로소 그들의 기세가 누그러졌다. 고려군이 이 틈을 타서 후퇴하고, 완안부 여진족은 다시 1백여 명의 기병으로 추격해온다. 척준경이 다시 나서서 적장 2명을 쏘아 죽였다. 이렇게 화려하게 데뷔한 척준경은 천우위록사 참군사로 승진하지만 고려군은 큰 패전을 겪고 말았다. 보고를 받은 숙종은 임간을 파면하고 추밀원사 윤관을 동북면행영도통으로 임명해서 파견한다. 자존심이 상하기도 했지만 만약 고려가 완안부에게 계속 밀린다면 그동안 잠자코 있던 다른 여진족들까지 들고 일어날 가능성이 높았기 때문이다. 다음 달, 윤관이 이끄는 고려군은 또 다시 완안부 여진족과 격돌한다. 격전 끝에 30명을 사살했지만 고려군도 절

---

1 동여진 안에서도 여러 부족들이 존재했다. 이들 중 일부는 배를 타고 해상으로 나가서 고려와 일본의 배들을 공격하거나 일본 본토까지 건너가서 약탈을 하기도 했다.
2 금사에는 석적탄이라는 인물로 나오는데 동일인물로 추정된다.
3 오늘날의 함경도 일대에 거주하던 여진족의 땅을 일컫는다.
4 오늘날의 함경남도 정평.

반이 넘는 병사가 전사하거나 부상당한다. 패배한 윤관은 고려로 망명한 갈라전 지역의 여진족 추장들을 넘겨준다. 오아속 역시 아직까지는 고려와 전면적으로 충돌할 필요가 없다고 느꼈는지 요새를 허물고 화친을 청했다. 이렇게 사태는 수습되었지만 두 차례의 패전을 겪은 숙종과 윤관은 깊은 고민에 빠진다. 여진족의 사촌뻘인 거란족이 요나라를 세우고 세력을 떨치면서 고려가 어떤 일을 겪었는지 잘 알고 있었기 때문이다. 숙종은 지금 화근을 제거하지 않으면 안 된다는 생각을 했고, 여진족에게 패배하고 개경으로 돌아오던 윤관 역시 같은 생각이었다. 개경으로 돌아온 윤관은 숙종에게 자신의 경험을 적은 보고서를 올린다. 냉철한 분석 뒤에는 왜 고려군이 패배했는지 명확한 이유가 적혀 있었다.

……제가 패배한 이유는 적들은 말을 탔고, 우리 군은 걸으면서 싸웠기 때문입니다…….

대 여진 부대 별무반

윤관의 보고를 받은 숙종은 다음 해인 1105년 12월에 별무반을 창설한다. 별무반은 글자 그대로 여진의, 여진에 의한, 여진을 위해 창설된 부대다. 일종의 특수부대로 오해를 받곤 하지만 별무반은 여진족과의 전쟁에 대비해서 군대 조직을 개편한 것이라고 이해하는 게 빠르다. 별무반의 핵심은 역시 기병이었다. 무관은 물론 문관과 이서[5] 같은 관리들과 장사꾼, 심지어 종들 중에도 말을 가지고 있는 자들을 모두 기병부대인 신기군으로 편성했다. 그리고 말이 없는 대상자들은 보병인 신보군으로 삼았다. 전투의 핵심인 보병과 기병을 보조할 병종도 꾸려졌다. 돌격부대의 일종인 조탕, 궁수부대인 경궁과 정노, 화공부대로 추정되는 발화부대도 별도로 편성되었다. 그 밖에 승려들로 구성된 항마군도 있었다. 20세 이상의 남자들 중 과거 응시자들을 제외한 모든 장정들은 신기군이나 신보군, 그리고 항마군 중 하나에 들어가서 훈련을 받아야만 했다. 요나라와의 전쟁에서도 볼 수 없었던 총동원이었다. 그만큼 숙종과 윤관은 완안부 여진족들의 세력 팽창을 그대로 놔둘 경우 큰 문제가 발생하리라고 우려했다.

그런데 1105년 10월, 숙종이 서경에서 훈련 중인 병사들을 사열하다가 쓰러진다. 병을 치료하기 위해 서둘러 개경에 돌아오던 숙종은 수레 안에서 세상을 떠나고, 태자 우가 숙종의 뒤를 이어서 예종으로 즉위한다. 왕이 바뀌기는 했지만 고려의 대 여진정책은 변하지 않았다. 갈라전 지역을 정복한 오아속은 지훈을 보내서 그곳을 통치하고 있는 상황이었다. 하지만 표면상으로는 화해 분위기가 조성되었다. 예종이 즉위한 다음 해인 1106년 3월, 지훈은 기병 2천 명을 거느리고 고려 국경으로 와서 화해를 청했다. 그러자 예종은 비상사태를 대비해 파견했던 동계가발병마사 김덕진을 소환하는 것으로 응답했다. 하지만 이런 화해 분위기는 오래가지 않았다. 국경의 장수가 여진족들의 침입이 빈번해지고, 추장이 조롱박에 꿩 꼬리의 깃을 매달고 여러 부락을 돌면서 일을 꾸미고 있다는 다급한 내용의 보고를 올린 것이다. 보고를 받은 예종은 중광전의 불감[6] 안에 넣어둔 숙종의 밀지를 꺼내서 대신들에게 보여준다. 거기에는 여진족을 반드시 토벌해야 한다는 숙종의 전언이 적혀 있었다. 그러나 여진을 토벌하라는 숙종의 유언을 확인한 후에도 예종이나 대신들 모두 확신을 갖지 못한다. 예종은 결국 평장사 최홍사를 태묘로 보내서 점을 치고 나서야 출병을 결

---

5 고려시대 중앙과 지방의 관청에서 근무하던 하급 관리들.
6 스님이 들고 다니면서 불공을 드리기 위한 휴대용 법당.

정했다. 예종은 중서시랑평장사 윤관을 행영 대원수로, 지추밀원사 겸 한림학사였던 오연총을 부원수로 임명한다. 1107년 12월, 예종은 서경까지 행차해서 위봉루에서 총사령관인 윤관과 부사령관인 오연총에게 부월[7]을 하사했다. 출동한 고려군은 총 17만 명으로 요나라와의 전쟁을 제외하고는 전에 없는 대규모였다. 북쪽으로 행군하는 별무반 가운데에는 지난번 전쟁에서 공을 세운 척준경도 있었다.

북쪽으로 출발한 원정군은 서경과 정주 사이의 장춘역에서 일단 대기한다. 군대를 동원해서 공격하기 전에 계략을 쓰기로 한 것이다. 윤관은 병마판관 최홍정 등을 오아속에서 보내서 몇 년 동안 억류했던 여진족 추장 허정과 나불을 석방할 것이라고 통보한다. 고려의 제안에 속아 넘어간 오아속은 부하들을 보내서 이들을 맞이한다. 고려에서는 이들의 석방을 축하하는 연회를 베풀겠다고 제안한다. 이 제안에 응한 여진족 추장 4백 명은 별다른 의심 없이 연회에 참석했다가 고려군에게 학살당한다. 연회에 참석하지 않고 밖에서 대기하고 있던 40~50명의 여진족들은 이를 눈치채고 달아나지만 대기하고 있던 병마판관 김부필과 척준경에 의해서 죽거나 사로잡힌다. 지도자를 잃은 여진족들은 큰 혼란에 빠진다. 고려군은 그 틈을 타 12월 14일, 드디어 원정길에 오른다. 고려와 여진족의 기나긴 전쟁이 시작된 것이다.

---

7 임금이 출정하는 장수에게 하사하는 도끼로 병사들의 생사여탈권을 가지고 있음을 상징한다.

북쪽으로

정명섭 이번 시간은 고려와 여진족의 전쟁을 중계해드리도록 하겠습니다. 도움 말씀을 주실 신효승 작가님께서 나와주셨습니다. 고려가 여진과 싸우기 위해서 총력전을 펼친 셈인데요. 신하들의 반대가 만만치 않았겠는데요?

신효승 고려사를 살펴보면 출병 전까지는 별다른 반대가 없는 것으로 나옵니다. 아무래도 여진족의 움직임이 심상치 않았고, 무엇보다도 선왕인 숙종의 유언이라는 강력한 명분이 있었기 때문이죠. 그래서 김연이라는 신하만 끝까지 반대한 것으로 나옵니다. 하지만 부원수인 오연총조차도 의구심을 가지고 윤관에게 귓속말로 성공 여부를 물었을 정도로 조심스러운 분위기도 있었죠.

정명섭 이런 의구심을 뒤로 한 채, 장춘역에서 위풍당당하게 출발하는 고려군입니다. 속임수를 쓴 게 좀 꺼림칙하지만 이쪽의 피해를 줄이기 위해서는 어쩔 수 없는 일이겠죠. 원부대의 편성과 지휘관에 관해서 간단히 설명해 주시겠습니까?

신효승 표를 보면서 설명 드리겠습니다. 총 병력은 수군까지 포함해서 17만 명에 달했는데 20만 대군이라고 칭했습니다. 이들을 4군으로 나눠서 각각 공격을 감행했는데, 첫 번째 목표는 몇 년 전에 공격을 받고 잃어버린 정주성과 그 부근입니다. 총지휘관은 잘 알려진 대로 윤관 장군입니다.

정명섭 몇 년 전 임간과 윤관이 패전할 때 맹활약을 했던 척준경도 원정군에 가세했군요?

신효승 병마녹사로서 참전했죠. 그의 활약을 기대하셔도 좋을 듯합니다.

정명섭 고려군의 목표는 무엇이고, 그것을 달성하기 위해서는 어떤 것이 필요할까요?

신효승 당연히 고려를 위협하는 여진족, 구체적으로는 완안부와 그에 가담한 동여진족들을 제압하고 국경을 안정시키는 일이죠. 몇 년 전 임간과 윤관이 잇달아 패배하면서 갈라전 지역의 여진족들은 고려에게 등을 돌린 상태입니다. 이들을 다시 평정하고 완안부 여진족에게 타격을 가해서 다시는 고려를 넘보지 못하게 만드는 것이 윤관 장군이 이끄는 고려군의 목표입니다. 그러기 위해서는 무엇보다 선제공격을 해서 지역을 장악하고 성을 쌓아서 근거지를 마련해야 합니다.

정명섭 과연 목표를 이룰 수 있을지 지켜봐야겠군요. 일단은 4개 부대로 나눈 고려군이 쾌속 진격을 거듭하고 있네요. 고려군의 기습에 놀란 여진족들이 저항할 생각도 하지 못하고 뿔뿔이 흩어집니다. 들판에는 여진족들이 버리고 간 가축들만 남아있네요.

신효승 이제부터가 중요합니다. 기습을 당한 충격에서 벗어난 여진족의 반격이 본격적으로 시작될 테니까요.

정명섭 윤관의 고려군이 계속 북상하는군요. 이번 작전의 목표는 어디까지 점령하는 것인가요?

신효승 병목, 그러니까 귀문관이라고 불리는 곳을 차단하려는 겁니다. 근처의 산세가 험해서 통행이 불가능하고 딱 한 군데 오솔길로만 왕래를 합니다. 따라서 이곳을 차단해서 여진족의 남하를 막으면 고려가 차지한 지역의 수비가 수월해집니다.

정명섭 입구를 틀어막아서 적의 공격을 막겠다는 얘기군요. 그러기 위해서는 여진족들보다 먼저 그곳에 도달해야 할 텐데요?

신효승 그것 때문에 윤관 장군도 몹시 서두르고 있을 겁니다. 시간과의 싸움이니까요.

정명섭 북상하던 고려군이 문내니촌이라는 여진족 마을에 도착합니다. 근처에

여진 정벌군의 편제와 지휘관

지휘관		병력	목표 지역	전과		
지위	이름			점령지	사살	생포
행영대원수	윤관	5만 3천 명	정주성 대화문	대내파지 등 37개 마을	2120 명	5백 명
중군병마사	김한충	3만 6천7백 명	안륙수 (함경남도 정평)	고사한 등 35개 마을	380명	280명
좌군병마사	문관	3만 3천9백 명	정주성 홍화문	심곤 등 31개 마을	950명	–
우군병마사	김덕진	4만 3천9백 명	선덕진(함경남도 함주)의 안해수와 거방수 사이	광탄 등 32개 마을	290명	3백 명
선방별감 (수군)	양유송	2천6백 명	도린포(함경남도 흥남시 부근)			
합계		17만 1백 명		135개 마을	3740 명	1080명

있는 동음성에 여진족이 집결하지만 윤관 장군이 임언과 최홍정을 보내서 격파합니다. 여진족들이 고려군의 공격을 견디지 못하고 물러납니다. 문내니촌을 통과한 고려군이 석성에서 여진족들과 마주칩니다. 성을 지키는 여진족과 공격하는 고려군이라니, 어쩐지 어울리지 않습니다만······.

신효승 여진족들이 고려군의 발목을 잡기 위해서 농성을 하려는 모양입니다. 여기서 시간을 빼앗길 수는 없는데 말입니다.

정명섭 윤관 장군도 같은 생각인지 통역관을 성으로 보내서 항복하라고 합니다. 그러나 여진족들이 무슨 소리냐고 거부합니다. 이렇게 되면 공성전으로 가야 하나요? 윤관 장군이 공격을 명령합니다만 성 안의 여진족들이 맹렬하게 저항하면서 사상자가 속출합니다. 일단 후퇴하는 고려군. 이렇게 시간을 끌면 안 되는데 말이죠.

신효승 그렇습니다. 그러다 여진족 부대가 먼저 병목을 통과해서 남하하면 아직 안정되지 않는 점령 지역을 다시 빼앗길 수도 있습니다.

정명섭 고민하던 윤관 장군이 척준경을 불러서 선두에서 싸워달라고 부탁하는
군요. 하지만 여진족이 버티고 있는 높은 성벽을 화살과 돌을 피해서 올
라갈 수 있을까요? 갑옷을 입고 방패를 든 척준경이 성벽으로 올라갑니
다. 무모한 건가요? 아니면 용감한 건가요?

신효승 둘 다일 겁니다. 척준경이 일찍이 죄를 짓고 처벌을 받을 뻔했을 때 윤관
이 힘을 써서 무마한 적이 있었거든요.

정명섭 방패로 빗발치는 화살과 돌을 막고 성벽 위로 올라간 척준경이 여진족들
을 베어 넘깁니다. 여진족들이 우왕좌왕하는 사이 나머지 고려 군사들도
성벽을 넘어가는 데 성공합니다. 한 명이 전세를 역전시킨다는 게 바로 이
런 거군요.

신효승 화약무기가 없던 때라 개인의 힘과 용기가 통했죠.

정명섭 척준경의 목숨을 건 분전으로 고려군이 석성을 점령하는 데 성공합니다.
윤관 장군이 비단 30필을 상으로 내리는군요. 석성을 함락한 윤관 장군
이 병마판관 최홍정과 김부필에게 북상하라는 명령을 내립니다. 숨쉴 틈
을 주지 않는군요.

신효승 어쨌든 20만 명에 가까운 대군을 동원한 전투였으니 하루라도 빨리 끝내
야 한다고 판단했을 겁니다. 여진족들이 반격하기 전에 귀문관을 차단하
는 게 이번 원정의 성패를 결정지을 테니까요.

정명섭 최홍정과 김부필이 이끄는 고려군이 길주 근처의 이위동이라는 곳에서
여진족과 마주칩니다. 이제야 조직적인 저항에 나서는 여진족입니다. 이제
야 양쪽이 진정한 승부를 겨루는 무대가 될 것 같습니다. 들판에 대치한
양군 기병대가 일제히 돌격합니다. 화살을 맞은 말과 병사들의 고통스러
운 비명소리가 울려 퍼집니다. 고려군이 여진족을 맞아서 의외로 잘 싸우
는군요. 그동안 훈련을 열심히 한 게 효과가 있는 모양입니다. 일진일퇴를

거듭하는 고려군과 여진족 기병들입니다. 사상자들이 늘어나는 가운데 여진족이 결국 견디지 못하고 후퇴합니다. 고려군이 또 다시 승리를 쟁취합니다.

신효승 기마전투라는 건 굉장히 어려운 일이라서 숙달이 되지 않으면 능력을 발휘하기 어렵습니다. 고려군이 여진족에게 두 번이나 패한 것도 그것 때문이었죠. 숙종과 윤관 장군은 그 문제를 해결하기 위해 노력했고, 그 보답을 받았다고 할 수 있겠습니다.

정명섭 말씀하신대로 몇 년 동안의 훈련이 효과를 봤던 모양입니다. 이렇게 정주에서부터 길주 지역까지, 여진족들이 갈라전이라고 부르는 지역을 완전히 장악합니다. 고려군이 흩어져있는 여진부락들을 토벌하는군요. 서경에서 출발한 지 불과 한 달 만에 목표를 완수합니다. 그야말로 속도전이었던 셈인데요. 멋지게 성공했습니다. 성공 원인이 어디에 있다고 보십니까?

신효승 일단 아정과 나불을 석방한다는 핑계로 여진족 수뇌부들을 불러들였다가 몰살시킨 게 주효했습니다. 고려처럼 관리들이 통치하는 게 아니라 추장들이 지배하는 여진족들이라서 수뇌부의 몰살은 더 큰 타격이었죠. 대책을 세울 수뇌부가 몰살당한 상태에서 수만 명의 고려군이 몰아닥치자 제대로 된 저항을 할 수 없었던 겁니다. 물론 몇 년에 걸쳐 이때를 대비한 훈련을 해온 고려군의 노력이 기습을 성공시킨 열쇠였습니다.

정명섭 승전한 윤관 장군이 녹사 유영약을 보내서 보고하자 예종이 크게 기뻐합니다. 승전한 고려군이 점령 지역에 성을 쌓는군요. 역사 교과서에 나오는 9성인가요?

신효승 맞습니다. 여진족을 모두 쫓아내고 직접 통치할 계획을 세운 것이죠. 그러자면 아무래도 공격을 막을 요새가 있어야 하니까요. 자세한 건 표를 보면서 설명드리겠습니다. 그러니까 9성을 처음부터 한꺼번에 다 쌓은 건 아니고요. 이때 쌓은 건 영주와 웅주, 복주와 길주 4개였습니다. 다음 해

2월에 함주와 공험진에 성을 쌓았고, 다음 달인 3월에 의주와 통태진, 그리고 평융진에 성을 쌓았습니다. 이 성들을 모두 합쳐서 9성이라고 부르죠.

정명섭 한꺼번에 쌓은 게 아니었군요.

신효승 아마 처음부터 그렇게까지 성을 많이 쌓을 생각은 아니었을 겁니다. 하지만 여진족의 공격이 거세지자 추가로 세운 것 같습니다. 공험진성을 쌓을 때 근처에 있는 선춘령에 이 땅이 고려의 영토임을 알리는 비석도 함께 세웁니다. 선춘령과 그곳에 세워진 비석은 9성의 위치를 알려주는 표식으로 오랫동안 논쟁의 대상이 되어왔죠.

윤관 장군이 건설한 9성의 위치와 크기

명칭	위치	축성시기	크기	이주민	기타
영주	몽골라령 아래	1107년 12월	950칸	1238호	여진족에게 반환
웅주	화관산 아래	1107년 12월	992칸	1436호	여진족에게 반환
복주	오금림 촌	1107년 12월	774칸	632호	여진족에게 반환
길주	궁한이 촌	1107년 12월	670칸	680호	여진족에게 반환
함주		1108년 2월		1948호	여진족에게 반환
공험진		1108년 2월		532호	반환한 성에 포함되지 않음
의주		1108년 3월			반환한 성에 포함되지 않음
통태진		1108년 3월			여진족에게 반환
평융진		1108년 3월			반환한 성에 포함되지 않음
합계				6466호	

* 민지가 쓴 동국편년강목에는 이 지역에 약 6만 9천 호를 이주시켰다고 나와 있다.
* 윤관이 처음 축성한 9성과 1109년 여진족에게 반환한 9성이 정확하게 일치하지 않는다.
  즉, 공험진과 의주, 평융진 대신 숭녕진, 진양진, 선화진을 여진족에게 반환했다.
  아마 최초에 쌓은 9성 중 일부는 전쟁 중에 이름을 바꾸거나 없애버리고 새로 축성한 것으로 보인다.

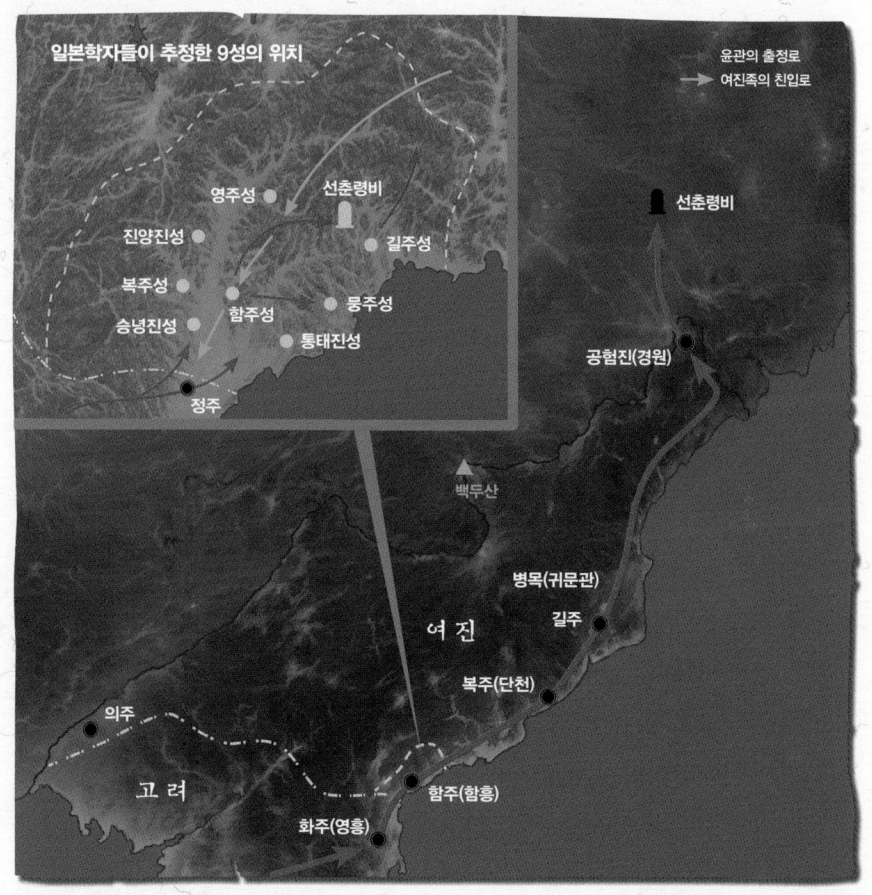

일본학자들이 추정한 9성의 위치

윤관의 출정로
여진족의 친입로

영주성　선춘령비
진양진성　　　　　　길주성
복주성
승녕진성　함주성　　몽주성
　　　　　통태진성
정주

선춘령비

공험진(경원)

백두산

여 진

병목(귀문관)
길주

복주(단천)

의주

고 려

함주(함흥)

화주(영흥)

1107년, 윤관 장군이 여진족을 몰아내고 9성을 쌓은 지역은 정확하게 밝혀지지 않았다. 일본 학자들은 함흥평
야로 한정지었지만, 조선후기 실학자들은 대체로 길주를 비롯한 두만강 남쪽으로 추정했다. 하지만 세종실록
지리지 등의 자료들을 토대로 두만강 북쪽으로 추정하는 경우도 있다. 이 지도는 세종실록지리지와 동국여지
승람을 토대로 윤관 장군이 두만강 북쪽 7백 리에 있는 선춘령에 경계비를 세우고 그 아래 공험진성을 쌓았다
는 기록에 의거하여 추정한 것이다.

정명섭 이렇게 고려가 점령한 지역에 성을 쌓고 눌러앉을 준비를 하는 사이 동여
진의 추장과 부족민들이 속속 투항합니다. 지금까지는 고려군의 페이스대
로 가고 있습니다만 이제부터가 중요할 것 같습니다. 여진족의 움직임은
어떤가요?

신효승 역시 완안부의 추장인 오아속이 어떻게 대응하느냐에 따라 전쟁의 추이
가 달라질 겁니다. 석방된 추장들을 맞이하기 위해 남하했다가 고려군의
공격이 시작되자 완안부로 돌아온 오아속이 부족회의를 소집합니다. 일
단 추장들의 의견을 들을 생각인 모양입니다.

정명섭 대다수 추장들이 고려군과 쓸데없는 충돌을 피하자는 의견이군요.

신효승 애당초 갈라전 지역은 완안부의 땅이 아니었으니까요. 고려와 소모전을
벌일 경우 요나라가 어떻게 나올지도 걱정일 테고 말이죠.

정명섭 대세가 기울어질 무렵 오아속의 이복동생인 아골타가 반론을 제기합니
다. 이대로 갈라전 지역을 포기하고 고려군에게 넘겨주면 다른 부족들이
복종하겠느냐고 목소리를 높입니다. 하긴 힘으로 복속시켰으니까 약간의
빈틈도 위험한 건 사실이죠. 결국 오아속이 아골타의 의견에 동의하면서
고려와의 전쟁이 결정됩니다. 오아속이 이복동생인 알색을 고려군과 싸울
사령관으로 임명합니다. 이제 본격적인 여진족의 반격이 시작되겠군요.
아직 축성이 끝난 상태가 아닌데 걱정입니다. 고려군이 주의해야 할 점이
어떤 게 있을까요?

신효승 일단 초반 승리에 너무 자만하지 말아야 합니다. 물론 이위동 전투에서
여진족과 정면승부를 벌여 멋지게 성공했습니다만, 여진족의 기마 전투
술이 뛰어나다는 점은 사실이니까요.

정명섭 방심을 하지 말아야 한다는 말씀이군요. 한편, 점령 지역의 축성 작업을
살펴보던 윤관 장군이 1018년 1월 14일, 오연총 장군과 함께 8천 명의 병
사들을 이끌고 북진합니다. 귀문관을 완전히 차단하려는 모양이군요.

함께 이동 중인 여진족 중장기병과 경기병. 갑옷을 착용한 말을 타고
전신에 갑옷을 두른 중장기병이 선두에 서서 적진을 돌파하면, 활을 주 무기로 한
경기병이 엄호를 하는 방식으로 전투를 치렀다. 중장기병은 갑옷을
두세 겹 껴입어서 방어력을 극대화했다.

신효승 그렇습니다. 귀문관 주변에 요새를 쌓아서 여진족의 침입을 아예 막을 계획일 겁니다. 귀문관 주변에 최홍정과 김부필의 부대가 주둔하고 있긴 하지만 선봉부대라서 병력이 부족했을 겁니다.

정명섭 가한촌을 지나 좁은 오솔길로 접어들면서 고려군의 행군대열이 길어집니다. 귀문관으로 가기 위해 서두르는 고려군입니다. 아! 풀숲에 매복하고 있던 여진족이 행군하던 고려군을 기습합니다. 고려군이 갑작스러운 기습에 제대로 대응하지 못하고 두 동강이 납니다. 뒤쪽 대열은 뒤로 밀려났고, 선두 쪽은 고립되고 말았습니다.

신효승 어이없는 기습을 당했습니다. 방심한 대가를 톡톡히 치루는군요.

정명섭 숲 속에서 벌어지는 전투로 대열을 갖출 틈이 없습니다. 난전이 벌어지면서 기세를 빼앗긴 고려군이 제대로 싸우지를 못하는군요. 그런데 고립된 선두 쪽에 윤관과 오연총 장군이 있군요. 병사들은 모두 죽거나 흩어지고 남은 것은 불과 십여 명뿐입니다. 설상가상으로 오연총 장군은 화살을 맞아 부상을 당하고 주변에는 여진족들이 겹겹이 포위하고 있습니다.

신효승 총사령관과 부사령관이 전사하거나 포로로 잡히면 이번 원정도 사실상 끝나버리게 되는데요.

정명섭 과연 여진족들이 대어를 낚을 수 있을까요? 시시각각 조여 오는 여진족들입니다. 지휘부가 이렇게 위기에 빠져있는데 고려군들은 뭐하고 있나요?

신효승 상황 파악이 제대로 안 되고 있는 것 같습니다. 거기에다 여진족이 워낙 기세등등해서 쉽사리 구출하러 들어가지 못하는 것도 있겠죠.

정명섭 하긴 울창한 숲 속이라서 들어가기가 어렵긴 할 것 같네요. 그래도 이렇게 시간을 흘려보내다가는 두 지휘관이 죽거나 생포되고 말겠는데요. 아! 이번에도 척준경이 나섭니다. 10여 명의 결사대를 이끌고 적진으로 돌격할 준비를 하는군요. 동생 척준신이 이렇게 나서봤자 아무런 이득이 없을 것이라고 척준경을 말립니다. 냉정하지만 맞는 얘기처럼 들리긴 합니다.

하지만 척준경은 나는 나라에 목숨을 마친 몸이니 걱정하지 말라며, 돌아가서 아버지를 잘 봉양하라고 하는군요. 죽을 각오를 한 것 같습니다. 하긴 여진족이 겹겹이 포위하고 있는 상태에서 불과 10여 명을 이끌고 지휘관을 구출한다는 게 말이 안 되기는 합니다.

신효승 이제 기적을 바라는 수밖에는 없을 것 같습니다.

정명섭 큰소리로 고함을 친 척준경이 결사대를 이끌고 적진으로 뛰어듭니다. 갑작스러운 공격에 숲 속의 여진족들이 당황합니다. 여진족들이 우왕좌왕하는 사이 빠르게 포위망을 뚫고 들어가는 척준경입니다. 앞을 가로막는 여진족들을 한 칼에 베어버립니다. 삼국지의 관우나 조운장을 보는 기분입니다. 마침내 포위망을 돌파해서 윤관 장군 일행에 도달하는 척준경! 하지만 여전히 포위망을 벗어나지 못합니다. 전열을 수습한 여진족들이 다시 포위망을 좁혀옵니다. 이런 상황이라면 척준경이라고 해도 쉽지 않을 것 같습니다.

신효승 침착해야 합니다. 하늘이 무너져도 살 길이 있다고 했으니까 정신을 차리고 빠져나갈 방법을 찾아야죠.

정명섭 최후를 각오하는 척준경입니다. 아! 그런데 여진족들의 뒤쪽에서 함성이 들려옵니다. 고려군입니다! 병마판관 최홍정과 장군 이관진이 이끄는 고려군이 마침내 모습을 드러냅니다. 구원군이 도착하면서 여진족의 포위망이 풀어집니다. 뿔뿔이 흩어지는 여진족을 추격해서 36명을 죽이는 고려군입니다. 정말 위기의 순간에 지원군이 나타났습니다.

신효승 척준경이 결사대를 이끌고 시간을 끌지 않았다면 윤관과 오연총 장군 모두 살아남지 못했을 겁니다.

정명섭 감격한 윤관 장군이 울면서 척준경의 손을 잡습니다. 목숨을 구해줬으니 마땅히 아들처럼 생각할 테니 너도 나를 아버지로 생각하라고 하는군요. 죽을 뻔 했다가 살아났으니 이렇게 기뻐하는 것도 무리가 아니겠죠?

병목을 차단하기 위해 진군하던 고려군은 여진족의 기습을 받아서 지휘부가 포위되는 위기에 처한다. 윤관 장군이 칼을 뽑아들고 부상을 당한 오연총 장군을 보호하고 있다. 멀리서는 결사대를 이끌고 온 척준경이 여진족들을 상대로 분전하고 있다.

신효승   그것보다는 임무를 수행하지 못했을 수도 있다는 게 더 걱정스러웠을 겁니다. 자신이 죽으면 몇 년 동안 공을 들인 이번 정벌이 물거품이 될 수도 있었으니까요.

정명섭   패잔병들을 수습한 윤관 장군이 영주성으로 돌아옵니다. 이렇게 위기일발의 상황을 넘기긴 했지만 첫 번째 패전이라 충격이 클 수밖에 없겠네요. 그나저나 원래 이 지역으로 남하하려면 귀문관을 통과해야 하지 않나요?

신효승   맞습니다.

정명섭   그런데 거기는 최홍정과 김부필의 고려군이 이미 막고 있지 않나요? 여진족은 어떻게 그 지역을 통과한 겁니까?

신효승   사실 귀문관 말고도 남하할 수 있는 루트는 많았습니다. 단지 귀문관이 가장 편해서 그곳을 이용했던 것뿐이었죠.

정명섭   그러면 이 지역이 여진족의 공격에 계속 노출될 수밖에 없다는 얘긴데, 그렇게 되면 애초의 계획이 전부 틀어지게 되지 않습니까?

신효승   그렇습니다. 1백 년 전 요나라와 전쟁을 벌이던 강동 6주와 비교해보면 확연히 알 수 있죠. 그 지역은 산세가 험하고 길이 좁아서 군대가 움직일 수 있는 길은 해안과 내륙루트 두 군데 뿐입니다. 따라서 그곳만 막으면 됐고, 실제로 강동 6주의 성들도 그 루트 중간 지역에 세워졌습니다. 하나의 성을 함락시키든지, 아니면 밖으로 나오지 못하게 포위하지 않으면 통과가 불가능합니다. 하지만 이 지역은 외부에서 진입할 수 있는 통로가 많아서 9성이 언제 공격당할지 모르는 상황에 처한 겁니다. 더군다나 여진족들은 기병 중심입니다. 이동속도가 빨라서 언제 어디서 집결하고 공격할지 감지하기가 어려울 수밖에 없죠. 대응시간이 늦을수록 피해가 늘어날 겁니다.

정명섭   이렇게 되면 9성을 축조하고 고려의 영토로 삼겠다는 윤관 장군의 의도가 뿌리부터 흔들리겠는데요. 어쨌든 당장은 큰일이 벌어지지 않고 오히려 항복하는 여진족들이 줄을 잇습니다. 하지만 여진족의 대군이 영주성을 공격하기 위해 남하하고 있습니다. 끝인 줄 알았는데 시작이군요.

신효승 완안부가 이 지역을 포기하지 않겠다고 결정한 이상 한동안 싸움은 계속될 겁니다.

정명섭 고려군이 귀문관 전투에서 위기를 잘 넘겼지만, 여진족이 새로운 공세를 펼친다는 소식을 함께 전하면서 이번 중계를 마치도록 하겠습니다.

윤관 장군과 고려군에게는 불행하게도 완안부는 전쟁을 포기하지 않았다. 그리고 고려군이 대규모 공격을 감행하고 이 땅을 차지하겠다는 야심을 드러내자 그때까지 우호적이었던 여진족들도 돌아서고 말았다. 가한촌 부근의 귀문관에서 고려군을 기습해서 윤관과 오연총을 거의 죽이거나 사로잡을 뻔했던 여진족들은 1월 26일, 2만 명의 병력으로 영주성을 포위하면서 본격적인 반격을 개시한다. 이들은 영주성 남쪽에 진을 치고 큰 소리로 부르짖으며 고려군에 도전했다. 아마 기세를 올리기 위해서 일대일 대결에 나오라고 하거나 성 밖에서 일전을 겨루자는 식으로 약을 올렸을 것이다. 그러나 윤관은 성 안에서 수비에 전념할 것을 지시한다. 하지만 척준경의 생각은 달랐다. 그는 여진족을 그대로 놔둘 경우 기세가 더 오를 것이고, 가담하는 자들이 늘어나고 성 안의 식량이 떨어지면 어쩔 것이냐며 반문한다. 그리고 자신이 결사대를 이끌고 나가서 싸우겠으니 성벽 위에서 지켜보라고 큰소리를 친다.

결사대를 이끌고 출정한 척준경은 격전 끝에 여진족 19명을 참살한다. 그리고 이 무지막지한 고려의 용장을 본 여진족은 기가 꺾인 채 물러난다. 정말로 2만 대군이 수십 명의 결사대를 보고 겁에 질린 채 물러났는지, 아니면 영주성을 정말로 공격할 의도가 없었는지 알 수는 없지만 포위가 풀어진 것은 사실이었다. 의기양양해진 척준경이 북과 피리를 울리며 성 안으로 돌아오자 윤관과 오연총 등이 나가서 서로 맞절을 했다. 지위와 나이를 뛰어넘은 존경심을 표한 것이다. 한숨 돌린 윤관 장군은 병사들을 거느리고 중성도독부로 이동한다. 그리고 각 성으로 전령을 보낸다. 수비하기에 너무 멀거나 어려운 성은 포기하고 집결하라는 명령이었을 것으로 보인다. 공험성을 지키던 권지승선 왕자지는 명령을 받고 군대를 끌고 중성도독부로 돌아오다가 사현이 이끄는 여진족의 기습을 받는다. 기습을 받은 고려군은 크게 패하고 왕자지가 타고 있던 말까지 잃는다. 이 소식을 들은 척준경은 구원부대를 이끌고 출동해서 사현의 여진족들을 격퇴한다. 그리고 여진족이 가지고 있던 갑옷을 입힌 말을 빼앗아서 개선한다.

여진족의 공세는 2월에 들어서면서부터 더욱 심해진다. 2월 11일, 여진족 수만 명이 웅주성을 포위했다. 지난달 영주성에서처럼 쉽게 물러나지 않고 제대로 공격하겠다는 심산인지, 여진족은 이번에는 이동식 바리케이드의 일종인 병거와 수레 등을 잔뜩 끌고 왔다. 여진족이 전에 없이 전의를 불태우자 웅주성을 지키고 있던 최홍정은 그 기세를 꺾기 위해 반격에 나선다. 4개의 문을 모두 열고 밖으로 뛰쳐나온 병사들은 방심하고 있던 여진족들을 공격했다. 고려군은 80명의 여진족을 죽이고 40필의 말을 노획하는 한편, 여진족이 끌고 온 병거 50대와 수레 2백 대를 부수는 전과를 올렸다. 하지만 이 공격으로 포위가 풀리지는 않았다. 결국 이번에도 척준경이 나섰다. 허름한 군복으로 갈아입은 그는 한밤중에 밧줄을 타고 성벽을 내려와서는 곧장 정주로 돌아가서 구원군을 이끌고 돌아왔다. 그는 통태진을 거쳐서 야등포로부터 길주에 이르기까지 마주치는 적들을 모조리 격파한다. 고려의 구원군이 온다는 소식을 들은 여진족이 포위를 풀고 물러나자 성 안의 병사들이 모두 감격에 겨워서 눈물을 흘렸다. 여진족의 거듭된 공격에 윤관은 류택을 함주 대도독부사로 삼고, 각 성을 지킬 장수와 관리를 파견한다. 아울러 기존의 영주, 복주, 웅주, 길주 외에 공험진과 함주에 추가로 성을 건설한다. 이런 가운데 여진족들이 또 다시 영주성을 포위하지만 이번에도 고려군은 성 밖으로 나가서 도전한다. 그 결과 여진족 20명의 목을 베고 말 8필과 많은 무기를 노획한다.

한편, 예종에게 승전 보고를 올린 윤관은 포로 346명과 말 96필, 소 3백 두

---

8 윤관은 추충 좌리 평융척지 진국공신 문하시중 판상서이부사 지군국중사로 오연총은 협모 동덕 치원공신 상서좌복야 참지정사로 임명되었다.

를 바친다. 아울러 의주와 통태진, 그리고 평융진에도 추가로 성을 쌓으면서 9성을 세우는 한편, 남쪽의 백성들을 이주시킨다. 아마 애초부터 계획된 이주였던 것으로 보인다. 북쪽으로 떠나는 백성들의 행렬을 보면서 예종은 새로운 땅을 확보했다는 기쁨에 젖어들었을 것이다. 그리고 임무를 마친 윤관과 오연총은 그해 4월 개경으로 귀환한다. 승리한 공으로 윤관은 관직을 제수받았다.[8] 하지만 남쪽으로 돌아가는 두 사람의 발걸음이 가볍지는 않았을 것이다. 두 사람이 개경으로 출발할 즈음에도 여진족들은 웅주성을 포위하고 목책을 세웠기 때문이다. 개경에 도착한 두 사람에게 예종은 따뜻한 환영과 함께 위로의 의미로 잔치를 베풀어준다. 예종과 윤관, 그리고 오연총은 전쟁을 끝내고 싶어 했다. 하지만 땅을 잃은 여진족의 반격은 계속되었고, 그들에게 전쟁은 이제 시작에 불과했다.

동북 9성의 위치는 어디일까?

우리나라 역사학계의 단골 논란거리 중의 하나가 바로 윤관이 건설한 9성의 위치다. 영토 확장에 관심이 많았던 세종대왕과 조선 후기의 실학자들은 물론, 일제 강점기의 일본인 사학자들과 해방 이후의 우리나라 사학자들까지, 다양한 시대의 학자들이 각자의 견해를 내놓았다. 고려사 윤관전에는 그가 여진족을 평정한 후에 그 지역의 경계를 확정했는데, 북쪽으로는 궁한이령, 동쪽으로는 화곶령, 서쪽으로는 몽골라령에 닿았다고 나와 있다. 그리고 윤관이 임언을 시켜서 영주 관아의 벽에 적었다는 영주청벽기에는 이 지방이 사방 3백 리인데 동쪽은 큰 바다와 접해 있고, 서쪽으로는 개마산을 끼고 있으며, 남쪽으로는 장주와 정주에 닿아있다고 나와 있다.

1. 두만강 남쪽의 함경도 일대 지역

이것은 세종대왕을 비롯한 조선 전기의 대신들이 제기한 주장이다. 여진족을 쫓아내고 영토를 확장한 세종대왕이 이 땅의 지배권을 확보하기 위해 꺼내든 카드가 바로 윤관의 9성이었다. 즉 예전부터 우리 땅이었다는 논리를 내세운 것이다. 9성의 위치를 파악하는 데 가장 중요했던 것이 바로 고려와 여진의 경계라는 비석을 세운 선춘령에 세운 공험진성이었다. 이런저런 조사 끝에 세종대왕은 두만강 근처의 도시 경흥을 옛 공험진이라고 비정했다. 정확한 조사보다는 당시의 정치적인 상황을 우선한 결정이지만 예나 지금이나 강이 주요 경계선이라는 점을 감안하면 나름 설득력이 있다.

2. 길주 부근의 마운령 남쪽 지역

정약용을 필두로 한백겸 등 조선 후기 실학자들이 제기한 주장이다. 지금처럼 지도를 가지고 답사를 가지 못했던 실학자들은 남겨진 기록을 가지고 위치를 추정했다. 주로 영주청벽기의 내용을 참고해서 위치를 비정했다.

3. 함흥평야 지역

이 설은 주로 일제 강점기 일본인 학자들에 의해 제기되었다. 이들은 세종대왕이나 실학자들과는 달리 직접 현장을 답사할 수 있었고, 문헌 자료들도 꼼꼼하게 살펴볼 수 있었다. 하지만 당시 일본인 학자들은 우리나라 역사를 무조건 축소 내지는 비하하려고 했기 때문에 이들의 주장에 대해서는 많은 검증이 필요하다.

4. 두만강 북쪽 지역

9성이 두만강 안쪽에 있었다는 기존의 학설에 반발해서 나온 주장으로, 공험진을 두만강 북쪽 7백 리 지점에 있다고 추정한다. 이 학설에 따르면 윤관이 정벌한 지역은 함경도 지역이 아니라 더 북쪽이 된다.

4.
길주성 전투

고려군 vs 여진족

◈ **길주성 전투 당시 양측 지휘관 및 참전 병력**

고려군 지휘관 : 행영병마판관 허재
참전 병력 : 불명

여진족 지휘관 : 알색
참전 병력 : 불명

병마부사 박경작이 윤관에게 글을 보내서 "무공을 세웠으니 마땅히 군사를 거두고 돌아와야 한다. 그렇지 않고 여진족의 땅에 성을 쌓으면 나중에 지키기 어려워질까 두렵다"라고 했다. 하지만 윤관이 그의 얘기를 듣지 않고 군대에 명하여 내성의 재목과 기와를 걷어서 9성을 쌓았다.

– 고려 예종 3년(서기 1108년) 2월

윤관 장군은 초반 기습에 성공해서 갈라전 지역을 장악한 후 9성을 쌓고 백성들을 이주시키는 등 본격적인 영토 편입 작업을 시작한다. 하지만 땅을 빼앗긴 여진족의 거센 반격에 피해가 늘면서 회의론이 차츰 고개를 든다. 그 와중에 여진족의 대군이 길주성을 포위하는 사태가 벌어진다.

성을 쌓더라도 지키기 어려울 것이라는 박경작의 지적은 타당하다. 그러나 그의 의견을 무시하고 9성을 쌓은 윤관의 판단 역시 잘못된 것은 아니다. 9성의 가치를 어느 정도로 보느냐에 따라 판단이 달라질 뿐이다. 만약 9성을 쌓은 시점에서 여진족의 공격이 중단되었다면 윤관의 말이 옳았다. 하지만 처음에 4개의 성을 쌓고, 2개를 더 쌓은 다음, 추가로 3개를 더 쌓는 시점에서 이미 윤관의 예측은 빗나가고 말았다. 지금처럼 철도나 자동차가 없던 시절에 몇 만 명의 이주민들을 배치하는 것은 결코 쉬운 일이 아니었다. 더군다나 전쟁이 끝난 시점은 뼛속까지 추운 한겨울이었다. 백성들이 머물 집과 병사들이 싸울 수 있는 성이 완성되기도 전에 여진족은 끈질기게 공격해왔다. 지형에 익숙하고 기동력이 뛰어난 여진족은 특유의 치고 빠지기 전술로 고려군을 괴롭혔다. 공격과 방어의 입장이 바뀐 것이다. 고려군은 성에 의지해서 버텼지만 적지 않은 인적, 물적 손실을 입었다.

1108년 4월, 윤관과 오연총이 개선 장군으로 개경에 돌아올 즈음에도 웅주성이 여진족에게 포위되어 있었다. 이에 수비를 하던 최홍정은 지난번처럼 성문을 열고 역습을 감행한다. 하지만 여진족도 바보가 아닌 이상 두 번 당할 리가 없었다. 기세 좋게 달려 나간 고려군은 오히려 여진족의 역습에 패배하고 만다. 웅주성의 소식이 전해지자, 예종은 귀환한 오연총에게 구원 부대를 지휘해서 웅주성의 포위를 풀라고 명령했다. 죽을 고비를 넘기고 귀환하자마자 다시 북방 지역으로 올라가는 오연총과 병사들의 심정은 어땠을까? 하지만 오연총과 병사들은 자신들의 임무를 묵묵히 수행했다. 오연총은 1만 명의 구원 부대를 넷으로 나눠서 문관과 김준, 왕자지로 하여금 이끌게 했다. 아마 1~3천 명 정도의 규모로 나눈 것 같은데 행군 속도를 높이고, 만약 한 부대가 적의 공격을 받더라도 나머지 부대는 웅주성에 도착할 수 있도록 취한 조치로 보인다.

1108년 5월의 어느 날, 진격하던 고려군 앞을 여진족들이 막아섰다. 고려군이 온다는 정보를 들은 여진족들은 오음지령과 사오령이라는 고개를 막았다. 원군을 막아서 시간을 끌고 그 사이 웅주성을 함락시킬 속셈이었던 것이다. 높은 고개를 차지한 여진족들은 이미 목책까지 설치한 상태였다. 공격에 절대적으로 불리한 상황이었지만, 고려군은 망설이지 않았다. 고려군의 공격에 여진족들은 191명의 전사자를 내고 물러났다. 여진족은 두 번째 진지로 물러났지만, 고려군은 이번에도 공격을 감행해서 목책을 불사르고 291명의 목을 벴다. 이것으로 웅주성에 대한 여진족의 포위망은 분쇄되었다. 포위된 지 27일 만의 일이었다. 성 안으로 들어간 오연총은 함부로 나가서 싸운 죄로 지휘관들을 처벌했다.

그해 7월, 예종은 윤관을 다시 북방으로 보내서 오연총과 교대시켰다. 8월에 개경으로 돌아온 오연총은 예종의 환영을 받았지만 착잡한 심정이었을 것이다. 전쟁은 끝나지 않았고 오히려 확대되었다. 행영병마판관 신현이 지휘하는 수군이 여진족 수군과 접전을 벌여서 20명을 죽였다. 육지뿐만 아니라 바다에서도 치열한 싸움이 벌어지고 있었던 것이다. 왕자지와 척준경도 함주와 영주에서 여진족과 전투를 벌여서 33명을 사살했다. 전투가 계속되면서 사상자들이 속출했다. 병마판관 유익과 장군 송충 등이 길주에서 여진족과 싸우다 전사했다. 지휘관들이 이렇게 전사할 정도면 일반 병사들 역시 적지 않게 목숨을 잃었을 것이다. 이렇게 사상자들이 늘어나자 고려에서는 전국에 모병관격인 점군사를 파견해서 병사들을 모집했다. 9월에 왕자지와 척준경이 사지령이라는 곳에서 여진족과 전투를 벌여서 27명을 죽이고 3명을 생포했다. 다음 해인 1109년 1월에는 동계행영병마녹사 왕사근과 하경택 등이 함주에서 여진족과 싸우다 전사했다. 이렇게 해를 넘겨 전쟁이 지속되면서 양측의 전사자들이 늘어났다. 문제는 여진족의 경우는 이런 피해를 얼마든지 감당할 수 있지만 고려의 경우는 달랐다는 점이다. 여진족은 성뿐만 아니라 성 주변의 농경지나 시설들을 부수고, 고개나 숲 속에 숨었다가 지나가는 고려군이나 백성들을 공격하는 것으로도 고려에 피해를 줄 수 있었다. 반면 고려군의 경우에는 언제 공격을 받을지 몰라서 신경을 곤두세워야만 했다. 또 모든 부족민이 전투에 나설 수 있었던 여진족과는 달리 고려는 물자와 병력의 보충에도 한계가 있었다.

한편 개경에서는 북방의 이런 참혹함을 아는지 모르는지 연일 연회가 열렸다. 새벽까지 이어지는 연회에서 술에 취한 예종이 신하들에게 춤을 추라고 명령했다. 연회에 참석한 승선 임언에게도 춤을 추라는 명령이 떨어졌다. 그러자 그는 술에 취한 척하면서 뼈있는 얘기를 했다.

"동쪽 변방이 아직도 평정되지 않았는데 어찌 춤을 출 수 있겠습니까?"

같은 달인 1109년 2월에는 우간의대부 이재가 변방에서 전쟁이 계속되고 있는데 연일 연회를 베푸는 것과 여진족들의 거짓 약속에 속아서 9성을 돌려주려고 하는 움직임을 비난하는 상소를 올리기도 했다. 고려사에는 뚜렷하게 나타나 있지 않지만, 조정대신들 사이에서 9성을 돌려주자는 의견이 나오고 있음을 짐작할 수 있는 대목이다.

이런 움직임과 상관없이 전투는 계속되었다. 행영병마록사 장문위 등이 숭령진에서 여진족 38명을 죽였다. 행영병마판관 허재도 병사들을 이끌고 길주관 밖에서 전투를 벌여서 여진족 30명을 죽이고 갑옷과 말 등을 노획했다. 고려군의 전과를 나열한 고려사에는 전사자들에 대한 기록은 따로 남아 있지 않다. 하지만 적지 않은 병사들이 죽거나 다쳤을 것이다. 여진족의 공세는 나날이 거세졌고, 급기야 천리장성의 남쪽에 있는 선덕진을 공격해서 고려 백성들을 죽이고 재물을 약탈하는 지경에 이르렀다.

고려판 베트남 전쟁

미군이 남베트남의 민주주의를 지킨다는 명분으로 참전했다가 전쟁의 진흙수 렁에 빠졌던 것처럼 고려군 역시 끝이 보이지 않는 여진족과의 전쟁에 차츰 지 쳐갔다. 물론 척준경처럼 전투의 긴장감과 살육을 즐기거나 잘 견디는 사람도 있었을 것이다. 하지만 대다수의 병사들은 혹독한 추위와 잔인한 여진족들의 공격에 진저리를 쳤다. 전투가 거듭되고 전사자의 수가 늘어나면서 이런 분위 기는 점점 더 고조됐다. 전쟁이 3년째에 접어들면서 9성을 지키던 병사와 장수 들 사이에서는 내가 왜 여기에 목숨을 걸어야 하는가라는 의문이 점점 커졌을 것이다. 반면 여진족의 경우 빼앗긴 땅을 되찾겠다는 분명한 목표가 있었다. 그 리고 그것을 위해서 효과적으로 싸울 수 있는 방법도 잘 알고 있었다. 공격로 가 많았기 때문에 9성 중에 원하는 곳을 원하는 시간에 공격할 수 있었고, 여 의치 않을 경우 재빨리 물러나서 재정비할 수 있었다.

여진족은 학습능력도 뛰어났다. 고려군에게 결정적인 타격을 주기 위해서 는 결국 9성을 함락시켜야만 했다. 하지만 공성무기가 부족했기 때문에 공략 하는 데 시간이 오래 걸렸다. 성 안의 식량이 떨어지기를 기다리면서 포위를 계속하다 보면 성 안의 고려군이 불시에 습격해와서 피해를 입거나 구원군이 나타나는 바람에 번번이 물러나야만 했다. 오아속으로부터 빼앗긴 지역을 탈 환하는 임무를 맡은 알색은 이런 문제점을 해결하고 고려군이 지키는 성을 함 락시킬 수 있는 방법을 궁리했다. 승리의 깃발을 꽂기 위해 그가 선택한 지점은 공험진과 더불어 9성의 가장 북쪽에 위치하고 있던 길주성이었다. 670칸의 길 주성에는 670호의 이주민 가족들, 그리고 행영병마판관 허재가 이끄는 고려군 이 있었다. 1109년 2월, 수만 명의 여진족들이 길주성을 에워쌌다. 그리고 지 금까지와는 전혀 다른 방식의 싸움을 준비했다.

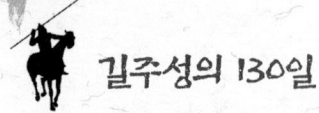

길주성의 130일

정명섭 지난 시간에 이어서 동북 9성에서 벌어지는 전투를 소개하도록 하겠습니다. 도움 말씀에는 역시 신효승 작가님이 나와주셨습니다. 갈라전 지역으로 들어올 수 있는 통로가 귀문관 말고도 많다는 사실이 밝혀지면서 전쟁이 뜻하지 않은 장기전으로 변하고 말았는데요. 지금이 1109년이니까 벌써 3년째 전쟁 중이네요. 고려로서는 이런 상황을 원치 않았을 텐데 말이죠.

신효승 장기전을 흔히 늪이나 수렁으로 표현하곤 하죠. 미군의 경우에는 아프가니스탄과 이라크에서 겪었고, 베트남에서도 크게 당했습니다. 러시아도 아프가니스탄과 체첸에서 비슷한 사례를 겪은 적이 있고요.

정명섭 여진족이 포기하고 물러나지 않는 이상 전쟁이 계속될 수밖에 없는데요. 고려로서는 어떤 해결책이 있을까요?

신효승 뾰족한 방법이 없습니다. 근거지를 공격하는 게 가장 좋은 방법인데 완안부가 있는 송화강까지는 너무 멀어서 보급로를 유지할 방법이 없죠. '전쟁은 비용'이라는 원칙은 이때도 똑같았습니다. 병사들을 먹이고 입히고 무장시키는 것은 물론이고 아직 뿌리내리지 못한 이주민들을 도와주기 위해서도 막대한 재물이 들어갔을 겁니다. 문제는 전형적인 농업국가인 고려가 그걸 감당할 수 있느냐 하는 것인데 한두 해도 아니고 3년째에 접어들면서 결국 회의론이 고개를 듭니다.

정명섭 그렇다고 피땀 흘려서 얻은 땅을 포기할 수도 없고, 고려로서는 답답할 수밖에 없겠네요.

신효승 그렇습니다. 전쟁도 일종의 비용을 투자하는 사업이라고 가정한다면 예상을 뛰어넘는 비용이 들어가는 상황입니다. 더 안 좋은 건 얼마나 더 쏟

아부어야 할지 아무도 모른다는 것이죠.

정명섭 이렇게 되면 자연스럽게 화친을 맺어야 한다는 얘기들이 수면으로 떠오를 수밖에 없겠네요.

신효승 1109년 4월에 의미 있는 움직임들이 보입니다. 일단 동계병마부원수 오연총이 윤관과 교대하기 위해 출발합니다.

정명섭 동북 9성 지역을 포기하지 않겠다는 의미로 보이는군요.

신효승 그렇습니다. 하지만 같은 달에 동여진, 그러니까 완안부에서 보낸 사현이 라는 사절이 다시 찾아와서 고려에 강화를 청했습니다. 고려사에 다시 왔다고 적혀있는 것으로 봐서는 완안부에서는 지속적으로 사절을 보내서 강화를 요청한 것으로 보여집니다. 물론 조건은 9성의 반환이었을 겁니다.

정명섭 고려로서는 고민을 할 수 밖에 없겠는데요.

신효승 여진족들이 그 고민을 덜어주려는 중입니다. 2월부터 여진족이 길주성을 포위하고 있는데, 만약 길주성이 함락된다면 고려로서는 선택의 여지가 없어지게 되는 거죠.

정명섭 아, 길주성을 잊어버리고 있었네요. 길주성의 상황이 어떤지 살펴보겠습니다. 어? 여진족이 성을 포위한 게 맞습니까? 길주성에서 10리쯤 떨어진 곳에 아예 성을 만들어놨군요. 그리고 길주성 주변에는 목책으로 만든 요새 여섯 군데를 세워놨습니다. 완벽하게 포위한 것은 물론이고, 아예 빈틈을 주지 않겠다는 의도인 것처럼 보입니다. 모르는 사람들이 보면 성 안에 갇혀있는 게 여진족이고, 포위하고 있는 게 고려군이라고 생각하겠는데요.

신효승 거점으로 삼을 수 있는 요새들을 길주성 주변에 만들어놓고 지속적으로 괴롭히겠다는 얘기죠.

정명섭 이렇게 되면 고려군이 많이 어려워질 것 같습니다.

신효승 포위망도 그렇지만 이렇게 되면 외부에서 구원군이 온다고 해도 쉽사리 포위망을 뚫지 못하게 되죠. 게다가 성 안의 고려군이 기습적으로 치고 나오는 것도 막을 수 있고 말이죠.

정명섭 포위된 직후에 길주성을 지키던 행영병마판관 허재가 성 밖으로 나가서 전과를 올리지만, 목책으로 만든 여진족의 요새가 완성되면서 그럴 수도 없게 됩니다.

신효승 펠로폰네소스 전쟁 당시 아테네가 성 안에 머물며 농성전을 하자 스파르타군이 아예 아티카 평원이 내려다보이는 데켈레이아에 요새를 짓고 눌러앉아서 지속적으로 피해를 입힌 것과 같은 방식을 취한 것이죠.

정명섭 포위망을 완성한 여진족이 길주성을 공격합니다. 고려군의 것을 본떠서 만든 공성무기들을 앞세우는군요. 방패로 머리를 가린 여진족들이 성문을 도끼로 찍어대고 있습니다. 성벽 위로는 여진족들이 쏜 화살이 빗발치듯 날아옵니다. 성벽 위의 고려군도 지지 않고 화살을 날리고 돌을 던집니다. 사다리를 타고 성벽을 올라가던 여진족이 돌에 머리를 맞고 굴러떨어집니다. 여진족이 타고 올라오던 사다리를 밀치던 고려군이 가슴에 화살을 맞고 쓰러지는군요. 지붕을 씌운 충차가 계속 성문을 두드립니다. 여진족이 쏜 불화살 때문에 성 안의 민가에 불이 붙습니다. 지친 표정의 백성들이 물을 뿌려서 불을 끕니다. 고려군이 불붙은 짚더미와 돌을 던져서 성벽을 도끼로 찍어대던 여진족들을 사살합니다. 어? 저게 뭔가요?

신효승 공성탑의 일종인 누차처럼 보이네요. 엉성하긴 하지만 바퀴도 있고, 겉에 가죽을 씌워서 불화살 공격도 막을 수 있도록 했네요.

정명섭 예상치 못한 누차의 등장에 당황하는 고려군입니다. 불화살을 쏘지만 가죽을 씌워놓은 상태라서 별 효과를 보지 못합니다. 오히려 누차에서 날아오는 화살에 고려군의 피해가 늘어납니다. 기세를 올리는 여진족들입니다. 고려군이 이대로 무너지나요? 말씀드리는 순간, 성벽에서 누차의 바퀴 쪽에 돌과 통나무를 던집니다. 바퀴에 돌과 통나무가 끼여서 누차가 누차를 앞세워서 공격해오는 여진족에게 길주성의 고려군이 대형 쇠뇌인 우노를 쏘고 있다.
130일간의 포위전 기간 동안 고려군은 여러 차례 위기를 겪는다.

멈추고 맙니다. 고려군이 한숨 돌리고는 수레에 뭔가를 싣고 오네요.

신효승 덕종 때 만든 대형 쇠뇌인 우노 같습니다. 소를 이용해서 당겨야 할 정도로 힘이 좋다고 해서 우노라는 명칭이 붙은 것으로 알고 있습니다.

정명섭 고려군이 수레에 실린 우노를 끌고와서 시위를 장전하고 대형 화살을 발사합니다. 누차 위에 세워둔 방패 뒤에 숨어있던 여진족이 화살에 맞아 아래로 굴러 떨어집니다. 우노에서 화살이 잇달아 발사되면서 누차가 부서집니다. 당황한 여진족들이 쏟아지는 화살을 피해 뛰어내립니다. 불붙은 화살이 공격을 마무리합니다. 이렇게 위기를 넘기는 길주성의 고려군입니다. 해가 떨어지면서 여진족의 공격이 끝납니다. 부상자들을 끌고 요새로 돌아가는 여진족들을 바라보며 고려군이 안도의 한숨을 쉽니다. 성 안의 고려군들이 많이 지쳐 보입니다.

신효승 고립되어 있는데다 언제 성이 함락될지 모른다는 공포감에 짓눌려있는 것으로 보입니다. 한마디로 희망이 없는 거죠.

정명섭 성벽과 성문도 많이 부서졌지만 성 밖에 여진족이 버티고 있어서 보수할 엄두도 내지 못하고 있습니다. 보통 이런 경우에는 지원군이 와서 포위를 풀어주지 않았습니까?

신효승 웅주성이 포위 되었을 때 척준경이 직접 정주까지 가서 구원 부대를 이끌고 27일 만에 구원을 한 적이 있습니다.

정명섭 길주성이 포위된 게 2월부터라면 지금이 5월이니까, 벌써 석 달째인데 아직 아무런 움직임이 없는 건가요?

신효승 개경에 귀환했던 오연총 장군이 구원 부대를 이끌고 길주로 오는 중입니다.

정명섭 이제 한숨 돌리겠군요. 앗! 길주로 가던 구원군이 불의의 기습을 당하고 맙니다. 행군을 서두르느라 주변 경계를 소홀히 한 대가를 톡톡히 치루는군요. 적지 않은 병사들이 죽거나 포로로 잡히고 맙니다. 그런데 남은 병사들이 무기를 버리고 뿔뿔이 흩어져서 성으로 들어갑니다. 어찌된 일인가요?

신효승 병사들의 훈련상태에 문제가 있거나 전쟁에 지쳐버린 것 같습니다. 보통 잘 훈련된 군대는 전투 중에서 빛을 발하지만 패배한 뒤에도 신속하게 재 집결을 하는 편이죠.

정명섭 그렇지 못했다는 건 말씀하신 대로 훈련 부족이나 전쟁에 염증을 느꼈던 모양이네요.

신효승 아무래도 그럴 가능성이 높죠. 윤관이나 오연총 같은 지휘관들은 뚜렷한 목적 의식과 명백한 의무감을 가지고 있지만, 일개 병사들도 그런 생각이 있었는지는 조금 의문입니다. 처음에는 그런 병사들이 제법 있었다고 해도 3년 동안 계속된 전쟁 기간 동안 죽거나 다쳐서 돌아갔을 겁니다. 그리고 새로 보충된 병사들은 그런 목적 의식을 가질 여유가 없었을 겁니다.

정명섭 오연총의 고려군이 패배한 이후 기세를 올린 여진족들이 길주성을 공격 합니다. 희망이 사라져버린 고려군이 마지막 힘을 쥐어짜내서 버티고 있 지만 여러모로 어렵습니다. 성벽은 거의 무너졌고, 성문도 겨우 버티는 수 준입니다. 성 안의 병사들도 다수가 죽거나 부상당한 상태고 멀쩡한 병사 들도 기운이 없어 보이네요.

신효승 석 달 동안 포위되어 있었고, 구원군이 오지 않으니 그럴 만도 하죠.

정명섭 고려가 이대로 길주성을 포기하고 마나요? 아! 오연총의 패전 소식을 들 은 예종이 윤관을 다시 북방에 보냅니다. 출정하는 윤관 장군의 표정이 비장합니다. 무사 만루 상황에서 마지막 구원투수가 올라온 셈이군요. 윤 관 장군은 과연 위기의 길주성을 구할 수 있을 것인지? 아니면 여진족이 그전에 길주성을 손에 넣을 것인지 궁금해집니다. 어떤 결말이 날까요?

신효승 어느 쪽이든 이번 전쟁을 끝낼 만한 파급력이 있을 겁니다.

정명섭 윤관 장군이 이끄는 구원군이 정주를 출발합니다. 벌써 6월에 접어들었 고, 길주성이 포위당한 지도 넉 달째입니다. 이번에는 오연총 장군의 실패

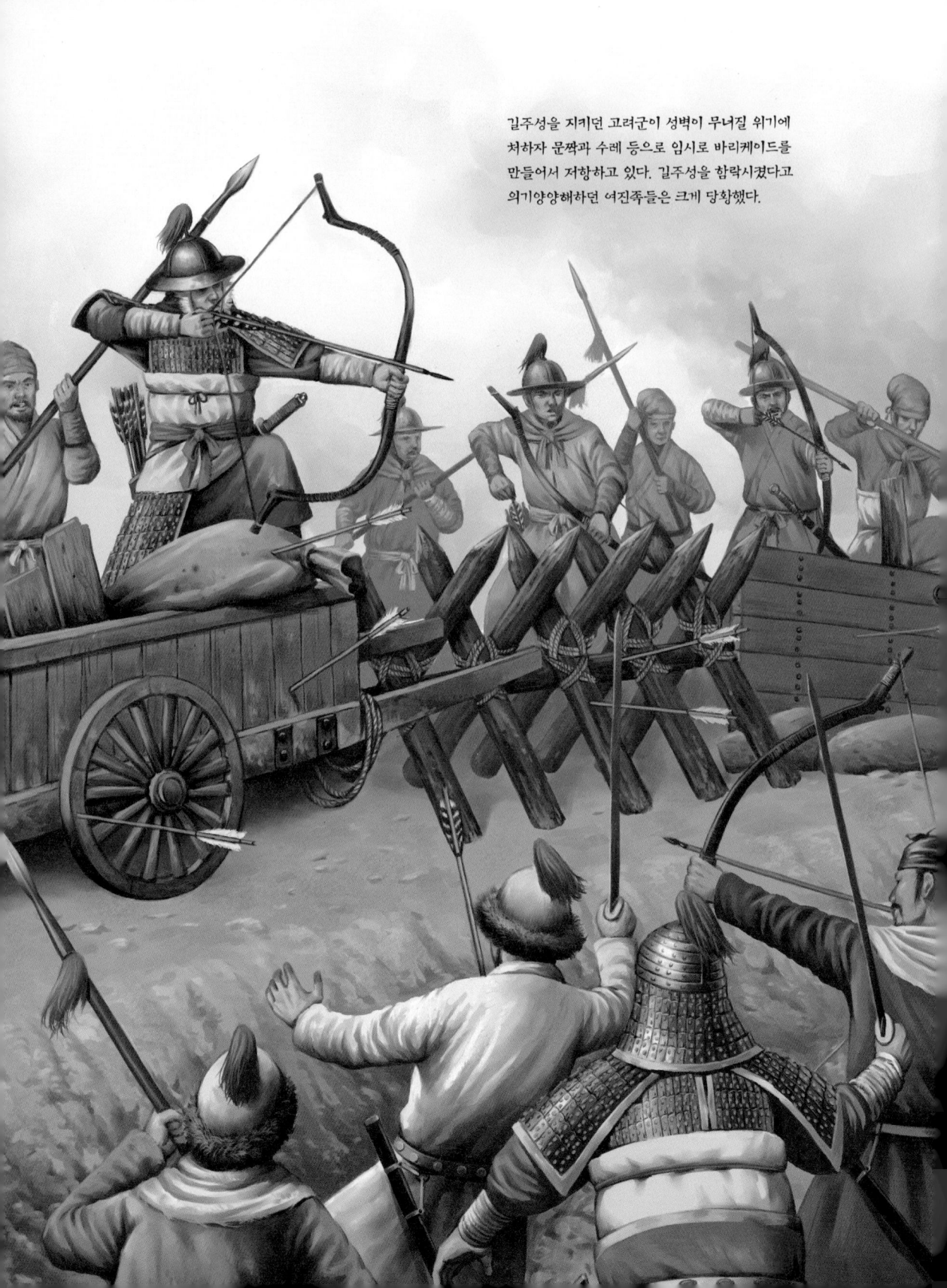

길주성을 지키던 고려군이 성벽이 무너질 위기에
처하자 문짝과 수레 등으로 임시로 바리케이드를
만들어서 저항하고 있다. 길주성을 함락시켰다고
의기양양해하던 여진족들은 크게 당황했다.

를 거울삼아 주변 경계에 만전을 기합니다. 한편, 구원군이 다가오고 있다는 소식을 들은 여진족은 길주성에 대한 총공세에 나섭니다. 그야말로 모든 것을 쏟아붓고 있습니다.

신효승 조금만 더 밀어붙이면 된다고 생각하고 있는 모양입니다. 고려군이 잘 버텨야 할 텐데 말이죠.

정명섭 이에 맞서는 고려군도 마지막 힘을 쥐어짜냅니다. 여진족이 지붕을 씌운 수레에 거대한 통나무를 매달아놓은 충차로 계속해서 성문을 두드립니다. 성문이 조금씩 흔들립니다. 고려군이 성벽 위에서 돌과 불 붙은 나무를 던지면서 저항해보지만 역부족입니다. 성벽 위의 고려군들이 하나둘씩 자취를 감추고, 기세를 올린 여진족들이 함성을 지르면서 다가옵니다. 성벽에 사다리를 걸치고 오르고 있습니다만 고려군은 모습을 보기 어렵습니다. 저항을 포기하는 건가요?

신효승 글쎄요…… 항복한다고 해도 무사할 수 있을지 모르겠네요.

정명섭 드디어 여진족들이 아무 저항도 받지 않고 성벽을 올라갑니다. 거의 동시에 충차가 성문을 부수면서 여진족들이 물밀듯이 성문 안으로 쏟아져 들어옵니다. 이렇게 길주성이 함락되고 마는 건가요? 그런데 기세 좋게 길주성 안으로 밀고 들어오던 여진족들이 당황합니다. 성 안에 성벽이 세워져있네요. 그리고 후퇴한 고려군이 그 안에서 버티고 있습니다. 저 성벽은 원래 있던 건가요?

신효승 돌로 쌓은 것이 아니라 목책과 수레 등을 이용해서 급하게 쌓은 걸로 봐서는 임시로 만들어놓은 것 같습니다.

정명섭 어처구니없는 사태에 놀란 여진족이 공격할 엄두를 못 내고 있습니다. 이 틈을 타서 행영병마판관 길재가 이끄는 고려군의 반격이 시작됩니다. 기세에 눌린 여진족들이 결국 성 밖으로 패주합니다. 이런 기상천외한 방법으로 위기를 넘기는군요.

신효승 성벽만으로는 버티기 힘들 것이라고 판단해서 내린 결정 같습니다.

정명섭 아무튼 지휘관의 임기응변이 수천 명의 목숨을 구했군요. 성 밖으로 퇴각한 여진족들이 재공격을 포기하는 모양입니다. 이대로 길주성을 포기하나요?

신효승 윤관 장군에 오연총 장군까지 가세한 구원군이 정주에서 출발했다는 소식을 들은 모양입니다. 아무래도 더 시간을 끌다가는 배후에서 공격을 당할지도 모른다는 생각에 공격을 포기한 것 같습니다.

정명섭 구원군이 어디까지 왔는지 살펴볼까요? 나복기촌이라는 곳에 도달했는데 함주성에 있던 함주사록 유원서가 찾아와서 보고를 하는군요. 어떤 내용인가요?

신효승 요불과 사현 등 여진족들이 성문을 두드리면서 태사 조아속[1]의 명령으로 강화를 청하러 왔으니 자신들이 있는 곳으로 사람을 보내달라고 요청했답니다.

정명섭 드디어 강화 협상이 본격적으로 시작되는 건가요?

신효승 아무래도 길주성을 공략하지 못한 게 큰 것 같습니다. 설사 길주성 공략에 성공했다고 해도 여진족 입장에서는 8개의 성이 남아있는 셈이니까 이쯤에서 손을 내미는 게 유리하다고 생각한 모양입니다.

정명섭 보고를 받은 윤관 장군이 일단 행군을 정지하고, 다음 날 병마기사 이관중을 적진에 파견합니다. 여진족 장군 오사에게 간 이관중이 윤관 장군의 말을 전달하는군요. 무슨 내용일까요?

신효승 전쟁을 멈추는 건 내 뜻대로 할 수 있는 일이 아니니 사절을 직접 왕에게 보내라고 하는군요. 그러자 여진족 측에서 고려의 속임수로 추장들이 학살당한 전례가 있으니 인질을 교환하자고 합니다.

---

1 고려사 윤관열전에 나온다. 완안부의 추장 오아속의 오기인 것으로 추정된다.

정명섭 의견을 전달받은 윤관 장군이 이관중 등을 인질로 보냅니다. 그러자 요불 등이 개경으로 갑니다. 예종이 선정전 남문에서 요불 등 6명의 여진족 사절들을 맞이합니다. 여진족 사절들이 9성을 돌려주기를 간곡하게 청하는군요. 예종이 어떤 판단을 내릴까요?

신효승 중대한 문제이니만큼 대신들의 의견을 들어보려고 하겠죠.

정명섭 추측하신대로 예종이 3품 이상의 문무관들을 모아서 의견을 묻습니다. 대다수가 반환하자고 하는군요.

신효승 오랜 전쟁에 지쳐있는데다가 뾰족한 해결책이 없는 상태라서 어쩔 수가 없었던 것으로 보입니다. 사실 귀문관 말고 다른 곳으로도 드나들 수 있다는 사실이 밝혀진 순간, 그리고 완안부가 총력을 기울여서 반격에 나서기로 결정한 순간 실패는 예견되어 있었던 셈이죠. 단지 윤관과 오연총, 척준경 같은 장수와 병사들의 용기와 집념이 그것을 늦췄던 것뿐입니다.

정명섭 결국 예종이 9성을 돌려주기로 결정하고 요불에게 통보합니다. 감격한 요불이 울면서 절을 하는군요. 아! 씁쓸합니다.

신효승 여진족으로서도 고통스러운 전쟁이었으니까요.

정명섭 9성에도 이 소식이 전해집니다. 여진족 추장들이 함주성 밖에 제단을 쌓고 다시는 고려를 공격하지 않고 조공을 바치기로 맹세합니다. 그리고 9성의 고려군과 백성들이 철수를 시작합니다. 이러다 여진족들이 변심해서 공격하면 위험하지 않을까요?

신효승 저도 그걸 걱정했지만 다행히 여진족들이 큰 말썽을 안 일으키네요. 오히려 뒤쳐진 백성들을 소나 말에 태워서 보내줍니다.

정명섭 고려군이 최선을 다해서 여진족의 공격을 막았습니다만, 결국은 9성을 돌려주는 것으로 결말이 나고 말았습니다. 이해가 안 가는 건 아니지만 참으로 안타깝네요.

신효승 중계를 하는 우리들의 입장에서는 그렇겠지만 전쟁을 겪은 당사자들의 생각은 또 다르겠죠.

정명섭 9성에서 철수하는 백성들과 병사들을 이끌고 귀환하는 윤관 장군의 어깨가 더 없이 무거워 보입니다. 이렇게 3년간의 전쟁이 막을 내립니다. 오늘 중계는 이것으로 마치도록 하겠습니다.

예종은 귀환하던 윤관 장군에게 승선 심후를 보내서 부월을 회수했다. 결국 윤관 장군 등은 임금에게 귀환보고도 하지 못하고 집으로 돌아가야만 했다. 이런 예종의 행동은 매정한 처사라기 보다는 향후 벌어질지도 모르는 처벌 요구를 조금이나마 덜어주고자 배려한 것으로 보인다. 예종은 8월에 귀환한 신기군을 사열하면서 패전은 장수의 책임이며 그대들은 최선을 다했다고 격려한다. 그러나 죽은 동료들을 남겨놓고 간신히 살아 돌아온 이들이 그 말에 얼마나 위안을 받았는지는 알 수 없다. 애초부터 여진정벌을 반대했던 김연 등이 윤관과 오연총을 처벌해야 한다고 주장하지만, 예종은 그들은 단지 명령을 받았을 뿐이라며 감싼다. 예종과 신하들의 이런 힘겨루기는 다음 해까지 계속된다. 결국 예종은 두 사람을 잠시 관직에서 물러나게 했다가 다시 불러들인다. 하지만 윤관은 1111년에, 오연총은 1116년에 세상을 떠나고 만다.

한편, 고려와의 전쟁에서 힘겹게 승리한 여진족은 높이 비상한다. 완안부의 추장이었던 오아속은 1113년에 죽고, 아골타가 그 뒤를 잇는다. 영웅의 뒤를 이은 또 다른 영웅이었던 그는 다음 해인 1114년 9월에 정예부대를 이끌고 요나라를 공격한다. 부족으로 나뉘어져 있던 시절 요나라로부터 지배당한 것에 대한 보복이었다. 뼈에 사무친 원한을 가지고 있던 여진족들은 아골타를 중심으로 똘똘 뭉쳤고, 고려와 마찬가지로 오랫동안 평화에 젖어있던 요나라는 여진족을 이기지 못했다. 아골타는 다음 해인 1115년 스스로를 황제라 칭하고 금나라를 건국한다. 그리고 상경회령부에 도읍을 정한 후 다시 요나라를 공격한다. 송화강을 건너간 금나라군은 요나라의 황제 천조제가 직접 이끈 요나라 대군을 물리친다. 기세가 오른 금나라군은 송나라와 동맹을 맺고 요나라를 협공한다. 도읍인 상경이 함락되자 천조제는 도망치지만 1125년, 결국 금나라군에게 붙잡힌다. 그리고 영토 배분 문제를 놓고 송나라와 갈등이 벌어지자 전격적으로 침공을 감행해서 상황 휘종과 황제 흠종을 사로잡는다. 황제와 도읍을 잃은 송나라는 남쪽으로 쫓겨난다. 이 모든 일이 여진이 고려로부터 9성을 돌려받은 지 20년 만에 이룩한 일들이다. 여진족은 몽골에 의해 멸망할 때까지 2백 년간 대륙의 절반을 지배한다. 그리고 고려가 이 땅을 포기한 지 3백 년 후, 새로 건국한 조선의 세종대왕이 4군 6진을 설치하면서 땅을 다시 되찾는다.

우리는 고려가 9성을 포기하고 반환한 것을 미래를 내다보지 못한 잘못된 판단이었다고 비판한다. 하지만 위의 사례에서 볼 수 있듯 당시의 여진족은 말만 부족이었지, 사실상 요나라나 송나라도 감당할 수 없을 정도의 막강한 전투력을 지니고 있었다. 고려와의 전쟁을 지휘했던 아골타를 비롯한 장수와 병사들은 요나라나 송나라와의 전투에 참가해서 연전연승을 거뒀다. 이쯤 되면 여진족과 전투를 벌인 고려의 군사력이 오히려 대단해 보일 지경이다. 여러모로 불리한 여건 속에서도 예종과 윤관, 오연총을 비롯한 수뇌부는 물론이고 이름 없는 병사들까지 모두 최선을 다했다. 특히 최전선에서 추위와 배고픔을 견디며 여진족의 화살 세례를 막아냈던 병사들이 없었다면 이 정도의 해피엔딩도 없었을 것이다.

더불어서 금나라가 요나라와 송나라를 공격했을 때 고려에게는 눈길 한번 주지 않았다는 점을 기억하자. 물론 고려에 꼬박꼬박 조공을 바치겠다는 약속을 저버리고 나중에는 군신의 관계를 요구하긴 했지만 어디까지나 의례적인 요구였을 뿐이다. 앞서 요나라는 고려가 아무런 적대행위를 하지 않았지만 송나라와 전쟁을 벌이는 데 배후의 위협을 차단한다면서 지속적으로 침략했다. 하지만 금나라는 고려와 전쟁까지 치렀으면서도 끝끝내 무력으로 압박하지 않았다. 아마 요나라처럼 섣불리 공격했다가 발목을 잡힐 수 있다는 현실적인 우려가 있었을 것이다. 그리고 그런 우려는 몇 년 동안의 싸움을 통해 고려군의 실력을 직접 체험하면서 확신으로 변했다. 덕분에 중원이 몇 십 년간 전란에 휩싸였음에도 고려는 평화를 누릴 수 있었다. 그리고 이런 평화는 결코 우연이나 공짜로 주어진 것이 아니었다. 요나라와의 30년 전쟁, 그리고 금나라와 몇 년 동안 전쟁을 겪으면서 얻은 정당한 대가였다. 수많은 목숨이라는 더할 나위 없이 비싼 값을 치렀지만 충분히 제값을 한 것이다.

척미네이터, 소드마스터

누리꾼들은 이순신 장군을 웹상에서 종종 '치트공'이라고 부른다. 컴퓨터 게임에서 기존이 방식이 아닌 편법으로 능력치를 올리는 것을 치트키라고 하는 것에서 유래한 것인데, 역사 속에서 이런 식의 별명을 얻은 인물은 이순신 장군 외에 딱 한 명뿐이다. 척미네이터, 혹은 소드마스터라고 불린 척준경이다. 윤관의 여진정벌 당시 그가 보여준 활약상을 보면 딱 어울리는 별명이다. 황해도 곡주[2] 출신의 그는 본래 힘깨나 쓰는 불량배였다. 그러다 숙종과의 인연으로 추밀원 별가라는 하급 관리로 일하게 된다. 아마 전쟁이 아니었다면 사납고 성질이 드센 하급 관리로서 평생을 살았을 것이다. 하지만 1104년, 여진족과의 전쟁이 그의 운명을 바꿔놓는다. 지휘관인 임간을 따라 출정했던 그는 고려군이 전멸당할 위기에 몰리자 임간에게 무기와 말을 내달라고 요청한다. 그리고 홀로 적진으로 돌격해서 여진족 1명을 죽이고 포로로 잡혀있던 고려군 2명을 구출해서 귀환한다. 척준경의 이런 활약 덕분에 고려군은 무사히 퇴각하는 데 성공한다. 이렇게 그는 단번에 전쟁이 낳은 스타로 등극한다. 이후 윤관의 여진정벌에 동행한 그는 다시 한번 최고의 활약을 보여준다. 빗발치는 화살을 뚫고 성벽 위에 올라가기도 하고, 결사대를 이끌고 성 밖에 나가 여진족과 정면승부를 벌이기도 했다.

---

2   오늘날의 황해북도 곡산군.

그것으로도 모자라서 적에게 포위된 웅주성을 홀로 탈출해서 아군 진영으로 건너가 구원 부대를 이끌고 돌아오기까지 한다. 그는 포위된 윤관 장군을 구출해내고 '앞으로 너를 아들로 생각할테니 너도 나를 아버지로 생각하라'는 최고의 찬사를 받기도 한다. 이후에도 척준경은 왕자지와 함께 전쟁터를 누비면서 여진족들을 물리쳤다. 고향에서는 싸움을 하면 손가락질을 받았지만, 이곳에서는 마음껏 칼과 창을 휘두르면서 싸울 수 있었고, 그럴 때마다 칭찬과 상을 받았다. 그에게는 여러모로 전쟁터가 어울렸을 것이다.

전쟁이 끝나고 귀환한 척준경은 승진을 거듭한다. 그러면서 복잡한 정치판에 끼어들게 된다. 그는 적과 아군이 명확하고 힘과 용기로 승패가 결정되던 전쟁터와는 달리 권모술수와 모략이 판치는 정치판에 적합한 인물은 아니었다. 그러나 예나 지금이나 정치판에도 힘쓰는 행동대장은 반드시 필요했다. 그를 영입한 인물은 이자겸이었다. 자신의 아들을 척준경의 딸과 결혼시킨 이자겸은 점차 야심을 드러낸다. 그를 경계한 인종은 상장군 최탁 등과 손잡고 친위 쿠데타를 일으켜 이자겸을 제거하려고 한다. 이 불똥은 척준경에게도 고스란히 튄다. 1126년 2월, 거사를 일으킨 최탁이 때마침 궁궐에 있던 척준경의 동생 척준신과 아들 척순을 살해한다. 이 소식을 들은 척준경은 사병들을 이끌고 궁궐로 쳐들어간다. 그리고 무기고를 부수어 무기를 손에 넣고, 궁궐에 불을 질러버린다. 그의 대담한 행동에 놀란 인종은 친위 쿠데타를 포기해버리고, 가담자들을 모조리 제거한 이자겸의 기세는 날로 커진다. 하지만 곧 이자겸과 척준경의 사이가 멀어지고, 감금 상태였던 인종은 이 기회를 놓치지 않고 척준경을 회유한다. 마음이 움직인 척준경은 이자겸에게 칼끝을 겨누고 인종에게 높은 관직으로써 보답을 받는다. 하지만 곧 척준경을 처벌하라는 상소가 빗발치고, 인종은 몇 달 만에 그에게 등을 돌린다. 다음 해인 1127년, 관직에서 쫓겨난 척준경은 섬으로 유배되었다. 그리고 1144년, 폭풍 같은 삶을 마친다.

5.
동선역, 안북성 전투

고려군 vs 몽골군

◈ **동선역 전투 당시 양측 지휘관 및 참전 병력**

고려군 지휘관 : 상장군 이자성
참전 병력 : 불명

몽골군 지휘관 : 불명
참전 병력 : 8천 명

◈ **안주성 전투 당시 양측 지휘관 및 참전 병력**

고려군 지휘관 : 후군진주 대집성
참전 병력 : 불명

몽골군 지휘관 : 불명
참전 병력 : 불명

...

황제께서 거란의 잔당들이 너희들의 나라에 도망쳐 들어간 지가 벌써 3년이나 되었는데 능히 이기지 못하고 있으니, 군사를 보내서 토벌하라고 이르셨다. 너희들은 마땅히 군량을 수송해서 싸움을 돕도록 하라.

— 몽골 원수 합진이 고려에 보낸 첩문

1218년, 몽골군이 거란의 잔당들을 쫓아 고려의 땅 안으로 들어왔다. 양쪽 모두 거란이라는 적이 있던 탓에 첫 만남은 우호적으로 끝났지만 이는 시작에 불과했다. 고려인들은 모두 불안에 떨었지만, 당시 고려의 실질적인 지배자인 최충헌은 별다른 준비를 하고 있지 않았다.

나비 효과

1189년, 몽골 초원에서는 부족회의인 쿠릴타이가 열렸다. 그리고 그곳에서 27살의 젊은이가 칸의 자리에 올랐다. 그의 이름은 테무진이었다. 이때까지만 해도 그는 몽골 초원의 한 귀퉁이를 차지한 작은 부족의 지도자에 불과했다. 하지만 그는 이내 특유의 카리스마와 지략으로 경쟁자들을 제거하고, 1206년 마침내 몽골 초원 전체의 주인이 되었다. 그는 곧 칼끝을 여진족이 세운 금나라에 겨누었다. 여진족이 요나라를 세운 거란족을 증오했던 것처럼 몽골족 역시 자신들을 수탈한 여진족을 증오했다. 그리고 몽골족처럼 유목민족이긴 하지만 중국 북방을 차지한 이후 야성을 잃어버린 금나라는 몽골의 상대가 되지 못했다.

1215년, 몽골군이 금나라의 도읍 중도를 함락시킨다. 그러자 금나라가 멸망시킨 요나라의 지배 세력인 거란족들이 봉기해서 만주 지역에 대요수국을 세운다. 그리고 이들을 토벌하던 금나라 장군 포선만노 역시 대진국을 세운다. 이후 대요수국은 몽골과 대진국의 협공으로 이리저리 밀리다가 이듬해에 고려로 침입하게 되었다. 몽골의 세력 확장으로 인한 나비 효과가 결국 별 연관이 없었던 고려까지 미친 것이다. 국경을 넘어온 이들은 삽시간에 고려의 국경 지역을 휩쓸고 남하한다. 하지만 당시 고려의 실권을 장악하고 있던 최충헌은 쿠데타에 대한 우려 때문에 군대를 보내는 일을 주저한다.[1] 뒤늦게 편성된 고려군이 거란족에 맞서 싸웠지만 중과부적으로 밀리는 바람에 개경 근처까지 거란족들이 출몰했다. 고려군이 거듭 패배하면서 전황은 일진일퇴를 거듭한다. 결국 고려군에게 쫓긴 거란족이 평안남도 강동에 있는 강동성으로 들어가고, 이 상황에서 합진이 이끄는 몽골군과 완안자연이 이끄는 동진군 2만 명이 고려 경내로

---

1 심지어는 종군을 자처하는 휘하의 무사들을 귀양 보내기도 했다.

진입했다. 이들은 거란족을 토벌하러 왔으니 고려가 군량을 공급하라고 요구한다. 고려는 그들의 요구를 들어주고, 세 나라는 힘을 합해서 강동성의 거란족들을 토벌하게 된다. 결국 1219년 1월, 굶주림에 지친 거란족 5만 명이 성문을 열고 나와서 항복하고, 몽골군과 동진군은 포로들을 이끌고 귀환한다. 합진이 보낸 몽골사절단을 본 고종과 대신들은 이들의 무례와 무식함에 치를 떨었다. 한편, 몽골군은 동진 사람 40명을 의주에 남겨두어 고려의 말과 풍습을 익히게 하고는 물러났다. 이들의 짧고 강렬한 등장은 고려가 겪을 기나긴 고난을 알리는 신호탄이었다.

몽골의 침입 횟수와 시기

구분	기간	지휘관	주요 사항
1차	1231년 8월~1232년 1월	살례탑	귀주성과 자주성 항전
2차	1232년 8~12월	살례탑	처인성에서 살례탑 사살
3차	1235년 윤7월~1239년 4월	당고	경상도 방면 침략, 황룡사 9층탑 소실
4차	1247년 7월~1248년 초(추정)	아모간	전라도 방면 공격
5차	1253년 7월~1254년 1월	야굴	충주산성 항전
6차	1254년 7월~1258년 3월	차라대	최장기간 침략, 포로 20만 6천8백 명 발생

* 3차 침입의 경우 1, 2, 3기로 나눠서 구분한다.
* 6차 침입의 경우도 1, 2, 3기로 나눠서 구분하거나 별도의 침략으로 구분하기도 한다.
* 최씨 정권의 몰락 이후인 1258년부터 이듬해까지의 침입을 7차 침입으로 보거나 6차 침입의 연장으로 보기도 한다.

사상 최강의 군대

사상 최강이나 천하무적이라는 수식어는 잘못 붙이면 큰 웃음거리가 된다. 하지만 13세기의 몽골군에게는 그 어떤 명칭이나 찬사도 부족함이 없다. 삭막한 몽골 초원에서 일어난 작은 회오리바람은 곧 중국 대륙을 강타하는 거대한 태풍이 되었다. 몽골족은 다른 유목민족인 거란족과 여진족이 만주와 중국 대륙의 북방을 차지하는 데 만족하고 안주했던 것과는 달리 절대 멈추지 않았다. 그것은 칭기즈칸의 탁월한 지도력과 함께 몽골족 특유의 전술 때문이었다. 빠른 기동력을 이용한 포위작전과 적을 유인했다가 공격하는 매복전술, 그리고 상대방을 두려움에 빠지게 하는 잔혹함까지 두루 갖춘 몽골군은 전 세계를 짓밟았다.

이 무렵, 고려는 무신집권기의 혼란을 겪다가 최충헌의 등장으로 겨우 안정기에 접어들었지만, 그것은 최충헌이 만들어낸 공포감에 기댄 불안한 안정이었다. 다행스럽게도 몽골군이 금나라의 도읍인 중도를 점령하고 불태운 후 창끝을 서쪽으로 돌리면서 고려는 한숨을 돌린다. 그러는 사이 최충헌이 죽고, 뒤를 이은 아들 최이가 몽골을 상대하게 되었다. 몽골의 사신은 매번 막대한 재물을 요구했고, 고려는 전전긍긍하면서도 이들의 요구를 들어줄 수밖에 없었다. 1225년, 여느 때처럼 막대한 재물을 요구하고 행패를 부리던 몽골의 사신 저고여가 돌아가던 길에 정체불명의 괴한들에게 피살되는 일이 벌어진다. 하지만 최이는 그에 대한 대비는 커녕 이웃집을 허물어서 격구장을 넓히는 일에 정신이 팔려 있었다. 그러는 사이 몽골은 금나라의 숨통을 끊기 위한 사전작업의 일환으로 고려 침공을 결정했다. 명분은 7년 전 살해된 저고여에 대한 복수였다. 1231년 8월, 최이가 죽은 아내 정씨의 장례식을 화려하게 치루고 난 직후, 살례탑이 이끄는 몽골군이 함신진[2]에 나타난다. 함신진을 지키던 조숙창은 항복하면 살려주겠지만 저항하면 모조리 죽이겠다는 몽골군의 협박에 별다른 저항 없이 항복한다. 함신진을 손에 넣은 몽골군은 같은 방법으로 선덕진을 함락시키고 철주성으로 몰려간다. 몽골군은 이번에도 포로로 잡힌 서창 낭장 문대를 앞세워서 항복을 요구한다. 문대는 이들이 가짜 몽골군이니 항복하지 말라고 외치다 몽골군의 손에 죽음을 당한다. 철주성은 성문을 굳게 잠그고 저항하지만 몽골군의 거센 공격에 버티지 못한다. 철주성을 지키던 판관 이희적은 성 안의 부녀자들을 모두 창고에 모아놓고 불을 지른 후 병사들과 함께 자결한다. 철주성을 함락시킨 몽골군은 인근 지역을 공격하고 구주성으로 몰려간다.

몽골군의 침략 소식을 들은 최이는 3군을 출동시키기로 결정하고 채송년을 북계 병마사로 삼아서 병사들을 징발한다. 그러는 사이 몽골군은 구주성을 포위한다. 당시 구주성에는 서북면병마사 박서와 삭주분도장군 김중온, 정주분도장군 김경손이 이끄는 고려군과 백성들이 들어와 있는 상태였다. 남문을 지키던 김경손은 결사대를 이끌고 나간다. 김경손은 팔에 화살을 맞는 부상에도 결코 물러서지 않았고, 몽골군은 후퇴를 결정한다. 박서는 위풍당당하게 개선한 김경손을 맞이한다. 두 영웅이 버티는 구주성은 다시 몽골군의 거센 공격을 받는다. 남문 방향에 있던 몽골군이 수레에 나무를 가득 쌓고 그것을 방패삼아 다가오자 김경손 장군은 돌을 날리는 포차를 이용해 그들을 격퇴했다.

첫 번째 공격에 실패한 몽골군은 공성탑의 일종인 누거와 장갑차와 비슷한 목상을 가지고 재공격한다. 이번에는 소가죽을 씌워서 화공에도 대비했다. 몽골군이 목상을 성벽에 바짝 붙여서 땅굴을 파자 김경손은 쇳물을 부어서 누거를 불태우고, 돌을 떨어뜨려서 땅굴을 파던 몽골군을 파묻어버린다. 그리고 썩은 풀을 태워서 목상도 불태워버린다. 아마도 썩은 풀이 타면서 발생한 유독가스를 이용해서 안에 있던 몽골군을 쫓아버린 것으로 보인다. 이번에도 실패한

---

2 오늘날의 평안북도 의주.

갑옷을 입은 몽골군 중기병과 활을 든 경기병이
나란히 달리고 있다. 몽골 기병들은 다른 유목민족들처럼
중기병과 경기병으로 편성되어 있지만 상대적으로
속도와 기동성을 중시했다. 칼날이 잔뜩 휜 곡도와 사정거리가
긴 활을 장비한 몽골군은 아시아는 물론 유럽까지 휩쓸었다.

몽골군은 남문 밖에 돌을 날리는 포차를 설치하고 공격을 감행한다. 김경손도 성벽 위에 포차를 올려놓고 몽골군을 향해 돌을 날리며 맞서 싸운다. 이때 몽골군이 날린 돌이 김경손을 스쳐 지나가 뒤에 있던 호위병을 맞추는 일이 생겼다. 부하들이 위험하다며 몸을 피할 것을 권유했지만 김경손은 태연했다. 아마도 겁이 났겠지만 자신이 위축된 모습을 보이면 부하들이 더 겁을 낼까봐 지휘관답게 태연한 척 참았을 것이다.

잇다른 공격이 실패로 돌아가자 몽골군은 나무를 가득 쌓은 수레에 불을 질러서 성을 공격했다. 성 안에서는 물을 부어서 불을 끄려고 했지만 몽골군이 나무에 기름을 적셔 놓아서[3] 실패로 돌아갔다. 그러자 고려군은 흙을 부어서 불을 껐다. 결국 몽골군은 한 달간이나 구주성을 공격했지만 함락시키는 데 실패했다. 이렇게 구주성이 몽골군과 혈전을 벌이는 사이 개경에서 출발한 고려군은 북쪽으로 전진한다. 북진하는 고려군 안에는 특이한 이력을 가진 사람들이 포함되어 있었다.

---

3 고려사에는 사람 기름으로 적셨다고 나와 있다.

넘사벽

정명섭 이번 시간에는 몽골과 고려의 기나긴 전쟁의 서막을 알리는 시간을 갖도록 하겠습니다. 도움 말씀에 신효승 작가님 나와주셨습니다. 몽골군이라니, 생각 만해도 끔찍하네요.

신효승 13세기 초의 몽골군이라면 전 세계 어느 나라 군대도 대적하기 힘들죠. 임용한 교수님이 쓰신 『전쟁과 역사』 3편인 『전란의 시대』에는 다른 군대를 압도하는 몽골군의 강력한 힘을 1950년대 이전의 축구와 현대의 토탈사커 만큼의 차이라고 설명했죠.

정명섭 뇌리에 와 닿는 설명이군요. 그런데 몽골군이 고려를 공격한 이유가 무엇일까요? 저고여가 살해된 것 때문인가요?

신효승 그것이 한 가지 원인이겠지만 전부는 아닙니다. 당시 몽골은 칭기즈칸이 죽고 셋째 아들인 오고타이가 칸의 자리에 오른 상황이었습니다. 오고타이칸은 칭기즈칸이 시작한 정복사업을 이어받았는데 그중 하나가 바로 금나라 정복이었습니다. 고려는 금나라를 침공하는 데 방해가 될 수 있기 때문에 공격 대상이 된 것입니다.

정명섭 옆 나라 때문에 운 나쁘게 공격을 받게 된 셈이군요.

신효승 1229년에 칸의 자리에 오른 오고타이는 직접 군대를 이끌고 금나라를 공격해서 1234년에 드디어 금나라를 멸망시켰죠. 몽골의 첫 번째 고려 침공이 비슷한 시기인 1231년에 있었다는 건 전쟁의 원인을 금나라 공격과 연관 지을 수밖에 없습니다. 그게 아니라면, 단순하게 얘기해서 그냥 고려가 눈에 띄었기 때문일 수도 있죠. 이 시기의 몽골군은 중앙아시아를 지나 러시아까지 진출한 상태였습니다. 그런데 코앞에 있는 고려를 그냥 놔둘 리가 없죠.

정명섭 몽골군은 질풍노도처럼 고려 땅을 휩쓸고 다니다가 구주성에서 겨우 멈췄는데 조정에서는 이제야 군대를 편성하고 있네요. 9월이면 몽골군이 나타난 지 한 달이나 지난 상황 아닌가요?

신효승 고려의 사정을 보면 이해가 안 가는 건 아니죠. 당시 고려는 혼란과 살육의 무신집권기를 끝낸 최충헌의 공포정치를 아들 최이가 이어받은 상황입니다. 결정권을 가진 최이로서는 섣불리 군대를 편성할 수 없었습니다.

정명섭 그 군대가 자신을 공격할지도 몰라서였다는 얘깁니까?

신효승 멀리 갈 필요도 없이 거란족이 고려를 공격했을 때도 최충헌을 제거하려는 움직임들이 적지 않았습니다. 비정상적인 방법으로 자리를 차지한 독재자들의 목표는 첫째도 자신의 안전, 둘째도 자신의 안전입니다. 그걸 위해서라면 다른 것쯤은 아무렇지도 않게 희생하죠.

정명섭 모든 힘을 기울여서 싸워도 모자를 판에 이런 상황에 부닥쳐있다니, 고려로서도 불운하네요.

신효승 최악의 상황이라고 볼 수 있죠. 그나마 철주성이 저항을 하고, 구주성과 근처의 자주성이 버티면서 귀중한 시간을 벌 수 있었습니다.

정명섭 구주성 얘기는 많이 들었는데 자주성도 항전을 했다는 얘기는 처음 듣네요.

신효승 고려사에 구주성 전투 기록은 많이 남아있는데 반해서 자주성 관련 기록이 없기 때문에 그런데요. 다행히 항전을 이끌었던 자주부사 최춘명이 열전에 올라 있어서 살짝이나마 엿볼 수 있었습니다.

정명섭 장수와 백성 들이 귀중한 시간을 벌어줬네요. 그러는 사이 개경에서 출발한 고려군이 북상하고 있습니다. 조만간 교전이 벌어지겠군요. 어떻게 예상하십니까?

신효승 고려군이 몽골군을 야전에서 이기는 건 어려운 게 사실입니다. 하지만 몽골군은 지금 생각지도 못한 구주성과 자주성의 저항에 막혀버린 상태여서 분위기는 확실히 고려 쪽이 좋죠. 여기서 의미 있는 승리를 거둔다면 고려로서는 극적인 반등의 기회를 잡을 수 있을 겁니다.

정명섭 북상하는 고려군은 중군과 좌우군, 이렇게 3군으로 편성되어 있군요. 그런데 복장이 좀 특이한 병사들이 보이네요?

신효승 최이가 병사들을 모집할 때 마산의 초적 두목 두 사람[4]이 부하들을 이끌고 와서 싸우겠다고 했죠. 그리고 우군에도 광주 관악산의 두목 5명과 부하 50명이 소속되어 있습니다.

정명섭 이들의 활약을 지켜보는 것도 재미있을 것 같습니다. 아무튼 개경을 출발한 고려군이 황해도 황주 근처에 있는 동선역에 도착합니다. 그런데 너무 느린 거 아닌가요?

신효승 몽골군이 워낙 빠르니까 신중하게 움직이는 것 같습니다.

정명섭 동선역에 진을 친 고려의 중군이 바로 앞에 있는 동선령에 척후병을 보내는군요.

신효승 몽골군이 언제 기습해올지 모르니까 조심해야 하는 건 당연한 일이죠.

정명섭 해질 무렵에 진지로 돌아온 척후병들이 근처에 적군이 없다고 알립니다. 그제야 고려군은 안심하고 무기를 내려놓고 쉴 준비를 합니다. 어? 그런데 산 위에서 누군가 고래고래 소리를 지릅니다. 뭐라고 하는 겁니까?

신효승 몽골 군사가 쳐들어온다고 하네요.

정명섭 아까 정찰병의 보고로는 근처에 몽골군이 없다고 하지 않았나요?

신효승 아무래도 매복을 하고 있었던 것을 정찰병이 발견하지 못한 모양입니다.

정명섭 말씀드리는 순간 몽골군이 물밀듯이 밀려 내려옵니다. 진을 치고 쉴 준비를 하고 있던 고려군이 허둥지둥 도망칩니다. 제대로 싸워보지도 못하고 이런 식으로 도망치면 오히려 더 큰 피해가 날 것 같은데요.

---

4   고려사에는 이들이 5천 명의 부하들과 함께 참전했다고 나와있지만 과장으로 보인다.

신효승 그렇긴 합니다만 전쟁터에서는 감성이 이성을 지배하는 법입니다. 행군하던 중도 아니고 쉬려고 하는 찰나에 기습을 당해서 더더욱 낭패스러웠을 겁니다.

정명섭 뿔뿔이 흩어지는 고려의 중군을 따라잡은 몽골군 기병대가 그들을 칼과 창으로 마구 찌릅니다. 이건 거의 학살 수준인데요.

신효승 화약이 등장하기 이전의 전쟁에서는 이렇게 패주하는 단계에서 가장 많은 사상자가 발생했죠. 특히 몽골군은 기병이라 도망치는 적병들을 추격하는 일에 아주 능숙했습니다.

정명섭 고려군이 우왕좌왕하는 와중에 상장군 이자성과 장군 이승자, 그리고 노탄을 비롯한 5~6명이 활을 쏘고 창을 휘두르면서 싸우고 있습니다. 후퇴할 시간을 벌어주려고 하는 걸까요?

신효승 본능적인 저항이겠죠. 게다가 장수로서 책임감까지 있으니 도망가는 대신 저항을 선택한 것 같습니다.

정명섭 하지만 몽골군이 이들을 둘러싸고 공격합니다. 상장군 이자성은 화살을 맞았고, 장군 노탄은 창에 맞아서 중상을 입습니다. 하지만 이들의 저항은 헛되지 않았습니다. 도망친 고려군이 전열을 정비하고, 다른 곳에 진을 쳤던 병사들이 그들을 구출하러 옵니다. 고려군이 전진하는 것을 본 몽골군이 제대로 싸우기를 포기하고 후퇴하는군요. 기세에 겁을 먹은 걸까요?

신효승 그랬으면 좋겠지만 몽골군이 워낙 치고 빠지기에 능숙한 편이라 걱정이 되네요.

정명섭 아! 역시 예상대로 물러난 줄 알았던 몽골군이 빠른 속도로 고려의 우군 진영을 공격합니다. 이번에도 산원 이지무 등 소수의 병사들만이 맞서 싸웁니다. 고려군의 전의가 형편없군요.

신효승 기습을 당하기도 했거니와 몽골군에 관한 무시무시한 소문을 들었을 테

동선역에서 몽골군의 기습을 받은 고려군.
장수와 병사들이 활을 쏘고 저항하면서 위기를
넘긴다. 특히 이 전투에서 초적 출신으로
종군한 병사가 큰 공을 세웠다고 전해진다.

니까 겁을 먹었을 겁니다.

정명섭 이런 와중에 종군했던 마산의 초적 두목 두 사람이 활로 몽골군을 쏘아서 떨어뜨립니다. 관악산의 초적들도 도망치지 않고 저항하는군요. 이들의 정확한 사격에 놀란 몽골군이 공격을 멈추고 퇴각합니다. 몽골군의 공세가 이렇게 멈추고 나자 고려군이 오히려 추격을 합니다. 전멸당할 줄 알았는데 오히려 몽골군을 물리쳤네요.

신효승 자칫하다가는 전멸당할 수 있었지만 상장군 이자성을 비롯해서 마산의 초적 두목 두 사람이 맹활약을 한 덕분에 위기를 넘길 수 있었죠.

정명섭 바람처럼 빠르게 몽골군이 사라지고, 기세가 오른 고려군이 이들을 쫓아서 안북도호부가 있는 안주까지 진격합니다. 안북부라면 고려가 요나라와 싸울 때 자주 등장하던 지명인데요?

신효승 청천강 방어선의 거점이라서 상대가 바뀐다고 해도 여전히 중요한 곳이죠. 게다가 강동 6주 지역은 대군이 이동할 수 있는 루트가 내륙과 해안 두 군데밖에 없습니다. 안주는 두 곳을 모두 방어하기에 유리한 편이죠.

정명섭 이렇게 고려군이 안북성에 도착할 즈음, 어느덧 10월로 접어듭니다. 날씨가 제법 쌀쌀해졌죠? 고려군이 안북성으로 들어올 때까지 자주성과 구주성에서는 계속 전투가 진행 중입니다. 고려군이 이번에도 잘 싸워줘서 몽골군을 물리치면 두 성의 포위도 풀어지겠네요.

신효승 그럴 겁니다. 그래서 몽골군이 성 밖에 나타났을 때 지휘부의 의견이 둘로 나뉘죠.

정명섭 말씀하신대로 나가서 싸우자는 쪽과 성에서 저항하자는 쪽으로 갈려서 논쟁을 벌이네요. 잠깐 양쪽의 의견을 들어볼까요?

신효승 일단 성에서 나가지 말자는 쪽은 비록 동선역에서 몽골군을 물리쳤지만 다시 모험을 할 수는 없다고 주장합니다. 반면 나가서 싸우자는 쪽은 여기에서 한 번만 이기면 몽골군을 몰아낼 수 있다는 데 무게를 둡니다.

성 안에만 있다가 몽골군이 그대로 남진하면 큰일이라며 목소리를 높이는군요.

정명섭 제 생각에도 동선역 전투는 운이 좋았던 거고, 야전에서 몽골군과 싸우는 건 가급적 피하는 게 좋을 것 같은데 말이죠.

신효승 제 생각도 그렇습니다만 후군 진주 대집성이 출성해서 공격하자는 의견을 굽히지 않습니다.

정명섭 대부분 싫어하는 기색이 역력하지만 대놓고 반대하지는 못하는군요.

신효승 당연하죠. 대집성은 최이의 최측근이거든요.

정명섭 이렇게 해서 결국 성 밖으로 나가서 싸우는 것으로 결정이 납니다. 과연 옳은 선택일지 잠시 후에 판가름 나겠군요. 잠깐 구주성으로 가볼까요? 여전히 치열한 전투가 벌어지고 있습니다. 몽골군이 포차로 돌을 쏴서 성벽을 상당히 많이 무너뜨렸네요. 2백 칸이나 무너졌고, 여기로 몽골군이 넘어오면 구주성은 함락됩니다. 다행히 성 안의 병사들과 백성들이 서둘러 성벽을 보강했네요. 몽골군이 다시 신서문 밖에 28대의 포차를 늘어놓고 돌을 날려서 성벽 50칸을 무너뜨립니다. 하지만 이번에도 성벽을 고쳐 쌓는 고려군입니다. 정말 치열하게 싸우는군요.

신효승 용감한 장수들이 지휘한다면 고려군도 얼마든지 몽골군과 대적할 수 있다는 증거죠.

정명섭 구주성에서는 계속 치열한 전투가 벌어지고 있다는 소식을 전하면서 다시 안북성으로 돌아오도록 하겠습니다. 드디어 성문을 열고 밖으로 나가는 고려군입니다. 그런데 고위급 지휘관들이 아무도 성 밖으로 나오지 않네요? 심지어 공격을 주장한 대집성도 성 안에서 나오지 않고 있습니다. 이런 무책임한 자세가 어디 있나요?

신효승 아쉽게도 구주성을 지키는 박서나 김경손, 동선역에서 목숨을 걸고 싸웠던 이자성이나 마산의 초적들 같은 용기가 없나 봅니다.

정명섭 고려군이 성 밖으로 나오기를 말에 내려서 기다리고 있던 몽골군이 말 위로 다시 올라탑니다.[5] 북을 울리면서 고려군을 향해 돌진하는 몽골군! 이에 맞서 고려군도 화살을 쏘면서 진형을 갖춥니다. 몽골군들이 고려군 주변을 돌면서 기습적으로 화살을 쏘고 물러났다가 돌격하기를 반복합니다. 전형적인 치고 빠지기 전술이네요. 몽골군이 쏜 화살이 고려군의 머리 위로 빗발치듯 떨어집니다. 하지만 고려군은 제대로 대응하지 못하는 군요.

신효승 역시 경험 차이가 큰 것 같습니다. 몽골군은 이미 전투로 단련된 백전노장들이지만, 고려군은 12년 전 거란족과의 싸움이 마지막이었으니까요.

정명섭 결국 고려군이 몽골군의 집요한 공격에 버티지 못하고 흔들립니다. 그 틈을 타서 몽골군이 고려의 우군에게 돌격합니다. 견디지 못하고 무너지는 우군입니다. 위기에 빠진 우군을 구하기 위해 중군이 움직이지만 오히려 혼란만 커지고 맙니다.

신효승 전쟁은 컴퓨터 시뮬레이션이 아니라 요동치는 감정과 체력의 한계를 가진 병사들이 수행하는 겁니다. 사람이 두려움을 갖게 되면 이성적이고 합리적으로 판단하지 못하죠. 체력 역시 휴대폰 배터리처럼 다시 충전되지 않는 법입니다. 애초부터 기세 싸움에서 밀리는 상황이었고, 지휘도 엉망이어서 대단히 어려운 싸움이 될 거라고 예상했는데 생각한 대로네요.

정명섭 이런저런 상황을 고려하면 고려군의 움직임이 나쁘지는 않지만 몽골군의 기동성, 그리고 약점을 찌르는 집요함이 한수 위네요. 몽골군의 돌격에 혼비백산한 고려군이 흩어집니다. 결국 저항을 포기한 고려군이 안북성 안으로 무질서하게 패주합니다. 바짝 뒤쫓는 몽골군의 손에 적지 않은 고려군이 쓰러집니다. 무사히 성 안으로 들어온 고려군은 출동했던 병력의

---

5 고려사에는 몽골군이 모두 말에서 내려서 줄을 지어 섰다고 나와있지만 착오인 것으로 보인다.

절반에도 못 미치는 것으로 보입니다. 한 마디로 완패네요.

신효승   역시 야전에서 몽골군과 싸우는 것은 무리였죠. 선두에 서서 지휘해야 할 장수들이 모두 성 안에 틀어박혀 있던 것도 패배의 한 원인이겠고요. 물론 이번에도 장군 이언문과 정웅, 우군판관 채식처럼 자기 자리를 지키고 싸우다 죽은 지휘관들이 적지 않았습니다.

정명섭   이렇게 해서 안북성 전투는 고려군의 참패로 끝이 났습니다. 동선역에서 몽고군의 기습을 받고 무너질 뻔한 상황에서 전세를 역전시킨 것까지는 좋았는데 말이죠.

신효승   그러게 말입니다. 아무래도 경험 부족과 형편없는 지휘관이 고려군을 패배의 길로 몰고 가지 않았나 싶습니다.

정명섭   이제 구주성이나 자주성이 몽골족의 수중으로 떨어지는 것도 시간문제겠네요. 앞으로의 전황은 어떻게 될까요?

신효승   안북성에서 고려의 주력부대가 패했으니, 이제 몽골군이 개경까지 내려가는 데 장애가 될만한 건 없어진 상태입니다. 몽골군은 아마 빨리 남진을 해서 개경을 포위하거나 점령하려고 할 것 같습니다.

정명섭   반면 고려군은 몽골군의 기세 앞에 어찌할 바를 모르고 있군요. 전투를 보면서 내내 누리꾼들이 얘기하는 '넘을 수 없는 사차원의 벽', 그러니까 줄여서 넘사벽이라는 단어가 머릿속에서 떠나질 않았습니다. 전술과 기동성, 투지, 그리고 유연성까지 무엇 하나 고려군이 앞서는 게 없습니다. 뛰어난 장수가 지휘하는 고려군이 성에 의지해서 싸울 때만 희망이 보이는군요.

신효승   양측의 전력 차이가 크다는 것은 어쩔 수 없는 부분입니다. 다만 고려가 좀 더 안정적인 상황이었다면 그나마 희망을 가져볼만 한데 최씨 집권기라는 비정상적인 상황이라 더 어려워질 것 같습니다. 이제 확실한 건 고려군이 야전에서 몽골군과 정면승부를 해서는 승산이 없다는 겁니다. 다른 해결책을 빨리 찾아야 할 것으로 보입니다.

정명섭 중계를 하긴 했는데 가슴이 먹먹해집니다. 다음에는 좀 더 희망적인 중계를 할 수 있었으면 좋겠습니다. 이것으로 이번 중계를 마치도록 하겠습니다.

몽골의 칼이 남긴 상처들

결과만 놓고 보면 동선역 전투는 몽골군의 유인작전으로 해석될 만하다. 기습을 해서 이기면 좋고, 그렇지 않으면 물러나서 다시 결전을 벌인다는 유연하고 폭넓은 몽골군의 전술을 따라잡지 못한 고려군 수뇌부들의 오판과 비겁함이 패배를 불러온 것이다. 안북성 전투에서 고려군의 주력부대를 물리친 살례탑은 기세 좋게 남하한다. 구주성과 자주성에서는 항전이 계속되었지만, 더 이상 몽골군의 앞을 막는 고려군은 없었다. 한편, 패전 소식을 들은 최이는 추가로 병사들을 징발한다. 11월, 남진하던 몽골군은 황해도 평주성을 공략했다. 그리고 함락된 평주성의 병사와 백성들은 물론 가축까지 모조리 몰살시켰다. 단숨에 개경까지 쳐들어온 몽골군은 선의문 밖에 진을 치고 주변을 약탈하고 백성들을 학살했다. 이런 와중에도 최이는 자신의 안위에만 신경을 썼다. 다음 달인 12월, 몽골군이 개경을 포위하고 흥왕사를 불태우는 등 기세를 올리자, 최이는 사절을 보내 화친을 청했다. 안주에 진을 치고 안북성을 포위하고 있던 살례탑은 이 정도면 충분하다고 생각했는지 고려의 요청에 응해 강화조약을 체결한다.

몽골군은 강화 조건으로 말 2만 필과 처녀와 총각 수천 명, 옷감 1만 필, 수달피 1만 필과 군복 같은 막대한 양의 조공을 요구했다. 그리고 고려가 이런 요구들을 이행하는지 감시하기 위해 다루가치 72명을 남겨뒀다. 고려는 함신진을 지키고 있다가 항복한 조숙창을 몽골로 보내서 저고여의 죽음에 대해서 사과하고 해명하게 했다. 말이 강화조약이지 위기에 몰린 고려의 항복이나 다름없었다. 강화를 체결한 이후에도 몽골군은 광주와 충주, 청주 등지를 약탈했는데 가는 곳마다 잔혹한 학살을 저질렀다. 한편, 겁에 질린 최이에게 승천부부사 윤인과 녹사 박문의가 찾아왔다. 그들은 강화도가 몽골군의 공격을 피하

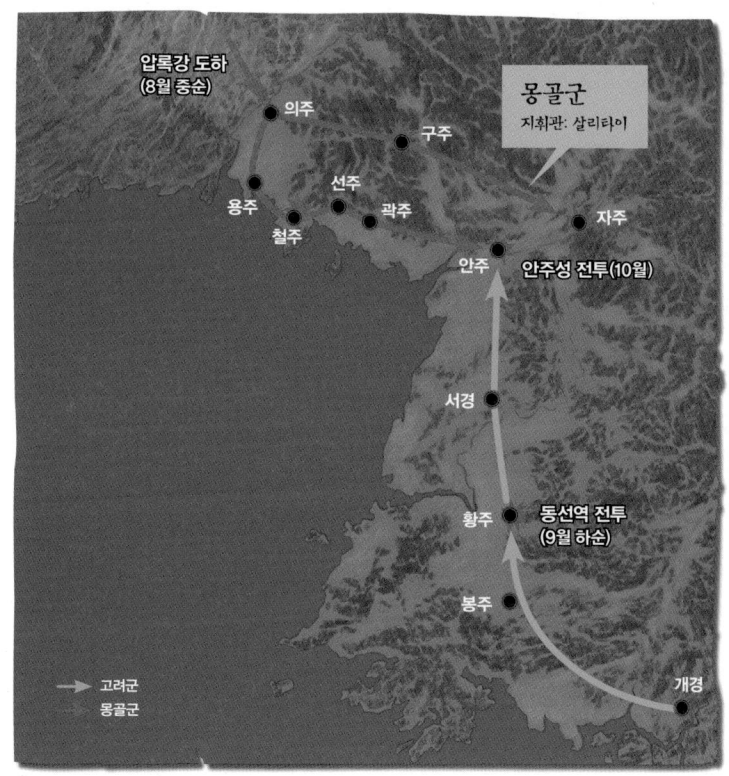

몽골군의 1차 침입 경로. 구주성과 자주성의 분전에도 불구하고 고려는 제대로 대응하지 못하면서 불리한 조건으로 강화를 체결했다.

기에는 최적의 장소라고 추천했다. 최이는 그 말에 귀가 솔깃해서 두 사람을 강화도로 보냈다. 최이를 비롯한 고려의 지도자들은 일단 몽골의 요구를 들어주고 돌려보내는 일에만 급급했다. 하지만 그들이 돌아간 이후에는 언제 그랬냐는 듯 모르쇠로 일관하며 자신들의 안위를 지키는 데만 관심을 두었다. 하지만 이런 협상 방식은 몽골의 의심을 사게 되었고, 백성들로부터도 신뢰를 잃었다. 결국 고려의 백성들은 요나라나 여진과 싸울 때와는 비교할 수 없을 정도의 길고 고통스러운 나날들을 보내야만 했다.

그러는 상황에서도 구주성의 항전은 계속되었다. 몽골군이 포차로 공격을 하자 박서 역시 포차를 이용해서 저항했다. 성 안의 포차에서 날아온 돌에 적지 않은 피해를 입은 몽골군은 뒤로 물러나야만 했다. 결국 지친 살례탑이 먼저 항복을 요구했지만 박서는 단칼에 거절했다. 몽골군은 운제[6]를 만들어서 재공격을 감행했다. 그러자 박서 역시 대우포[7]를 이용해서 운제를 파괴했다. 이번에도 실패한 살례탑은 이미 고려 조정과 강화를 했으니 항복하라고 재차 요구한다. 그러나 박서가 그 요구를 거절하자 결국 고려 조정까지 나서는 우스운 사태가 벌어졌다. 후군 지병마사 최임수와 감찰어사 민희가 구주성 안으로 들어가서 설득한 것이다. 결국 구주성의 저항은 끝이 났다. 비슷한 시기 자주성 역시 저항을 멈췄다. 남쪽인 충주성을 지키던 별초군 중 부사 우종주와 양반 별초, 즉 지배층들은 몽골군이 접근해오자 성을 버리고 달아났다. 성 안에는 노군잡류 별초, 즉 노비들과 하층민들만 남게 되었다. 남은 이들은 서로 힘을 합해서 몽골군을 물리쳤다. 한편, 안북성에서 결전을 주장했으면서도 정작 본인은 성 밖에 나와 보지도 않은 대집성은 딸이 최이와 결혼하면서 아무런 처벌을 받지 않았다. 대집성은 한술 더 떠서 자신의 항복 요구를 무시한 자주부사 최춘명을 처벌할 것을 주장하기도 했다.

이렇게 몽골의 침입은 불과 반년간 벌어진 일이었지만 고려에 막대한 상처를 남겼다. 비겁한 자는 살아남고, 용기 있게 맞서 싸운 자는 처벌을 받을 위기에 처했다. 이런 현상들은 무신집권기와 최씨 집권기를 지내면서 고통 받던 고려사회를 분열시켰다. 우리는 몽골에 맞서 싸운 용감한 장수와 백성들만을 기억한다. 하지만 그 이면에는 자신의 욕심을 위해 타인의 희생시킨 비겁한 사람들과 살기 위해 몽골에 항복한 사람들도 적지 않았다. 국민들이 국가에 세금을 바치고 통치자가 정한 법률을 지키는 것은 국가와 통치자가 자신들을 보호

---

6 바퀴가 달린 사다리로 끝에 갈고리가 있어서 성벽에 걸치기 쉬웠다.
7 어떤 병기인지는 정확하게 알 수 없지만 끝에 쇠를 씌워서 매달아놓은 나무망치인 당차의 일종이 아닌가 추정된다. 이 당차를 성벽 위에 세워놓고 갈고리가 달린 운제의 끝부분을 부순 것으로 보인다.

해줄 것이라고 믿기 때문이다. 이런 믿음이 깨지면 국가는 혼란에 빠지고 만다. 그런데 이 시기 고려가 그랬다. 몽골군이 쳐들어와서 마구 학살을 저지르는데 국가와 통치세력이 뒷짐만 지고 있으니 사람들은 살기 위해 비겁하고 잔인한 선택을 할 수 밖에 없다. 그리고 이런 참혹하고 잔인한 기억들은 몽골의 침입이 종식된 후에도 오랫동안 고려인들에게 상처와 아픔으로 남았다.

영웅들의 뒷얘기

고려 역사상 그 유례를 찾아볼 수 없는 충격과 공포를 준 몽골의 1차 침입은 역설적으로 영웅들의 등장을 불러왔다. 구주성 전투가 끝난 후 칭기즈칸을 따라 평생 전쟁터를 돌아다녔던 70살의 늙은 몽골군 장수는 구주성의 장수들이 모두 정승과 재상이 될 것이라고 말했다. 이런 그의 예상은 절반은 맞고 절반은 틀렸다.

구주성을 지켜낸 박서는 정2품 벼슬인 문화평장사에 임명되었다. 하지만 몽골 사신이 그를 죽이려고 하자 최이가 그에게 귀향을 권유했다. 이후의 기록을 찾아볼 수 없는 것으로 봐서는 고향인 죽주로 내려가서 세상을 떠난 것으로 보인다.

박서와 함께 구주성 전투를 승리로 이끈 일등공신인 김경손의 경력은 특이하다. 그의 형 김약손은 한때 최이의 후계자로 지목될 정도로 권력의 핵심이었다. 김경손은 이런 집안 배경으로 승진을 거듭하다가 위기의 순간 자신의 가치를 증명했다. 구주성 전투 후 김경손은 대장군을 거쳐 1237년, 전라도 지휘사가 되었다. 고려 조정이 개경을 버리고 강화도로 천도한 이후 몽골의 침입이 거듭되면서 지친 백성들은 반기를 들었다. 김경손은 반란을 일으킨 이연년을 토벌했다. 그리고 추밀원부사로 승승장구하지만 그런 김경손에게도 먹구름이 다가온다. 한때 최이의 후계자로 지목되었던 형 김약손이 아내의 모함으로 처형당한 후, 최이의 뒤를 이은 최항은 김경손을 백령도로 유배 보내고, 2년 후에 다른 죄를 씌워서 살해한다. 적인 몽골군에게조차 찬사를 받았던 그였지만, 최씨 집안에게는 그저 걸림돌에 불과했던 것이다. 구주성과 더불어 끝까지 저항했던 자주부사 최춘명은 전쟁이 끝난 후에 모순되게도 고려인의 손에 죽을 뻔하다가 몽골인의 도움으로 목숨을 구한다. 안북성 패배의 원흉인 대집성은 강화가 이뤄진 후 자주성에 가서 항복을 요구했지만 거절당한다. 모욕을 당했다고 느낀 그는 최이에게 고해서 그를 처형하라는 명령을 내린다. 서경에 머물고 있던 그가 처형장에 끌려가는 찰나 몽골인 다루가치가 개입한다. 어처구니없는 사연을 들은 다루가치가 처형을 반대한 덕분에 최춘명은 죽기 일보직전에 기사회생한다. 이후 그는 추밀원부사로 임명되는 등 노력에 대한 보답을 받는다.

박서의 부장으로 구주성 전투에 참전했던 송문주는 공을 인정받아 낭장으로 승진했다. 그리고 1236년 죽주방호별감으로 임명되었고, 이후 죽주성 전투에서 승리한 공을 인정받아서 좌우위장군에 임명되었다. 한편, 양반별초들이 도망친 충주성을 지켜냈지만 오히려 은그릇을 훔쳤다는 모함을 받은 노군잡류들은 봉기를 일으켰다. 최이가 보낸 진압군 지휘관은 항복하면 용서해주겠다고 약속했지만 막상 성문을 열자 학살을 저질렀다. 그리고 노획한 재물과 가축을 조정에 바쳤다. 아이러니한 것은 이 진압군의 지휘자가 바로 동선역 전투에서 고려군을 위기에서 구한 이자성이었다는 점이다.

전쟁은 인간성의 밑바닥까지 드러내는 시험무대나 다름없다. 죽음이 코앞을 스쳐지나갈 때 사람들은 평정심과 이성을 잃어버린다. 살고 싶은 것은 인간의 가장 기본적인 욕망이기 때문이다. 하지만 극소수의 사람들은 죽음 앞에서도 자신의 책무를 잊지 않는다. 우리는 그런 이들을 영웅이라고 부른다.

6. 충주산성 전투

고려군 vs 몽골군

◆ **충주산성 전투 당시 양측 지휘관 및 참전 병력**

고려군 지휘관 : 충주 방호별감 낭장 김윤후
참전 병력 : 불명

몽골군 지휘관 : 불명
참전 병력 : 불명

...

만약 힘을 다해서 몽골군을 물리친다면 귀하고 천함을 따지지 않고 모두 관직을 제수하겠다.

– 충주산성 방호별감 김윤후의 말

1231년, 몽골의 첫 침공 이후 최우는 강화도로 천도를 단행한다. 그러자 몽골은 고려왕의 입조와 개경으로 환도할 것을 요구하면서 계속 침략해왔다. 몽골군의 거센 공격에 고려는 풍전등화의 위기에 놓인다.

1232년, 몽골의 침략군이 물러난 이후 최우는 도읍을 개경에서 강화도로 옮기는 작업에 착수한다. 야전에서 몽골군과 싸워봤자 승산이 없다는 사실을 깨닫고 내린 결정이었다. 그의 결정은 전략적으로는 옳은 판단이었을지 모르지만, 백성들이 겪을 고통은 염두에 두지 않았던 것으로 보인다. 백성들을 내팽개치고 강화도로 들어간 최우는 결사항전을 외쳤지만 그저 말뿐이었다. 그는 백성들을 사실상 방치하다시피 했다. 최우를 비롯한 고려의 지배층들은 강화도에서 핵심 호위부대인 야별초의 보호를 받으면서 평상시와 다름없이 지냈다. 그러나 섬으로 따라 들어가거나, 그마저도 못한 백성들은 몽골군에게 저항하거나 항복하는 잔혹한 선택을 해야만 했다. 그래서 고려의 대몽항쟁은 이상한 전쟁이 되어버렸다. 몽골군이 쳐들어와도 정부군의 조직적인 저항이나 반격 같은 것은 눈을 씻고 찾아봐도 찾을 수가 없었다. 고려군이나 야별초가 싸운 상대는 주로 반란을 일으킨 백성들이었다. 몽골군이 전 국토를 유린하며 학살과 파괴를 자행하자 백성들은 목숨을 걸고 저항하거나 깊은 산속이나 섬에 들어갔다. 고려 조정에서는 몽골군이 물러나면 왕이 입조할 것이라는 얘기만 앵무새처럼 되풀이했다. 그러다가 침략자들이 돌아가면 관리들이 나타나서 백성들에게 세금을 내라고 독촉했다. 쳐들어오는 쪽은 있었지만 막는 쪽은 보이지 않는, 전쟁 아닌 전쟁이 한두 해도 아니고 20년 넘게 계속되면서 고려는 뿌리부터 흔들리기 시작한다.

나라에서 세금이나 걷어갈 뿐 아무런 도움의 손길도 내밀지 않을 거라는 사실을 깨달은 백성들은 나름대로의 선택을 하게 된다. 백성들 중에서는 강화도에서 보낸 관리들을 살해하고 몽골군을 불러들이는 방법을 택하는 쪽도 늘어났다. 최우가 한참 강화도로 천도를 할 때 어사대의 하인 이통이 근처의 초적들과 성 안의 노비들을 선동하여 반란을 일으켰다. 강화도의 조정에서 보낸 군대가 이들을 격파하고 개경을 탈환했다. 이뿐만이 아니었다. 강화도로 옮겨 간 최우가 서경으로 사람을 보내서 몽골인 다루가치들을 죽이려고 하자 서경 사람들이 반대로 이들을 잡아가뒀다. 한편, 죽주성처럼 몽골군을 쫓아버리는 곳도 있었고, 야별초가 기습을 해서 몽골군에게 타격을 주기도 했다. 이렇게 이상한 전쟁은 해를 넘기도록 계속되었다. 그러면서 몽골군은 경주까지 쳐들어 가서 황룡사 탑을 불태우는 등 고려의 국토를 짓밟았다. 몽골에게 항복한 배신자와 스스로 자원해서 전쟁터로 나간 영웅, 겁에 질려서 강화도에 숨은 지도자와 피난 간 백성들을 돌보는 헌신적인 관리들이 뒤엉켜서 한 편의 거대한 드라마를 만들어냈다.

몽골의 침략이 일상화된 1253년 7월, 몽골군이 압록강을 건넜다는 북계병마사의 다급한 장계가 올라온다. 몽골의 다섯 번째 침략이 시작된 것이다. 별다른 저항 없이 남진한 몽골군은 순식간에 대동강을 건넜다. 백성들의 피해를 줄이기 위해 몽골과 강화를 해야 한다는 목소리가 높았지만, 절대 안 된다는 최항의 말 한마디에 없던 얘기가 되었다. 만약 고려가 몽골에게 항복할 경우 저항을 주도했던 최씨 가문과 자신의 목숨이 위태롭기 때문에 내린 결정이었다. 8월, 저항을 결정한 고려군은 갑곶에서 수전 훈련을 실시했다. 몽골 군사들은 서해도의 양산성을 공격해 함락했는데, 지형이 험하다는 것만 믿고 안심하던 고려군은 몽골군의 기습을 받고 제대로 대항하지 못하고 패배했다. 성을 점령한 몽골군은 10세 이상의 남자들은 모두 죽이고, 부녀자와 아이들은 포로로 잡아갔다. 이때 죽은 사람만 무려 4천7백 명에 달했다. 고려 조정에서는 늘 하던 대로 낭장 최동식을 몽골군 사령관 야굴에게 보내서 사죄하는 내용의 글을 바쳤다. 그러자 야굴은 고려왕이 강화도 밖으로 나오는 것을 6일 안에 결정해서 다시 통보하라고 말한다. 최동식이 양쪽 군사가 서로 싸우는 와중인데 어찌 왕이 나올 수 있느냐고 항의하자, 야굴이 대꾸했다.

"그럼 너는 어떻게 왔느냐?"

그것으로 실낱같던 강화의 희망도 물거품이 되었다. 몽골군은 강화도 근처에 주력부대를 배치해서 고려 조정을 압박하는 한편, 그동안 상대적으로 피해가 적었던 경상도와 강원도 지역에 대한 집중 공략에 나섰다. 이런 몽골군의 공격에 동주산성[1]이 함락되었고, 방호별감 백돈명을 비롯한 많은 백성들이 희생되었다. 비슷한 시기에 몽골군은 춘주성[2]마저 포위했다. 몽골군은 성 밖에 두 겹의 목책을 두르고 참호를 파서 고려군을 고립시킨 후에 공격해왔다. 그러는 사이 성 안의 식량과 물이 모두 떨어져버렸다. 병사와 백성들은 최후의 방책으로 소와 말을 죽여 그 피를 마시며 갈증을 해결했다. 방어 책임을 맡고 있던 안찰사 박천기는 최후가 다가왔음을 직감하고 성 안의 곡식과 재물을 모두 불태운 후 결사대를 이끌고 나갔다. 이들은 몽골군이 세운 목책을 부수고 용감하게 공격했지만 결국 한 명도 살아남지 못했다. 이 저항을 끝으로 춘주성 역시 몽골군의 손에 떨어졌다. 기세등등해진 몽골군의 다음 목표 중에는 충주가 들어있었다.

처인성의 영웅, 충주산성으로 가다

1232년 12월 이전까지 김윤후는 평범한 승려였다. 백현원이라는 사찰에서 운영하는 숙박업소에서 일했다는 기록을 보면 명망 있는 승려는 아니었던 것으로 추정된다. 몽골의 두 번째 침략이 벌어지자 그는 처인 부곡으로 들어왔다. 몽골군을 피해 떠돌다가 흘러들어왔는지, 아니면 이곳이 고향이었는지는 알

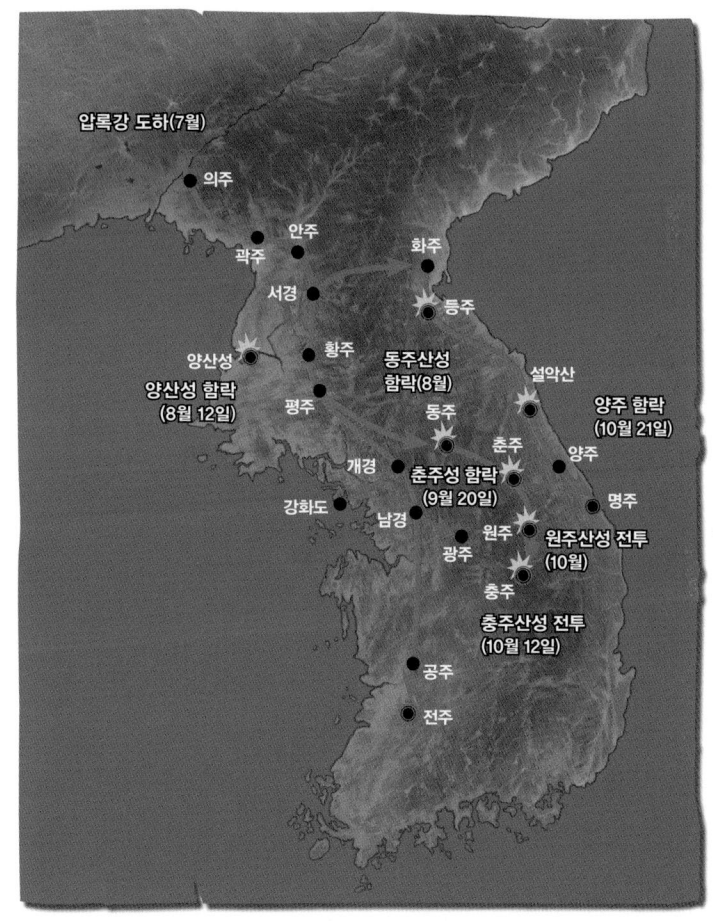

몽골군의 5차 침입 경로. 전 국토를 휩쓸면서 약탈과 파괴를 자행했다. 하지만 강화도로 피난 간 조정은 별다른 대응책을 내놓지 못했다.

수 없다. 어쨌든 그가 있던 곳으로 몽골군이 진군해온 것은 약간 의외였다. 처인 부곡이 있는 경기도 용인시 남사면 아곡리는 남부로 내려가는 경부고속도로가 지나는 오산 옆에 있는 외진 마을로 교통의 요지와는 거리가 멀다. 그런 곳이니 몽골군이 나타난다고 했을 때 마을 주민들이 얼마나 당황했을지는 어렵지 않게 짐작할 수 있다. 설상가상으로 이 지역은 우리나라에서는 드문 평야

지대로 근처에 산도 없었다. 그렇다면 살례탑은 왜 이곳에 나타났던 것일까?

　기세 좋게 남하하던 몽골군의 기세는 오늘날의 남한산성으로 추정되는 광주산성에서 제동이 걸린다. 광주부사 이세화의 지휘를 받은 고려군이 맹렬하게 저항하면서 피해가 늘어나자 몽골군은 할 수 없이 우회로를 찾아야만 했다. 그러면서 우연찮게 처인 부곡에 모습을 드러낸 것이다. 뜻밖의 상황에 당황한 마을 사람들은 서둘러 피난 준비를 했지만 말을 탄 몽골군에게 금세 따라잡히고 말 것은 분명했다. 마을 부근에 처인성이라는 작은 성이 있었지만 작은 평지성이라 몽골군을 막기는 불가능했다. 이런 상황에서 김윤후가 나섰다. 그는 마을 사람들이 피난을 갈 시간을 벌기 위해 몽골군을 공격하기로 했다. 혼자 나섰는지 아니면 동료들이 있었는지는 알 수 없지만 어쨌든 그는 야트막한 숲 속에 숨어서 몽골군을 기다렸다. 그가 매복한 지 얼마 되지 않아 몽골군이 눈이 쌓인 길을 헤치며 다가왔다. 화살을 활 시위에 끼우고 힘껏 당긴 김윤후는 그중 가장 화려한 복장을 한 몽골군을 겨눴다. 날아간 화살은 목표물에 명중했고, 갑작스럽게 날아온 화살에 맞은 몽골군은 말에서 굴러 떨어졌다. 그러자 놀라운 일이 벌어졌다. 악랄하기 그지없는 몽골군이 죽은 동료를 조심스럽게 떠메고는 돌아간 것이다. 어안이 벙벙해진 김윤후가 돌아가는 몽골군을 말없이 지켜봤다. 그는 자신이 화살을 쏴서 쓰러뜨린 사람이 몽골군 총 지휘관인 살례탑이라는 사실을 뒤늦게 알았다. 그렇게 그가 쏜 한 발의 화살이 수많은 고려 백성들의 목숨을 구했다. 몽골군이 물러나자 고려 조정에서는 그에게 큰 상을 내리려고 했다. 하지만 김윤후는 자신의 공이 아니라면서 모두 사양하고 낮은 벼슬만 받았다. 불같은 용기와 따뜻한 마음을 가지고 있던 그에게 충주산성 방호별감이라는 직책이 내려졌다. 그의 임무는 파죽지세로 남하하는 몽골군으로부터 충주산성을 지키는 것이었다.

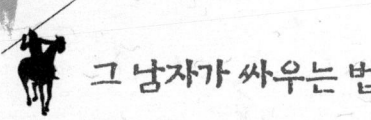

그 남자가 싸우는 법

정명섭 고려전쟁 생중계도 벌써 중반을 넘어섰군요. 이번 시간에도 지난 시간에 이어서 몽골군과 고려군의 치열한 전투를 중계해드리도록 하겠습니다. 독자 여러분들을 전쟁터로 안내할 신효승 작가님께서 나와주셨습니다. 정말 눈 뜨고는 볼 수 없는 참상이 벌어지고 있군요.

신효승 고려의 지배층들이 무책임하게도 자신의 책무를 백성들에게 떠넘긴 셈이죠.

정명섭 제가 어릴 때 본 교과서에서는 장기적인 항전을 위해 강화도로 천도했다고 나왔던 것으로 기억합니다만?

신효승 그 얘기가 맞다면 이후의 전쟁에서 고려가 조직적이고 체계적인 방어를 하거나 혹은 과감하게 강화를 맺어야만 했습니다. 많이 오해를 하는데 이때 몽골은 고려를 아예 집어삼키려고 한 게 아니었습니다. 강화 조건으로 왕의 입조를 내세웠고, 후에는 강화도에서 나오라는 것으로 바꿨죠. 하지만 고려 지배층들은 이런저런 핑계를 대면서 제대로 협상을 하지 않았고, 몽골군은 이들을 압박하기 위해서 학살과 약탈을 저지른 것이죠.

정명섭 그러니까 양쪽의 힘겨루기로 불쌍한 백성들이 희생되었다는 말씀이군요.

신효승 물론 자랑스러워해야 할 측면도 있지만 적어도 지배층들의 무책임함이나 안일함은 반드시 비판받아야 합니다.

정명섭 그럼 이제 본격적인 중계에 들어가도록 하겠습니다. 지금 상황을 살펴보면 다른 때처럼 몽골군이 별다른 저항을 받지 않고 고려의 땅을 마구 휩쓸고 있습니다. 양산성에서는 끔찍한 학살이 있었고, 춘주성 역시 저항을 했지만 함락을 면하지 못했습니다. 다른 때보다 더 잔인하고 혹독해 보이는데요. 이유가 있을까요?

신효승 2년 전인 1251년에 몽케가 새로 칸의 자리에 오른 것과 연관이 있습니다.

칸의 자리에 오른 몽케는 고려에 사신을 보내서 고려 왕의 입조와 개경 환도를 요구했죠. 고려는 늘 그랬던 것처럼 이런저런 핑계를 대면서 거절했고, 분노한 몽케칸은 토벌을 명령합니다. 새로 즉위한 칸의 명령이어서 출정하는 장수들 모두 마음속에 '이번만큼은'이라고 생각했을 겁니다.

정명섭 5차 침공쯤이면 쳐들어오는 몽골군도 노하우가 꽤 쌓인 상태겠죠?

신효승 어떤 방식으로 압박을 해야 할지 잘 알고 있었죠. 그래서 주력부대를 강화도 근처로 보내서 위협을 하는 한편, 따로 부대를 편성해서 경상도와 전라도, 그리고 강원도 일대를 휩쓸었습니다. 특히 고려의 백성들이 피난 가 있는 성들을 집중 공략했죠.

정명섭 이런 암울한 상황에서 김윤후가 충주산성방호별감으로 임명되었네요. 충주산성이라면 지난번 중계 때 잠깐 나왔던 곳 아닌가요?

신효승 그렇습니다. 양반별초들이 모두 도망치고 노류잡군들이 지켜낸 곳이죠. 전쟁이 끝나고 돌아온 양반별초들이 은그릇이 없어졌다는 이유로 노류잡군들을 없애려고 했고 결국은 반란이 일어났죠. 진압군은 반란세력들에게 항복하면 용서해주겠다고 했다가 약속을 어기고 모두 죽였습니다.

정명섭 이쪽은 몽골보다는 고려 관리나 군대를 더 싫어하겠네요.

신효승 아무래도 그랬을 겁니다. 게다가 몽골의 침입이 20년 동안이나 계속 이어지고 있어서 견디지 못한 백성들이 관리를 죽이고 몽골군에게 항복하는 경우도 종종 있었죠.

정명섭 그런데도 김윤후는 용기 있게 충주성으로 갔군요.

신효승 대몽항쟁이 낳은 최고의 스타니까요. 또 과거 승려였기 때문에 충주 백성들의 반감도 덜할 것이라고 계산했을 겁니다.

정명섭 예상대로 충주 백성들이 김윤후를 환영하는군요. 어? 그런데 전 백성들이 식량과 가재도구를 가지고 남산에 있는 충주산성으로 들어가는군요.

신효승 아무래도 장기적인 항쟁을 위해서 산성으로 옮기는 모양입니다.

정명섭 충주의 백성들이 김윤후의 지휘 아래 싸울 준비를 하고 있습니다. 몽골 군 상황을 좀 살펴볼까요? 아까 춘주성을 함락시켰던 것 같은데 말이죠?

신효승 춘주성을 함락시킨 후 기세 좋게 남하하다가 이번에는 양근성[3]을 포위하 네요.

정명섭 양근성을 지키던 방호별감 윤춘이 부하들과 함께 항복하는군요. 몽골군 이 윤춘에게 6백 명의 병사들을 차출해서 합류시킵니다. 그리고 몽골군 3백 명을 잔류시켜서 성을 지키게 하고 군량을 모으게 합니다. 양산성과 춘주성의 학살 소식을 들은 탓일까요? 제대로 저항하지 못하는군요.

신효승 몽골군은 자신들이 잔인하다는 사실을 널리 알려서 상대편을 겁주는 방 법을 자주 썼습니다. 그래서 의도적으로 학살과 파괴를 저지르기도 했죠.

정명섭 몽골군의 앞잡이가 된 윤춘이 원주성을 지키던 방호별감 정지린에게 항 복을 권유합니다. 하지만 정지린은 거부하고 굳게 성을 지킵니다. 그러자 몽골군이 포위를 풀고 물러나는군요. 10월에 접어들어서도 몽골군의 기 세는 꺾일 줄을 모르는군요. 드디어 몽골군이 충주산성 근처에 있는 천 룡산성[4]을 포위합니다. 이번에도 추밀원부사를 지냈던 고려인 앞잡이 이 현이 나서서 협박을 하는군요. 뭐라고 하는 겁니까?

신효승 동주산성과 춘주성의 일을 언급하면서 항복하지 않으면 전부 몰살을 당 할 거라고 협박하는군요. 그리고 만약 지휘하는 장수가 항복하기를 거절 하면 그를 죽이고 투항하라고 회유합니다.

정명섭 몽골군보다 더 얄밉군요. 하지만 설득이 효과를 봤는지 성을 지키던 황려 현령 정신단과 방호별감 조방언이 밖으로 나와서 항복을 합니다. 몽골군 의 학살극이 효과를 봤네요. 뒤이어 몽골군이 양주를 함락합니다. 제대

---

3 경기도 양평군 옥천면에 있는 산성.
4 오늘날의 경기도 여주군에 있었을 것으로 추정된다.

로 싸워보지도 못하고 항복이 잇따르고 있는데 강화도의 조정에서는 어떤 움직임을 보이고 있습니까?

신효승 허수아비 왕인 고종이 4품 이상의 문무관들을 모아놓고 몽골군을 물리칠 계책을 물어봅니다. 그러자 대부분이 태자가 나가서 항복하는 게 가장 좋다고 말하죠. 그 얘기를 들은 고종이 그러다 태자에게 무슨 일이 생기면 어떻게 하느냐며 화를 냅니다. 그리고 누가 감히 그런 얘기를 했느냐고 승선 이세재를 보내서 묻게 하는군요.

정명섭 밖에서는 백성들이 몽골군의 칼날에 도륙당하는 판국인데 자식 사랑은 엄청나네요. 그러나 대신들이 최항도 같은 생각이라고 말하자 고종은 금세 꿀 먹은 벙어리가 되어버립니다. 게다가 한술 더 떠서 이세재를 최항에게 보내서 강화 사절로 누가 적당하냐고 묻습니다. 이거 웃어야 할지 울어야 할지 모르겠습니다.

신효승 스스로 아무것도 결정할 수 없었던 고종 입장에서는 최선이었을 겁니다.

정명섭 어라? 그런데 최항이 왕이 알아서 하라고 한발 빼는군요.

신효승 책임지기 싫다는 뜻이겠죠. 물론 이런 소극적인 태도가 결국 최씨 집권 시대의 막을 내리는 단초가 됩니다.

정명섭 조정 대신들과 왕, 그리고 최항이 서로 책임을 떠넘기고 있는 사이 야굴이 이끄는 몽골군이 드디어 충주산성에 도달합니다. 만약 이곳까지 뚫린다면 경상도까지 진출한다고 봐야겠죠?

신효승 여기만 돌파하고 문경세재만 넘으면 바로 경상도입니다.

정명섭 과연 충주의 주민들이 20년 전의 원한을 잊고 김윤후의 지휘 아래 똘똘 뭉칠 수 있을까요? 몽골군이 충주산성까지 손에 넣고 경상도까지 진출할 수 있을지 귀추가 주목됩니다. 본격적인 전투가 시작되기 전에 어처구니없는 일이 벌어집니다. 종4품 소경 벼슬을 지낸 정수가 두 아들과 함께 경산부[5]에 와서 항복하는군요. 관리들의 투항까지 잇따르는 걸 보니까 고

려도 이제 한계에 도달한 것 같습니다. 그나저나 이번 중계에 결정적인 문
제가 있다고 하지 않으셨나요?

신효승 사실 고려사에는 전투의 결과만 나와 있을 뿐입니다. 하지만 그 오랜 기
간 대치만 하고 있지는 않았을 테니까 중간의 전투 장면들은 상상과 짐작
으로 끼워 맞춰야 할 것 같습니다.

정명섭 그렇습니다. 독자 여러분의 양해를 구하면서 본격적인 중계에 들어가도록
하겠습니다. 이번에도 몽골군이 먼저 고려인들을 앞세워서 항복하라고
떠드는군요. 그러자 성 안에서 이미 20년 전에 한번 속았다고 응수하는
군요. 그 얘기를 들은 고려인들이 기가 팍 죽어서 물러납니다. 이제 본격
적으로 시작하는 건가요?

신효승 말로 해서 항복하지 않는다는 걸 확인한 이상 힘으로 빼앗으려고 들 겁니다.

정명섭 몽골군이 드디어 행동에 나섭니다. 다행스럽게도 산중턱이라 운제 같은
무기가 접근하지는 못하는군요. 주 공격로가 어디가 될 것 같습니까?

신효승 산중턱을 둘러싼 형태로 지어진 산성이라 딱히 공격할만한 곳이 보이지
는 않습니다. 아무래도 공성무기를 제대로 못 쓴다는 게 몽골군으로서는
골칫거리일 것 같습니다.

정명섭 일단 정석대로 방패로 몸을 가린 몽골군들이 사다리를 가지고 성벽으로
접근합니다. 몽골군이 조심스럽게 다가가지만 성벽 위에서는 아무런 반응
이 없습니다. 설마 큰소리 쳐놓고 도망친 건 아니겠죠?

신효승 완전 포위된 상태라 어디로 피할 곳도 없는데 말이죠.

정명섭 조심스럽게 다가가던 몽골군이 드디어 사다리를 걸치고 올라섭니다. 그
순간! 성벽 위에 엎드려 있던 충주 백성들이 돌을 던지고 창으로 찌릅니
다. 갑작스러운 공격에 놀란 몽골군이 사다리를 버리고 허둥지둥 산 밑으

---

5 오늘날의 경북 성주.

로 도망칩니다. 적을 가까이 끌어들였다가 일제히 공격해서 기선을 제압하는군요. 산 밑으로 도망가는 몽골군을 비웃는 충주 백성들입니다.

신효승 한번 이겼다는 자신감이 고스란히 묻어나는군요. 도망친 몽골군들의 얼굴에 낭패감이 서려 있습니다.

정명섭 이에 굴하지 않고 재공격을 준비하는 몽골군입니다. 다시 방패로 몸을 가리고 사다리를 머리 위에 올린 채 성벽으로 기어오릅니다. 10월에 접어들어서 그런지 제법 쌀쌀한 바람이 불고 있지만 무거운 갑옷을 입고 방패까지 들어서 그런지 땀을 잔뜩 흘리는군요. 이번에도 아무 반응이 없는 충주산성입니다. 이쯤 되면 몽골군이 오히려 공포를 느끼겠는데요.

신효승 전투에서 기 싸움이 얼마나 중요한지 생각해본다면 충분히 그럴 수 있죠. 몽골군은 공포를 무기로 삼고 있으니까요.

정명섭 서서히 접근하는 몽골군입니다. 이번에도 충주 백성들은 적군을 충분히 끌어들인 다음에 화살을 쏩니다. 하지만 몽골군이 서로 뭉쳐서 방패로 벽을 치면서 피해를 최소화합니다. 긴장하던 몽골군의 얼굴에 미소가 떠오르는군요. 그 순간 성벽에서 굵은 통나무들이 굴러 떨어집니다. 뭉쳐 있던 몽골군들이 굴러오는 통나무에 맞아서 볼링 핀처럼 쓰러지네요. 이렇게 하기 위해서 일부러 화살을 쐈나 봅니다. 굴러온 통나무에 맞아서 다리가 부러진 몽골군들이 성에서 날아온 화살에 맞고 숨통이 끊어집니다. 이렇게 몽골군의 첫 번째 공격은 실패로 돌아갑니다. 기세가 오른 충주성의 백성들이 환호성을 지르는군요. 다행이긴 합니다만 이걸로 끝나지는 않겠죠?

신효승 경상도 지역으로 넘어가기 위해서는 반드시 통과해야 하는 곳이라 무슨 수를 쓰더라도 함락시키려고 할 겁니다.

정명섭 이렇게 하루가 지나가고 다음 날 해가 밝아옵니다. 산성 아래 진을 친 몽골군이 부산스럽게 움직이면서 공격을 준비합니다. 성벽 위도 방어 준비에 한참이군요. 이번에는 어떤 식으로 공격을 펼칠까요?

신효승 일단 정공법으로는 힘들다는 걸 알았으니까 다른 방법을 찾으려고 할 겁니다.

정명섭 산으로 올라오는 병사들 말고 다른 병사들이 인근 마을로 흩어지고 있네요. 식량을 약탈하거나 포로를 잡아들이려는 모양입니다. 어? 누거를 만들었네요. 어차피 산성이라 바짝 붙일 수 없으니 쓸모없지 않을까요?

신효승 낮은 데서 화살을 쏘면 성벽까지 날아가지도 못하니까 누차 위에 올라가서 엄호사격을 할 모양입니다.

정명섭 충주산성 쪽으로 접근한 몽골군 역시 공격을 하는 게 아니라 그냥 견제하는 느낌입니다. 아무래도 다른 꿍꿍이속이 있는 모양이군요.

신효승 지형도 불리하고, 무엇보다도 성 안의 백성들이 김윤후를 중심으로 똘똘 뭉쳐있기 때문에 무작정 공격했다가는 막대한 사상자만 내고 실패할 가능성이 높기 때문이죠.

정명섭 몽골군 진영에 이상한 복장의 병사들이 가죽으로 뭔가를 만드는 게 보이네요. 누군가요?

신효승 항복한 방호별감 윤춘과 그 휘하의 병사들인 것 같습니다. 몽골군은 항복한 병사들을 종종 방패막이로 내세우거나 노역을 시키곤 합니다.

정명섭 살기 위해 항복했는데 정작 아군 손에 죽을 수도 있겠네요.

신효승 가혹한 시대니까요. 무신집권기에 접어들면서 고려가 가지고 있던 모든 관습과 규범들이 무너졌습니다. 그래서 천민 출신의 이의민이 왕의 자리를 노렸고, 수백 년 전에 없어진 백제와 고구려의 부흥을 부르짖는 반란군이 일어났죠. 역사가 단순하지 않은 이유는 인간이라는 변화무쌍한 존재들이 있기 때문 아닐까요? 항복한 윤춘이나 그 부하들이 밉기는 하지만 선택의 여지가 없었다는 점 역시 감안해야 하지 않을까 싶습니다.

정명섭 전쟁이 길어지고 희망이 보이지 않으면서 그런 사람들이 늘어날 수밖에 없겠죠. 지켜보는 입장에서는 안타까울 수밖에 없습니다. 성을 공격하던 몽골군이 철수합니다. 오늘도 이렇게 넘어갈 모양이군요. 성 밖의 몽골군 진영을 내려다보는 김윤후의 표정이 비장합니다. 다시 날이 밝아오고, 몽골군이 본격적인 공세를 준비합니다. 종일 만들었던 누차를 성벽에 최대한 붙이는군요. 말씀하신대로 누차 위에서 성 안으로 활을 쏠 모양입니다.

신효승 그렇게 되면 명중률을 높일 수 있기 때문에 성 안에서도 조심해야 합니다.

정명섭 어? 그런데 누차 위에 지렛대 같은 걸 설치하고 한쪽 끝에는 항복한 고려군이 만든 커다란 가죽을 매다는군요? 저게 뭐죠?

신효승 목만인 것 같습니다. 일종의 대형 방패인데 전진하는 병사들의 앞을 가려서 화살이나 돌의 공격을 막아주는 역할을 하죠.

정명섭 말씀하신대로 목만 뒤에는 갈고리가 달린 사다리를 든 항복한 고려군이 보입니다. 그리고 이들 뒤에는 완전무장한 몽골군이 대기하고 있는 상태입니다. 아마 항복한 고려군이 사다리를 걸면 뒤따라오던 몽골군이 사다리를 타고 성벽 위로 올라갈 계획인 것 같습니다. 드디어 공격신호가 떨어지고, 몽골군이 조금씩 충주산성으로 진격하고 있습니다. 누차에 올려진 목만이 병사들의 앞을 가려주면서 성 안에서 날아오는 화살을 막아주는군요. 불화살로 가죽을 태워버려야 하지 않을까요?

신효승 물에 적신 상태라 별 효과가 없을 겁니다.

정명섭 말씀하신대로 불화살로 공격해보지만 별 효과가 없습니다. 그 틈에 사다리를 든 병사들이 조심스럽게 성벽으로 접근합니다. 정녕 막을 방법이 없는 겁니까? 어? 잘 걸어가던 병사들이 갑자기 발목을 움켜쥐고 비틀거립니다. 그 옆의 병사는 아예 주저앉아버립니다. 발이 온통 피범벅이네요. 대체 무슨 일입니까?

신효승 충주산성에서 뾰족한 가시가 달린 마름쇠를 뿌린 모양이네요. 다른 때라면 모르겠지만 목만 때문에 앞이 안 보여서 속절없이 당하고 맙니다.

다른 유목민족들과 달리 몽골군은 공성전에도 능했다.
다양한 장비들을 이용해서 성을 공략했다.
몽골군의 공성무기 중 하나인 누차. 불화살 공격을
막기 위해서 가죽으로 겉을 감쌌다.

수레에 지렛대를 설치하고 끝에 커다란 나무 방패를 달아놓은 목만은 성에서 날아오는
화살로부터 공격군을 보호하는 역할을 한다. 나무 방패에는 가죽을 감싸서 불화살 공격을 막는다.

돌을 날리는 포는 화약무기가 등장하기 이전에 자주 쓰이던 공성무기였다. 성을 방어하는 측에서도 사용했다. 그림의 발석차처럼 여러 명이 끈을 잡아당겨서 돌을 날리는 방식이 가장 보편적이었지만, 몽골군은 추를 이용해서 돌을 날리는 회회포를 사용했다. 하지만 간편하게 발사할 수 있는 이런 방식의 포도 이용했을 것으로 보인다.

수레에 갈고리가 장착된 접이식 사다리를 결합시킨 운제는 이동이 간편하고, 짧은 시간에 많은 병사들이 성벽으로 올라갈 수 있다. 수레 안에 들어간 병사들이 운제를 움직였으며, 병사들을 보호하기 위해 가죽이나 쇠로 몸통 부분을 감쌌다.

정명섭 항복한 고려 병사들이 걸음을 멈추고 고통스러운 비명을 지르는군요. 이때 성 안에서 그냥 돌아가면 공격하지 않겠다고 합니다. 그 얘기를 들은 고려 병사들이 부상당한 동료들을 끌고 퇴각합니다. 성에서는 약속대로 화살을 쏘지 않는군요.

신효승 굳이 공격하지 않아도 된다고 믿었겠죠. 보통은 뿌려놓은 마름쇠에 인분을 발라놔서 부상을 악화시키는데 그것도 하지 않은 모양입니다.

정명섭 이렇게 목만을 이용한 방법도 실패로 돌아가고 맙니다. 아! 그런데 몽골군이 귀환한 고려군 병사들을 포위하더니 모두 죽입니다. 이게 무슨 짓인가요?

신효승 본보기를 보이려고 작정한 모양입니다. 하지만 이런 방식은 오히려 성 안의 주민들에게 항복하지 않고 끝까지 싸우겠다는 의지만 북돋워주는 꼴이죠.

정명섭 성벽 위에서 이 광경을 지켜보던 김윤후가 조용히 눈을 감고 합장을 합니다. 그 모습을 지켜보는 충주의 주민들도 결의를 다지는군요. 비극의 하루가 지나고 다음 날이 찾아옵니다. 몽골군이 아주 작정을 한 모양인지 누차의 수를 늘리고 돌을 날리는 포차까지 산성 아래 설치합니다. 야굴의 공격신호가 떨어지자 몽골군들이 함성을 지르면서 공격해옵니다. 포차에서 쏜 돌이 성벽 근처까지 날아옵니다. 누차 위에서 쏜 화살도 성벽 위의 고려 방어군들을 노리고 있습니다. 하지만 침착하게 기다리는 김윤후입니다. 드디어 몽골 군사들이 사정거리 안에 들어오자 기다리고 있던 궁수들이 화살을 쏩니다. 화살에 맞은 병사들이 하나둘씩 쓰러지지만 몽골군은 죽은 동료들을 밟고 악착같이 전진합니다. 드디어 몽골군이 사다리를 성벽에 걸치고 함성을 지르면서 성벽에 오릅니다. 하지만 성벽 위에서 쇠못을 박은 둥근 통나무를 사다리에 떨어뜨립니다. 쇠못에 찔리고 통나무에 치인 몽골군이 비명을 지르면서 아래로 굴러 떨어집니다. 고려군이 도르

래를 이용해서 통나무를 회수합니다. 저건 무슨 무기인가요?

신효승 야차뢰라고 부르는 겁니다. 사다리를 이용한 공격군을 물리치는 가장 확실한 방법이죠.

정명섭 성 안의 주민들이 불붙은 짚더미를 던지자 연기가 매운지 몽골 병사들이 연신 기침을 하는군요.

신효승 썩거나 인분을 섞은 짚더미인 것 같습니다. 방독면이 없던 시절이라 이런 연기를 참기가 어렵죠.

정명섭 결국 몽골군이 전사자들의 시신을 남겨두고 물러납니다. 방호별감 김윤후의 흔들림 없는 지휘와 충주 백성들의 힘이 대단하네요.

신효승 그렇긴 합니다만 이렇게 장기전으로 가게 되면 비축해둔 식량과 물이 바닥날 수 있거든요.

정명섭 아! 그 문제를 생각하지 못했네요. 결국 외부에서 도와줘야 한다는 얘긴데 고려 조정에서는 뭘 하고 있나요?

신효승 고종이 제포관, 그러니까 강화도 북부의 제포 항구에 마련된 관부에 나가서 몽골 장군 아모간이 보낸 사자와 만났습니다. 하지만 충주의 포위를 풀기 위한 실질적인 노력은 전무합니다.

정명섭 몽골군이 성 안의 식량과 물이 떨어지기를 기다리면서 포위하고 있는 상태입니다. 그러는 사이 시간이 흘러갑니다. 포위된 지 두 달이 지나고 12월에 접어들면서 드디어 우려하던 사태가 벌어집니다. 남문 쪽에 큰 연못이 하나 있어서 물은 부족하지 않지만 식량은 거의 떨어져가고 있는 모양입니다.

신효승 자칫하면 춘주성의 비극이 재현될지 모르겠습니다.

정명섭 심각한 표정의 방호별감 김윤후가 주민들에게 남문 앞에 모이라는 명령을 내립니다. 중대한 발표를 할 모양입니다. 어떤 얘기가 나올까요?

신효승 어떤 얘기를 하든 지금의 난관을 뚫을 묘책을 내놔야 할 것 같습니다.

정명섭 지금까지 잘 싸워왔는데 이번에도 위기를 넘겼으면 하는 바람입니다. 경
      계병과 환자들을 제외한 백성들이 모두 모이자 방호별감 김윤후가 모습
      을 드러냅니다. 추워서 그런지 한쪽에 모닥불을 피워놨네요. 그런데 양손
      에 책을 들고 나왔는데 그걸 본 주민들이 술렁거립니다.

신효승 관노의 호적 장부인 것 같네요. 성 안에 있는 충주의 주민들 중 상당수가
      노비 신분이니까 술렁거리는 건 당연한 일이죠.

정명섭 모닥불 옆에 선 방호별감 김윤후가 드디어 입을 엽니다. 지금 성 안의 군
      량이 거의 다 떨어져서 오래 버티지 못한다, 그러니 승리하는 길은 오직
      하나, 먹는 것을 지금보다 더 줄여야 한다고 말합니다. 얘기를 들은 주민
      들의 표정이 어두워지네요.

신효승 그럴 만도 하죠. 지금도 나눠주는 양이 적은 편이거든요.

정명섭 주민들이 술렁거리자 김윤후가 다시 만약 성을 지키는데 최선을 다하면
      신분의 천하고 귀함에 상관없이 상을 내리겠다고 말합니다. 하지만 얘기
      를 들은 주민들의 표정이 싸늘하게 변합니다.

신효승 20년 전에도 최선을 다해서 몽골군을 물리쳤지만 결국 반란을 일으켰다
      는 명목으로 토벌을 당했습니다. 주민들 중에는 그때 생존자들도 있을 것
      이고, 가족이 피해를 입은 경우도 있겠죠. 괜히 얘기한 것 같습니다.

정명섭 숨 막히는 순간, 김윤후가 모닥불 앞으로 걸어가더니 손에 든 관노들의
      호적 장부를 찢어서 불태워버립니다. 지켜보던 주민들의 눈이 커집니다.
      장부를 다 태운 김윤후가 우렁찬 목소리로 "나를 믿어라. 내가 지켜보겠
      노라"고 말합니다. 아우, 소름끼칩니다.

신효승 그렇죠. 고려 정부나 높은 관리들이 이런 얘기를 했다면 들은 척도 안 했
      겠지만 김윤후라면 얘기가 다릅니다.

정명섭 처인성의 영웅이니까 말의 무게가 다르긴 하네요. 모닥불 주위에 몰려든
      주민들이 우렁찬 함성을 지릅니다. 성 밖에서 공격을 준비하던 몽골군이

몽골군에게 포위된 충주산성의 군민들은 김윤후를 중심으로 똘똘 뭉쳐서
무려 70일 동안을 버텼다. 몽골군은 항복한 고려군을 앞세우는 등
여러 가지 방법을 썼지만 결국 성을 함락시키는데 실패했다. 충주산성은
삼국시대에 백제가 충주 지역을 방어하기 위해 쌓은 성이다.

움찔하는군요. 성벽에 오른 주민들이 산 아래 있는 몽골군을 보고 어서 덤비라고 소리칩니다. 그 모습을 본 몽골군이 오히려 겁을 집어먹네요. 공격 명령이 떨어지지만 발걸음이 떨어지지 않습니다. 몽골 장군 아모간이 거듭 공격 명령을 내리자 마지못해 올라갑니다. 하지만 맹렬한 방어에 막혀서 사상자만 내고 퇴각합니다. 분위기를 완전히 바꾸는 데 성공한 김윤후입니다. 이렇게 포위 70일째에 접어들면서 드디어 몽골군이 철수할 준비를 합니다. 공격하는 쪽이 먼저 지쳐버렸네요.

신효승 한겨울이기도 하고 무작정 눌러앉을 수는 없는 상황이니까요. 결국 야굴이 불길하다는 점괘를 핑계로 먼저 돌아가면서 충주산성 전투, 그리고 몽골의 다섯 번째 침략도 막을 내립니다.

정명섭 70일이면 두 달이 넘는 기간인데요. 성 안에서 싸우는 주민들의 심정이 어땠을지 상상이 가질 않습니다. 그나저나 고려 조정에서 상을 내리겠다는 얘기를 싹 무시해버리면 어떡하죠? 20년 전에도 항복하면 살려주겠다고 해놓고서는 성 안으로 들어가서 학살을 저질렀잖습니까?

신효승 저도 그게 걱정스러웠는데 다행스럽게도 조정에서 통 크게 쏘네요. 김윤후의 약속대로 싸움에 공이 있는 백성과 노비들에게 모두 상과 관직을 내려줍니다.

정명섭 진작 이렇게 했었어야죠. 이렇게 해서 방호별감 김윤후와 충주 백성들의 덕으로 고려에 짧지만 달콤한 평화가 찾아왔습니다. 몽골군이 물러나고 남은 사람들의 운명도 각각 나뉘는군요. 간단히 소개해주시겠습니까?

신효승 승전한 김윤후는 감문위상장군에 임명됩니다. 그리고 동북면병마사로 임명되었지만 그 전에 이미 동북면이 몽골의 손에 넘어간 상태라서 부임하지 않았죠. 1263년까지 생존한 기록이 있는 것을 보면 몽골의 침입이 끝나는 것을 봤던 것 같습니다. 몽골에 사신으로 갔다가 앞잡이 노릇을 하고 재물까지 톡톡히 챙긴 이현은 무슨 생각인지 퇴각하는 몽골군을 따라가지 않고 남았다가 처형당합니다. 백성들이 처형당하고 버려진 시신의 입을 걷어차면서 얼마나 많은 은과 비단을 먹어치웠느냐고 조롱하죠. 그의 아들들 역시 죽음을 면치 못합니다. 천령산성에서 항복한 방호별감 조방언과 황려현령 정신단은 섬으로 귀양을 갑니다. 양근성의 방호별감이었다가 몽골에게 항복한 윤춘은 이후에도 몽골군을 따라다니며 종군하죠. 그러다 다시 고려로 돌아와서는 최항에게 몽골군과 싸우는 계책을 알려주고 친종장군에 임명됩니다. 그러다 나중에 다시 섬으로 귀양을 가게 되죠.

정명섭 충주의 운명도 궁금한데요. 1차 침입 때도 그렇고 이번에도 한방 먹었으니까 몽골이 이를 갈지 않을까요?

신효승 안 그래도 다음 해 몽골군의 6차 침입 때 또 포위됩니다. 몽골군 총사령관인 차라대가 직접 지휘하지만 역시 반격을 받고 물러나고 말죠. 그리고 1256년에도 또 포위당하는데 이때는 정말 함락 일보 직전까지 몰렸던 모양입니다. 하지만 갑자기 안개가 끼고 비바람이 몰아치자 몽골군이 겁을 먹고 물러나면서 위기를 넘기죠.

정명섭 우리는 이 전쟁이 언제 끝나는지 알고 있지만 이 시대를 살아가는 사람들에게는 정말 길고 고통스러운 전쟁이었을 겁니다. 아무튼 충주산성에서 위기를 넘기고 몽골군을 격퇴했다는 소식을 전하면서 이번 중계를 마치도록 하겠습니다. 다음에는 바다 건너 일본으로 가서 중계를 해드리겠습니다.

최씨 정권의 종말

1257년 4월, 최씨 집안의 3대 가주인 최항이 세상을 떠나고 최의가 그 뒤를 잇는다. 고종은 늘 그랬던 것처럼 최의에게 벼슬을 내려주지만 서서히 균열의 조짐이 생긴다. 최이를 비롯한 후계자들은 최충헌의 카리스마와 공포가 만들어놓은 체제, 그리고 몽골과의 전쟁이라는 비상사태를 이용해서 집권했다. 하지만 전쟁이 끝없이 길어지면서 백성과 지방 관리들의 이탈이 늘어나고 몽골군이 수군을 육성해서 본격적으로 강화도를 공략할 준비를 하자 지배층의 위기감이 커진다. 무엇보다 최의에게는 그런 난관을 헤쳐나갈 배짱이나 용기가 없었다. 가업을 계승한 그는 아버지의 측근들을 멀리했다.

최의가 아버지의 핵심 측근이었던 송길유를 귀양 보내자 또 다른 측근이었던 김준과 유경, 박희실 등은 최의를 제거할 것을 계획한다. 1258년 3월, 암살 계획이 들통 났지만 최의가 주저하는 틈을 타 김준이 선수를 친다. 최의가 죽었다는 소문을 퍼트려서 삼별초를 장악한 김준은 곧장 반대파인 최양백과 이일휴 등을 없애고, 최의가 머물던 저택을 습격한다. 최의의 외삼촌 거성원발이 문을 가로막고 저항하지만 결국 모두 목숨을 잃고 만다. 최의를 제거한 김준은 곧장 대궐로 가서 이 사실을 알리고 만세를 불렀다. 1196년, 최충헌이 이의민을 제거하고 1인자의 자리에 오른 지 62년 만의 일이다. 이렇게 최씨 집안의 시대가 끝나고 그 자리를 김준과 삼별초가 대신한다. 그리고 최씨 집안의 허수아비 왕 노릇을 했던 고종이 1259년 세상을 떠나고 뒤를 이은 원종은 몽골의 힘을 빌려 무신들을 제압하려고 들었다. 이제 원나라를 등에 업은 왕실과 김준의 갈등이 본격화된다. 1268년 12월, 원종이 병을 핑계로 김준을 궁궐로 불러들여서 제거했다. 그를 죽인 것은 최의를 함께 제거했던 임연이었다. 하지만 이런 상황은 임연을 실력자로 부상시키는 결과를 가져왔다. 임연은 곧 사망했지만 그의 아들 임유무에게 고스란히 권력이 넘어갔다. 하지만 이런저런 과정을 거치면서 이들의 힘은 차츰 약해져갔다. 결국 1270년 5월, 임유무가 제거되면서 무신들의 시대는 막을 내렸다. 공교롭게도 무신들이 처우에 불만을 품고 보현원에서 봉기한 지 1백 년째 되는 해였다.

하지만 이것으로 끝이 아니었다. 한때는 최씨 집안의 권력을 지탱하는 중추역할을 했던 삼별초가 남았다. 이들은 최의와 김준, 임연을 제거하는 공로를 세우기는 했지만 원종의 눈에는 최씨의 가병들일 뿐이었다. 몽골과 강화를 하고 개경으로 돌아간 원종은 삼별초를 해산시키려는 움직임을 보였다. 이에 격분한 삼별초는 강화도에서 봉기를 일으킨다. 아직 남아있던 관리들과 그 가족들을 인질로 잡은 삼별초는 진도와 제주도로 옮겨가면서 끈질기게 저항한다. 1273년 4월, 여몽연합군이 제주도에 상륙하면서 삼별초의 마지막 저항이 막을 내린다. 그리고 본격적인 몽골의 내정 간섭기에 접어든다. 장밋빛은 아니지만 새로운 시대의 문이 열린 것이다.

압해도 사람들

1255년, 차라대가 이끄는 몽골의 여섯 번째 침략군은 이전과는 다른 행보를 보였다. 수군을 육성해서 섬을 공략하는 한편, 이전에는 관심을 두지 않았던 전라도와 경상도 지역에 대한 본격적인 공격에 나선 것이다. 고려 조정은 황급히 수비대를 파견하긴 했지만 제대로 대항하지 못했다. 설상가상으로 몇 달 동안 공격을 하고 귀환하던 때와는 달리, 몽골군은 이번에는 해를 넘기도록 떠나지 않았다. 그런 상황에서 몇 년 전, 양근성 방호별감으로 있다가 싸우지도 않고 몽골에 항복했던 윤춘이 귀환했다. 그는 최항에게 몽골군을 막을 몇 가지 계책을 건의하면서 자신이 목격했던 압해도 해전에 대해서 털어놨다. 차라대는 70척의 군선을 앞세워서 전라도 해안을 휩쓸다가 신안군에 있는 압해도에 이르렀을 때 윤춘에게 배를 타고 싸움을 독려하라고 지시했다. 목포와 마주보고 있는 압해도는 전라도 지역의 조운선이 올라가는 길목이었기 때문에 이곳을 장악해서 강화도로 가는 물자 보급로를 끊어버릴 속셈인 것 같았다.

배에 탄 몽골군이 접근하자 압해도에서도 군선을 내보냈는데 돌을 쏘는 포차가 2개나 설치된 대형 군선이었다. 겁을 먹은 몽골군은 쉽게 공격하지 못했다. 육지에서 이 광경을 지켜보던 차라대 역시 윤춘에게 저 배에서 쏘는 돌에 맞았다가는 우리 군선이 버티지를 못하겠다고 털어놨다. 일단 군선을 퇴각시킨 차라대는 우회공격을 지시한다. 하지만 배를 댈 만한 곳에는 이미 압해도 사람들이 설치

해놓은 포차가 자리 잡고 있는 상태였다. 결국 몽골군은 압해도 공략을 포기하고 육지만을 약탈했다.

윤춘은 이 사례를 들며 고려가 섬에 들어가서 농사를 지으면서 버티는 것이 승리할 수 있는 유일한 방법이라고 역설한다. 최항은 그 얘기가 맞다면서 그에게 상을 내린다. 재미있는 것은 윤춘이 압해도 해전을 목격할 때까지 최항을 비롯한 조정 대신들은 아무도 이 사실을 몰랐다는 것이다. 다른 곳과는 달리 관리나 장군이 파견되지 않았는지 포상기록도 보이지 않는다. 이 얘기는 압해도에서 몽골군의 간담을 서늘하게 만들었던 것이 장군이나 병사들이 아닌 섬의 백성들이라는 뜻이다. 그리고 이곳이 고려 태조 왕건의 목숨을 노렸던 수적 능창의 본거지였던 점을 감안하면, 그들은 평범한 피난민이나 백성이 아니라 바다를 주름잡았던 해적들의 후예가 아니었을까 조심스럽게 추측해본다.

7.
제1차 일본 원정

여몽연합군 vs 일본군

◈ **제1차 일본 원정 당시 양측 지휘관 및 참전 병력**

몽골군 지휘관 : 도원수 흔도
참전 병력 : 2만 5천 명

고려군 지휘관 : 중군 도독사 김방경
참전 병력 : 8천 명

일본군 지휘관 : 규슈 진자이부교 쇼니 스네시게
참전 병력 : 약 1만 명, 추후 계속 증원됨

．．．

신이 일본의 풍습을 살펴보니 이리처럼 용맹하여 서로 죽이기를 좋아하고, 군신과 부자의 예를 알지 못합니다. 또한 땅이 척박해서 농사를 짓기 힘듭니다. 따라서 백성을 얻어도 다스리기 어렵고, 땅을 얻어도 곡식을 얻지 못할 것입니다. 게다가 바다가 거칠고 태풍이 자주 불어서 수군이 바다를 건너다가 낭패를 보기 쉽습니다. 따라서 이 일은 사람의 힘으로 아주 거대한 구덩이를 메우는 것과 같습니다. 소신의 생각으로는 일본을 정벌하지 않는 것이 좋겠습니다.

― 사신 조양필이 쿠빌라이칸에게 보고한 내용

최씨 정권이 무너지면서 드디어 기나긴 몽골과의 전쟁이 끝났다. 하지만 기쁨도 잠시, 몽골의 쿠빌라이칸은 일본을 정벌하기 위해 고려의 물자와 병력을 동원하라는 명령을 내린다. 오랜 전쟁으로 피폐해진 고려는 숨돌릴 틈 없이 전쟁을 치르게 된다.

1258년, 최의가 죽으면서 마침내 최씨 집권 시대가 막을 내렸다. 그의 죽음은 무인정권의 종말을 알리는 신호탄인 동시에 몽골과의 기나긴 전쟁이 드디어 끝을 보인다는 의미였다. 최씨 집안은 권력을 유지하기 위해 몽골과의 화의를 거부했고, 덕분에 강화도를 제외한 온 국토는 불바다가 되었다. 하지만 최의가 죽은 이후에도 김준과 임연, 임유무가 차례대로 실권을 장악하면서 몽골과의 긴장관계는 계속되었다. 임유무가 죽고 개경으로 환도가 결정된 이후에는 삼별초가 반란을 일으키면서 또 다시 피바람이 불었다. 진도를 거쳐 제주도까지 간 삼별초의 저항이 막을 내리면서 고려인들은 한숨을 돌렸다. 하지만 진짜 악몽은 지금부터 시작이었다. 일본을 정벌하겠다는 쿠빌라이칸의 야심이 또 다시 전쟁의 폭풍을 몰고 온 것이다. 쿠빌라이칸이 일본을 정벌하겠다고 공포한 이래 고려 정부의 목표는 딱 한 가지, 어떻게든 이를 만류해야 한다는 것이었다. 하지만 이미 몽골의 속국이나 다름없게 된 고려로서는 막을 도리가 없었다. 쿠빌라이칸은 남송과의 전쟁이 끝나기도 전에 일본을 정벌하겠다고 천명했고, 실제로 1차 원정은 남송과의 전쟁이 한참 진행 중이던 때 시작되었다. 1266년 11월, 원나라로 이름을 바꾼 몽골로부터 병부시랑 흑적과 예부시랑 은홍이라는 사신이 왔다. 이들의 목적은 일본에게 쿠빌라이칸의 국서를 전달하는 것이었다. 물론 국서에는 항복하라는 내용이 담겨있었다. 그리고 고려가 이번 교섭을 잘 중개하라는 엄명도 내렸다. 약 3백 년 후, 도요토미 히데요시가 대마도에 조선과의 교섭을 맡긴 것과 유사한 일이 벌어진 것이다. 고려의 재상인 이장용은 어떻게든 전쟁을 막기 위해서 바다가 거칠고 험해서 일본으로 가는 것은 어렵다고 원나라의 사신을 설득했다. 고려가 몽골의 일본 정벌을 위한 물자와 병력을 제공해야 한다는 사실은 명백했기 때문이다. 이장용의 설득이 받아들여졌

느지 두 사람은 일본으로 건너가지 않고 돌아갔다. 하지만 쿠빌라이칸의 뜻은 확고했고, 고려로서는 어쩔 도리가 없었다. 몇 차례 사신이 오고가면서 전쟁의 파도는 점점 높아져갔다.

일본의 무인 시대

당시 일본은 1185년 세워진 가마쿠라 바쿠후鎌倉幕府가 통치하는 중이었다. 12세기 초, 세력을 확장한 지방 호족들은 고케닌이라고 불렸다. 고케닌들 중에 가장 세력이 강력했던 타이라씨와 겐지씨 집안은 정권을 차지하기 위해 오랜 전쟁을 치른다. 한때 타이라씨가 승리하긴 했지만 최후의 승자는 가마쿠라 지방에 근거지를 둔 겐지씨 집안의 미나모토노 요리토모였다. 이렇게 무사들이 집권하면서 전쟁을 위해 임시로 설치했던 관청인 바쿠후가 통치기관으로 바뀌었다. 이때를 가마쿠라 시대라고 부른다. 고려의 장군들이 모인 관청이었던 중방이 무인집권 시대가 되면서 핵심 관청이 된 것과 유사한 길을 걸은 것이다. 그렇다면 거의 비슷한 시기에 등장한 고려와 일본의 무인정권은 왜 다른 길을 걷게 된 것일까?

그것은 몽골의 침략 때문이었다. 비정상적인 정권은 외부의 침략에 취약한 법이다. 최씨 집안에서 국왕을 능가하는 권력을 휘두르면서도 결국은 새로운 왕조를 열지 못한 것은 내부의 반발 때문이었고, 몽골이 나타나면서 새로운 왕조를 연다는 것은 불가능해지고 말았다. 반면 고케닌들은 외부의 침략으로부터 안전했던 일본에서 자신들만의 정권을 세울 수 있었다. 가마쿠라 바쿠후는 정권을 되찾기 위한 천황의 저항과 내분으로 인해 겐지씨의 대가 끊기고 호조씨가 집권하는 등 여러 차례 위기를 맞지만 자신들의 권력을 내놓지는 않았다.

가마쿠라 바쿠후의 최고 통치자는 쇼군將軍[1]이라고 불렸다. 가마쿠라 바쿠후는 슈고守護와 지토地頭라는 관리를 두고 통치했다. 지방에는 고케닌御家人이라고 불리는 토지를 기반으로 하는 무사집단이 존재했다. 그리고 고케닌들에게는 로토郎等라는 가신단이 있었다.

고려가 한참 몽골과 항쟁을 하고, 뒤이어 삼별초가 진도와 제주도에 근거지를 둔 채 저항을 계속하고 있는 동안에도 일본은 평화스러웠다. 그리고 삼별초가 도움을 요청하는 국서를 보냈을 때도 아무런 응답도 하지 않았다. 물론 오늘날의 후쿠오카 현에 있던 다자이후太宰府를 통해서 남송과 고려와 계속 통상을 하던 일본은 외부 상황을 알고 있었지만 별다른 대책을 세우지는 않았다. 열여덟 살의 호조 도키무네가 가마쿠라 바쿠후의 제8대 싯켄執權[2]의 자리에 오른 1268년에 원나라의 사신이 드디어 일본에 첫발을 내디뎠다. 이제 그에게 일본과 가마쿠라 바쿠후의 운명이 달린 것이다. 뒤늦게 사절이 오고 상황을 파악한 이후에는 가마쿠라 바쿠후는 강경책을, 교토의 천황은 온건책을 주장했다. 이것은 고려가 몽골과의 전쟁 당시 최씨 집안은 무력 항쟁을 선택하고, 국왕이 화친을 염두에 둔 것과 일치한다. 실권이 없던 천황 쪽이 화해를 택함으로서 국면의 전환을 꾀한 것이다. 가마쿠라 바쿠후는 이로써 세워진 지 1백 년 만에 커다란 시험대에 오르게 되었다. 하지만 일본은 고려와는 달리 바다라는 방벽이 있었고, 가마쿠라 바쿠후의 통치가 완전히 자리를 잡은 상태였다. 이후 몽골과 고려는 연거푸 사신을 보내서 항복을 요구했지만 호조 도키무네는 완강하게 거부했다. 몽골에게 머리를 숙이는 날에는 가마쿠라 바쿠후의 권위는 땅에 떨어질 것이 뻔했다. 그리고 그렇게 된다면 교토의 천황이 당장 권력을 되

---

1 세이이 다이쇼군征夷大將軍, 즉 정이 대장군의 줄임말이다. 본래는 동북의 야만인들을 토벌하기 위해 임명한 장군직이 대대로 세습되면서 최고 통치자가 된 것이다.
2 쇼군의 섭정이라는 뜻으로 가마쿠라 바쿠후를 연 겐지씨 집안의 대가 끊기면서 사돈 집안인 호조씨가 대리로 통치하면서 붙여진 명칭이다. 고려로 치자면 최씨 집안이 몰락하면서 김준과 임연이 등장한 것과 유사한 것이다.

찾기 위해 움직일 가능성이 높았다. 이미 반세기 전인 1221년, 가마쿠라 바쿠후의 3대 쇼군이었던 사네토모가 암살을 당하고 혼란에 빠진 틈을 이용해서 고토바 상황이 봉기했다가 진압당한 조큐의 난이 일어난 적이 있었다. 실패했기 때문에 난이라는 이름이 붙었지만, 만약 승리했다면 가마쿠라 집안이 역적 취급을 당했을 것이다. 가마쿠라 바쿠후는 권력을 유지하기 위해 저항을 선택했다.

전쟁의 파도

1273년 5월, 사신으로 갔다가 돌아온 조양필로부터 일본이 항복하지 않을 것이라는 사실을 확인한 쿠빌라이칸은 본격적인 정벌 준비에 착수한다. 마침 2월에 삼별초의 난을 토벌한 이후였기 때문에 걸림돌도 없는 상태였다. 이미 그해 정월에 원나라 총관 찰홀이 고려에 와서 일본 원정에 쓰일 전투선 3백 척을 건조하는 일을 감독 중이었고, 배를 만들기 위해 3만 5백 명에 달하는 백성들을 차출했다. 당시 상황이 얼마나 급박했는지 알 수 있는 기록이 고려사에 남아있다. 역마가 계속 오가며 지시사항을 전달하고 일정을 채근해서 사람들이 모두 괴로워했다고 한다. 심지어 원나라는 항복한 남송의 군인들과 결혼시키기 위해 고려의 여인들까지 요구했다. 원종은 백성들의 부담을 줄이기 위해 거듭 쿠빌라이칸에게 사절을 보냈지만 별다른 효과를 보지 못했다. 더불어 원정군이 고려에 속속 들어오면서 이들의 주둔 비용까지 감당해야만 했다. 이렇게 전쟁 준비가 착착 진행되면서 원정군의 지휘부가 구성되었다.

원나라군의 지휘관은 흔도, 홍다구, 유복형이었고, 고려군은 삼별초의 난을 진압하는 데 공을 세운 김방경이었다. 김방경이 비록 고려군을 지휘한다고는 했지만 원정군은 흔도가 이끌었기 때문에 지휘권은 그에게 있었다. 고려는 원정을 위해 막대한 비용과 인원을 제공했지만 지휘권조차 확보할 수 없는 상황이었다. 그나마 애초에 동원하라고 요구받았던 뱃사람 1만 5천 명을 6천 7백 명으로 줄인 것이 유일한 성과였다. 1274년 5월, 지금의 마산인 합포에 대륙에서 건너온 원정군과 미리 고려에 주둔 중이던 둔전병, 그리고 고려군이 속속 도착했다. 대륙에서 건너온 원정군은 몽골인뿐만 아니라 한인, 그리고 항복한 남송의 군인들까지 섞여 있었다. 출정은 7월로 결정되었지만 6월에 원종이 갑작스럽게 사망하면서 연기된다. 그리고 원종의 뒤를 이어 태자 심이 즉위했다. 그는 오랫동안 원나라에 있었고, 아내는 원나라의 제국대장공주였다. 충렬왕의 등장은 이제 고려가 본격적으로 원나라의 속국이 되었음을 의미했다. 장례를 마친 원종의 시신이 개경 교외의 소릉에 묻히던 1274년 10월 3일, 드디어 원정군이 합포를 출발해서 일본으로 향한다. 함대는 모두 9백 척으로 이뤄졌는데 전선격인 천료주가 3백 척, 상륙정 역할을 하는 발도로경질주가 3백

제1차 여몽연합군 지휘관과 규모

구분	지휘관		병력	비고
	직책	직책		
고려군	중군도독사	김방경	전투병: 8천 명	전투함 9백 척
	좌군도독사	김선	비전투병: 6천7백 명	
	우군도독사	김문비		
몽골군	일본정토도원수	흔도	전투병: 2만 5천 명	몽골과 한족 연합군
	좌부원수	유복형		
	우부원수	홍다구		
합계			총 3만 9천7백 명	

* 기록마다 원정군의 규모와 고려군의 숫자가 차이가 난다. 여기에서는 고려사 열전 김방경 편을 참조했다.

척, 그리고 보급 및 연락선 역할을 하는 흡수주가 3백 척이었다. 천료주 1척에 발도로 경질주 1척과 흡수주 1척이 딸린 형태였다. 원정군은 산전수전을 다 겪은 몽골군부터 항복하자마자 끌려온 남송의 군인들까지 다양하게 구성되었고, 지휘부 역시 몽골인과 한인, 고려인으로 이뤄졌다. 다양한 출신과 배경을 가진 이들이 바다를 건넌 이유는 단 하나, 일본을 정복하겠다는 쿠빌라이칸의 야심 때문이었다.

몽고습래

정명섭 오랫동안 기다리셨습니다. 이번과 다음 시간에는 고려와 몽골군의 일본 원정을 다뤄보도록 하겠습니다. 도움 말씀에 이노우에 히로미 작가님께서 나와주셨습니다. 먼저 일련의 침공들을 일본에서는 어떻게 부르나요?

이노우에 히로미 가마쿠라와 무로마치 바쿠후 시대의 문헌에서는 두 차례에 걸친 여몽원정군의 일본 침공을 모코슈라이, 즉 몽고습래蒙古襲来나 이족습래 라는 뜻의 이조쿠슈라이異賊襲来, 몽고합전이라는 뜻의 모코갓센蒙古合戰, 이국합전이라는 뜻의 이코쿠갓센異国合戰이라고 표기했습니다.

정명섭 몽고습래는 우리나라에도 잘 알려져 있는데 나머지는 생소한 표현들이네요.

이노우에 히로미 당시 일본에서는 외부에서 침입해온 세력들을 이조쿠, 즉 이족異賊 이라고 불렀기 때문에 이런 명칭들이 붙었죠. 에도시대 이후에는 원나라 도적이라는 뜻의 원구, 즉 겐코元寇라고 일반적으로 불리게 됩니다.

정명섭 왜구라는 뜻과 비슷하군요.

이노우에 히로미 맞습니다. 일본어로 코寇는 남의 집에 쳐들어가 막대기로 때린다 는 의미를 가진 한자로 침공의 야만성과 부당함을 표현한 표현입니다. 두 차례의 침략을 구분하기 위해 당시 연호를 붙여서 첫 번째 침략을 분에이 文永의 역役, 두 번째를 코안弘安의 역役이라고 합니다.

정명섭 바다에 둘러싸인 일본으로서는 처음 겪는 외부의 침입이라서 많은 충격 을 받았다고 하던데요. 현재 일본 역사학계에서는 이 사건들을 어떻게 가 르치고 있습니까?

이노우에 히로미 일본 교과서에는 가마쿠라 바쿠후가 쿠빌라이칸이 보낸 국서를 무시해서 일어난 사건이라고 보고 있습니다. 당시 일본군은 전투방식 차 이로 인해 압도당했지만 신풍이라고 불리는 가미카제神風로 인해 기적적으로 승리를 거두었다라고 가르칩니다. 일본 역사학계에서는 정말 가미카제가 불었는지, 그리고 그 결과를 일본의 승리라고 해야 하는지, 아니면 적들이 포기해서 결과적으로 일본이 살아남았다고 설명해야 할지를 두고 많은 논쟁이 벌어지고 있습니다.

정명섭 우리가 임진왜란을 상세하게 배우는 것처럼 일본도 이 사건들에 대해서 많은 관심을 기울이고 있군요. 설명 잘 들었습니다. 그럼 합포를 출발한 원정군의 움직임을 살펴볼까요? 지금 어디쯤 가 있나요?

이노우에 히로미 10월 3일에 합포를 출발해서 이틀 후인 5일 오후 4시경에 쓰시마의 사스우라 항에 도착하네요.

정명섭 대함대를 본 쓰시마 사람들이 얼마나 큰 충격을 받았을지 상상이 가네요.

이노우에 히로미 마침 원정군이 도착하는 날 새벽에 고쿠후하치만구國府八幡宮에 화재가 나서 쓰시마 주민들이 모두 불안에 떨고 있던 상황이었습니다.

정명섭 불길함의 징조였던 셈이네요. 원정군의 출현에 쓰시마는 어떻게 대응했습니까?

이노우에 히로미 당시 쓰시마의 행정 중심지는 동쪽에 있는 이즈하라의 고쿠후지토우쇼國府地頭所였고, 소우메노조우 스케쿠니宗右馬允助国라는 늙은 도주가 통치하고 있었죠.

정명섭 소 스케쿠니 아니었나요?

이노우에 히로미 오메노조우는 관직 이름이고 본명이 소 스케구니입니다. 일본에서는 성과 이름 사이에 관직명을 넣어서 부르거든요. 아무튼 주민들로부터 낯선 함대가 나타났다는 보고를 받은 그는 곧장 휘하의 무사들을 전부 이끌고 사스우라 항으로 향합니다.

정명섭 휘하의 병사들을 모두 동원했다고 하지만 고작 80명밖에는 안 되는군요.

이노우에 히로미 큰 섬이 아니어서 동원할 수 있는 병력이 적었으니까요.

정명섭 다음 날 새벽에 사스우라 항에 도착한 소 스케쿠니가 통역관을 보내서 교섭을 시도하지만 원정군은 화살을 쏘는 것으로 대답을 대신하네요. 다음 날 날이 밝자 마자 7~8척의 배에서 1천여 명의 적군이 상륙을 합니다. 소 스케구니가 휘하의 병사들을 독려해서 반격에 나서지만 중과부적입니다. 약 2시간의 전투 끝에 소 스케쿠니 휘하에서 싸우던 아들 우마지로와 양 아들인 야지로, 그리고 일족인 에몬 사부로, 에치젠 고로, 그리고 쓰시마로 유배를 와있던 히젠의 고케닌인 쿠치이 소조와 겐자부로 형제 등이 모두 전사하고 맙니다. 최후를 직감한 소 스케쿠니가 로토인 코타로와 효에지로에게 몽골의 침략 사실을 급히 다자이후에 전하라는 명령을 내립니다. 그리고 적진에 돌격해서 싸우다가 장렬하게 전사합니다. 이렇게 소 스케쿠니를 비롯해서 그의 아들을 비롯한 수비 병력들이 모두 전멸하고, 원정군이 쓰시마를 장악합니다. 아소 만에 닻을 내린 원정군이 섬에 상륙해서 약탈을 하고 주민들을 학살합니다. 무려 열흘간 계속된 약탈에 쓰시마는 쑥대밭이 되고, 간신히 살아남은 주민들은 깊은 산속으로 피해서 목숨을 부지합니다. 정말 끔찍하네요.

이노우에 히로미 몽골군의 전술 중 하나가 바로 공포감을 조장하기 위한 의도적인 학살이거든요. 아마 저항하면 학살당할 것이라는 소문을 내기 위해서 의도적으로 쓰시마를 짓밟았을 가능성이 높아요.

정명섭 쓰시마를 잿더미로 만든 원정군이 아소 만을 출발합니다. 어디로 가는 건가요?

이노우에 히로미 일본 본토로 가는 중간에 있는 이키시마, 일기도라고 부르는 섬입니다.

정명섭 10월 14일, 오후 4시경에 원정군이 이키시마 서쪽 해안에 있는 가쓰모토에 도착합니다. 그리고 2척의 배에서 약 4백 명의 병사들이 상륙을 합니다. 척후부대인 것 같군요. 한편 세도우라 항구의 후나가쿠 성에 있던 이키시마의 슈고다이守護代 헤이나이사에몬조우 츠네타카平内左衛門尉経高는 원정군이 나타났다는 보고를 받자마자 1백여 명의 무사들을 이끌고 가쓰모토로 향합니다. 이러다 중간에 마주치겠는데요?

이노우에 히로미 말씀하신대로 다음 날 아침에 중간에 위치한 히츠메 성 앞에서 만나는군요.

정명섭 양군이 서로 대치하는 가운데 일본군 쪽에서 고케닌이 나와서 뭐라고 소리치는군요.

이노우에 히로미 일본의 전통적인 싸움 방식이죠. 소리가 나는 화살을 쏘는 것을 시작으로 양쪽의 무사들이 나와서 서로의 가문과 전공 등을 얘기하고, 서로 격에 맞는 상대끼리 싸우는 겁니다.

정명섭 하지만 원정군은 그런 것 따위는 신경도 쓰지 않고 일제히 공격을 개시합니다. 난생 처음 보는 스타일에 당황하는 일본의 무사들입니다. 하지만 곧 정신을 차리고 반격을 가합니다.

정명섭 양측이 서로 화살을 쏘면서 기선을 제압하는 중입니다. 일본군의 활이 훨씬 큽니다만 사정거리는 반밖에 안 되는군요.

이노우에 히로미 몽골군과 고려군이 쓰는 활은 나무 이외에도 소의 뿔이나 힘줄 등을 이용해서 사정거리가 긴 편입니다. 하지만 일본군이 쓰는 활은 나무로 만들어서 사정거리가 상대적으로 짧은 편이죠. 일본의 활이 발달되지 않은 건 기후가 습하기도 하고, 고케닌들의 전투 방식 때문이기도 합니다. 활을 쏴서 쓰러뜨리면 자신의 전공을 드러낼 수 없었기 때문이죠.

정명섭 반면 원정군은 화살뿐만 아니라 당시로서는 신형 무기라고 할 수 있는 화약무기를 사용하면서 압박하고 있습니다. 화약이 터지는 소리에 놀란 일본 무사들의 말이 놀라서 날뛰는군요. 하지만 백병전에서는 일본군도 밀리지 않습니다.

이노우에 히로미 당시 일본의 무사들이라고 할 수 있는 고케닌들은 장원을 운영하면서 오직 무술 연마에만 힘을 썼습니다. 패배라도 한다면 가진 것을 모

두 잃기 때문에 결사적으로 싸울 수밖에 없죠. 거기에다 기타큐수의 마쓰우라 지역을 중심으로 이키시마와 쓰시마를 근거지로 두고 있는 마쓰우라당이라는 해적들이 있었습니다. 이들도 수비군에 가담했는데 실전 경험이 풍부한 편이라서 백병전에서는 몽골군에게 대적할 만했습니다.

정명섭 오전부터 벌어진 전투는 겨울 해가 질 때까지 계속되다가 원정군이 철수하면서 끝이 납니다. 하지만 츠네타카가 이끄는 병사들도 거의 대부분 죽거나 부상당합니다. 그는 남은 병사들을 이끌고 히츠메 성 안으로 들어가는 한편, 부하인 소사부로에게 이 사실을 후나가쿠 성에 알리도록 합니다. 다음 날, 히메지 성은 원정군의 손에 함락되고 츠네타카는 할복하고 맙니다. 후나가쿠 성에서 이 소식을 들은 그의 처도 아이들을 죽이고 자결하고 맙니다. 이렇게 이키시마도 몽골군의 손에 넘어가고 맙니다. 이 싸움에 참전한 고려군의 기록을 보면 일본군의 전사자가 1천여 명에 이를 정도로 치열하게 싸웠다고 나와 있군요. 이렇게 쓰시마와 이키시마가 원정군의 손에 넘어오면서 이제 본토 상륙이 눈앞에 다가왔는데요. 양쪽의 전력이 어떻다고 보십니까?

이노우에 히로미 일단 몽골군은 오랜 실전 경험을 통해서 쌓은 실력을 유감없이 발휘하고 있는데요. 특히 화약무기와 활의 긴 사정거리를 이용해서 많은 전과를 올렸습니다. 김방경 휘하의 고려군 역시 놀라우리만치 잘 싸우고 있습니다. 하지만 일본의 고케닌들 역시 패배하면 모든 것을 잃기 때문에 그야말로 결사적으로 대항할 겁니다. 해적질을 하는 마쓰우라 당 역시 마

« 숲 속에서 마주친 여몽연합군과 일본 무사. 일본 무사가 착용한 붉은색의 화려한 갑옷은 오요로이大鎧라고 불리는 것이다. 작은 철판을 가죽으로 연결한 것으로 말 위에서 활을 쏘거나 칼을 휘두르기 편하도록 만들어졌다. 또한 착용자의 권위를 드러내고 전공을 나타내기 위해서 화려하게 장식했다. 따라서 그림의 일본 무사는 상당한 지위를 가진 고케닌으로 보인다. 손에 든 칼은 다치太刀로 약 60센티미터 이상의 긴 날을 가진 겁이다. 오늘날의 일본도인 카타나가 등장하기 이전에 주로 사용되었다. 활을 든 고려군은 갑옷을 착용하지 않은 것으로 봐서는 궁수로 보인다. 뒤에 창을 든 몽골군은 갑옷과 투구를 착용했는데 갑옷 내부에는 철판을 박은 것으로 보인다.

찬가지이고 말이죠.

정명섭 막상막하라는 말씀이시군요.

이노우에 히로미 맞습니다. 하지만 원정군은 피해가 늘어나도 충원이 불가능하지만, 일본은 얼마든지 가능하다는 점이 변수로 작용하겠네요.

정명섭 드디어 원정군이 10월 17일, 일본 본토에 모습을 드러냅니다. 공격 목표는 어디입니까?

이노우에 히로미 명확하게 밝혀진 바는 없지만 하카다를 거쳐서 규슈 지방의 중심지인 다자이후를 점령하는 것이 목표였지 않을까 싶습니다.

정명섭 원정군이 여러 갈래로 나눠집니다. 동쪽으로는 다카시마와 가라쓰, 그리고 마쓰우라까지 진출하고, 서쪽으로는 하카다 만의 이마쓰에 상륙할 준비를 합니다. 원정군의 상륙이 초읽기에 들어갔는데, 일본 측의 대응은 어떤가요?

이노우에 히로미 쓰시마와 이키시마에 원정군이 나타났다는 보고를 받은 규슈 진자이부교九州 鐘西奉行인 쇼니 쓰네시게小弐経資가 동원령을 내립니다. 그리고 주요 상륙지점으로 예상되는 하카다 만의 방어를 동생인 쇼니 가게스게小弐景資에게 맡깁니다. 가게스게는 5백 명의 부하를 이끌고 스미요시 신사 부근에 진을 칩니다. 당시 쇼니 쓰네시게가 동원한 병력은 고케닌들과 로토들까지 모두 포함해서 1만 명 정도지만 가마쿠라 바쿠후에도 소식이 전해졌으니까 곧 증원군이 도착할 겁니다.

정명섭 10월 17일, 원정군이 다카시마에 상륙합니다. 뒤늦게 소식을 접한 마쓰우라당 역시 배를 타고 다카시마의 남쪽에 진을 치고 전투를 벌이지만 상대가 되지 않는군요.

이노우에 히로미 해적이든 무사든 모두 개인의 용기와 무술에 기대는 측면이 강했기 때문에 몽골군과 고려군의 집단 전술에 전혀 대응하지 못하고 있는 것이죠. 적응이 되면 해법이 나올 것 같기는 하지만 해오던 게 있으니까 쉽

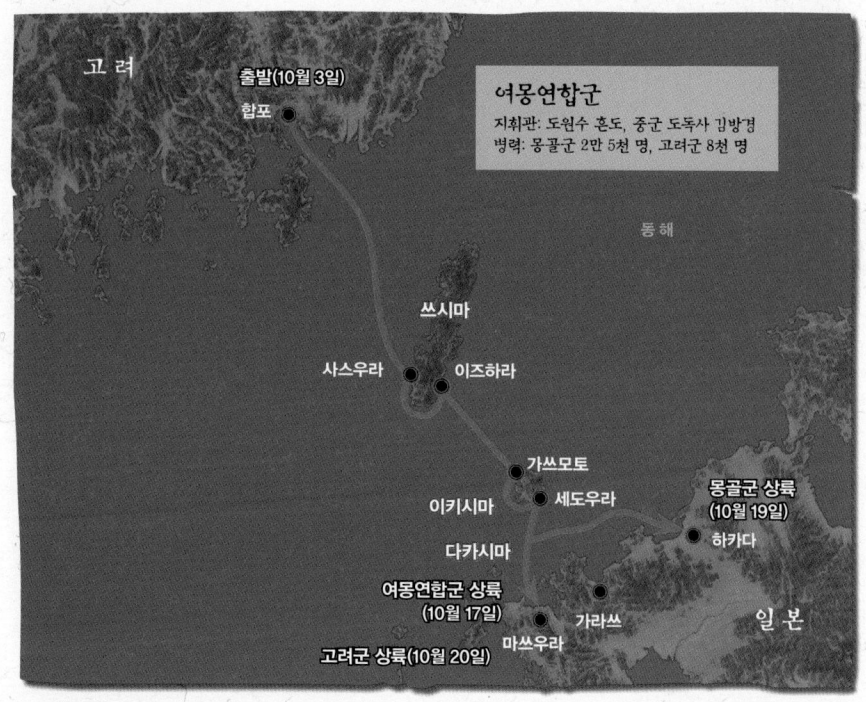

여몽연합군의 제1차 일본 침공 경로. 쓰시마와 이키시마를 거쳐서 하카타에 상륙했다. 일본으로서는 처음 겪는 외부로부터의 침입이었다.

사리 바꾸지를 못하는 모양입니다.

정명섭 다카시마 전투에서 승리한 원정군이 하카다 만 쪽으로 이동합니다. 일본군으로서는 원정군이 상륙해서 교두보를 확보하기 전에 기세를 꺾어야만 하는데 쉽지 않아 보입니다. 그나저나 원정군이 여러 곳에 상륙하고 있는데요. 혼란을 주기 위해서인가요?

이노우에 히로미 주 공격목표가 다자이후라면 하카다를 차지하는 게 우선일 겁니다. 다카시마와 가라쓰, 그리고 마쓰우라에 대한 공격은 하카다에 상륙하는 부대의 측면을 엄호하기 위한 작전인 것 같네요. 원정군이 10월 19일에 하카다 만의 서쪽 끝인 이마쓰에 상륙해서 거점을 마련하고 곧장 내륙으로 진격합니다.

정명섭 목표가 어디인가요?

이노우에 히로미 모모치바라 남쪽에 있는 소하라 산인 것 같습니다. 아마 하카다에 상륙하는 원정군의 측면을 보호하기 위한 조치인 것 같습니다.

정명섭 소하라 산을 지키고 있는 일본군과 교전이 벌어집니다. 일본의 무사들이 관습대로 말을 타고 나와서 자신의 집안과 전공에 대해서 얘기합니다. 하지만 원정군은 들은 척도 안하고 화살을 쏴서 떨어뜨리는군요. 그리고 곧장 함성을 지르면서 돌격합니다. 지난번에도 그러더니 이번에도 여전히 자신들의 관습을 고수하는군요.

이노우에 히로미 아무래도 오랜 관습이라 하루아침에 바뀔 수 있는 게 아닌 것 같습니다.

정명섭 일본군의 대열 중간 중간에 원정군이 던진 폭뢰가 터지면서 적지 않은 사상자가 발생합니다. 원정군이 월등히 긴 활의 사정거리를 이용해서 접근해오는 고케닌들을 차례로 쓰러뜨립니다. 결국 포기하고 물러나는 일본군입니다. 악착같이 싸우기는 하는데 전혀 먹히질 않습니다.

이노우에 히로미 아무래도 실전 경험과 전투 방식의 차이가 승패를 결정지은 것 같습니다. 다행히 방어군이 위기에 처하자 기쿠치 지로나 다쿠마 히데요시 같은 고케닌들이 기병들을 이끌고 나타나서 막아줍니다.

정명섭 전황이 일진일퇴를 거듭하는군요. 그럼 고려군이 상륙한 마쓰우라 쪽을 살펴볼까요?

이노우에 히로미 고려사에 보면 고려군은 10월 20일에 삼랑포라는 곳에 상륙했다고 합니다. 아마 이곳이 마쓰우라가 아닐까 추측하고 있는데요. 김방경 장군이 이끄는 중군이 상륙하자 해안가에 있던 일본군이 기다렸다는 듯 공격해오는군요.

정명섭 해안가에서 격전이 벌어집니다. 고려군도 잘 싸우고 있지만 일본군의 기세가 만만치 않습니다. 해안가에 양쪽 병사들의 시신이 즐비하게 쌓여갑니다. 양측이 팽팽하게 대차하고 있는 가운데 김방경 장군이 화살을 쏘면서 호령을 하니까 일본군이 겁에 질려 도망치는군요. 이에 장병들이 힘을 합해 싸워서 결국 승리합니다. 일본군의 시신이 삼대처럼 널려있다고 한 걸 봐서는 적지 않은 전사자가 발생한 듯 보입니다. 고려군의 전사자 숫자도 적지 않은 걸로 보입니다. 참으로 안타까운 싸움이네요.

이노우에 히로미 말씀하신대로 고려군은 이 땅에서 싸울 이유가 없었죠.

정명섭 주력군이 상륙한 하카다 쪽의 상황은 어떻습니까?

이노우에 히로미 역시 같은 날 오전 9시부터 하카다 만의 모모치바라, 이키노하라, 하코자키에 일제히 상륙을 감행합니다.

정명섭 상륙함인 발도로경질주에 탄 원정군이 해안으로 접근합니다. 기다리고 있던 일본군들이 화살을 쏘면서 저항하지만 원정군이 방패를 앞세우고 해안가에 뛰어내립니다. 배 위에서는 심지에 불을 붙은 폭뢰를 던집니다. 기세 좋게 달려오던 일본군이 폭발에 휘말리면서 말과 함께 산산조각이 납니다. 원정군이 북과 징을 울리면서 전의를 불태우는 가운데 처음 폭뢰 터지는 소리를 들은 말이 마구 날뜁니다. 하지만 물러서지 않고 덤벼드는 일본의 고케닌들입니다. 칼날이 잔뜩 휜 곡도와 일본도가 불꽃을 튀기면서 뒤엉킵니다. 양쪽 모두 한 치의 물러섬도 없이 싸우지만 차츰 원정군이 일본군을 압도합니다. 일본으로서는 최악의 시나리오로 흘러갑니다. 가마쿠라의 바쿠후는 뭘 하고 있는 중입니까?

이노우에 히로미 상황이 다 끝난 다음에야 보고가 들어갔을 정도로 통신망이 엉망이라서 제대로 된 대응책을 내놓지 못했습니다. 보고를 받고 전국에 소집령을 내립니다만, 이미 원정군이 철수한 이후였죠.

정명섭 결국 현장 지휘관의 판단에 맡겨야 할 것 같은데 하카다 만을 지키던 쇼니 가게스게의 작전은 뭘까요?

일본의 기마무사들이 상륙정인 발도로경질주에서 내린 여몽연합군을 공격하고 있다. 언덕 위에서도 일본군이 공격하고 있다. 공격을 받은 여몽연합군도 이에 대항해 활과 폭뢰로 반격하고 있다.

이노우에 히로미 상륙을 허용하게 되면 걷잡을 수 없게 되니까 어떻게든 해안에서 막으려고 하는 것이죠.

정명섭 용감하게 싸우지만 차츰 밀리는 일본군입니다. 저쪽에 말을 탄 무사 한 명이 정말 분전을 하고 있는데요. 누군가요?

이노우에 히로미 현재의 구마모토 현에 해당되는 히고肥後 지역의 고케닌인 다케사키 스에나가입니다. 가문 내부의 갈등으로 인해서 영지가 많이 줄어든 상태라 이 기회에 공을 세워서 포상받을 생각으로 참전한 것이죠. 당시 일본은 몽골이나 고려처럼 부대가 편성된 게 아니라 고케닌들이 자기 부하들을 이끌고 참전했습니다. 따라서 부하들의 숫자와 무장 상태를 보면 고케닌의 경제력을 알 수 있었죠.

정명섭 부하가 5명뿐이라면 상당히 쪼들렸다고 봐도 되겠군요.

이노우에 히로미 그렇습니다. 이 사람은 나중에 자신의 전공이 인정되지 않자 모코슈라이에코토바蒙古襲來繪詞라는 그림을 그려서 바쿠후를 찾아갑니다. 오늘날 몽고습래 관련 그림들은 대부분 여기에서 나온 겁니다.

정명섭 본의 아니게 중요한 기록을 남긴 셈이군요. 그런데 투구랑 갑옷이 약간 안 어울립니다.

이노우에 히로미 같은 지역 출신인 에도노타로 히데이에와 가부토, 즉 투구를 바꿔 썼기 때문입니다. 행운을 빌어준다는 뜻도 되고, 누가 더 전공을 세우는지 경쟁의 의미도 가지고 있습니다.

정명섭 하카다의 방어를 책임지는 쇼니 가게스게가 전황이 불리하게 돌아가자 퇴각을 명령합니다.

이노우에 히로미 적의 압력이 너무 강하기도 했고, 해안가 일대에 습지와 모래땅이 일본군의 주력이 기병이 움직이기에는 불리하다고 판단한 모양입니다.

정명섭 하지만 다케사키 스에나가가 이 명령에 정면으로 반발하는군요. 공을 세울 수 있는 기회를 놓치고 싶지 않다 이건가요? 결국 5명의 부하들만 이끌고 몽골군의 진영으로 돌격합니다. 가는 도중에 약 1백여 기의 기병을 이끈 일본군 장수를 만나는군요.

이노우에 히로미 기쿠치 다케후사라는 같은 지역의 무사입니다. 기쿠치 가문은 천황의 편에 서서 가마쿠라 바쿠후에 대항했던 전력이 있습니다. 이 기회에 공을 세워서 죄인의 굴레를 벗어나고자 떨쳐 일어난 겁니다.

정명섭 다케사키 스에나가와 기쿠치 다케후사가 부하들을 이끌고 몽골군 진영으로 돌진합니다. 둘 다 나가나타薙刀라고 불리는 긴 칼 모양의 창으로 싸웁니다. 혼전 끝에 몽골군이 조금 뒤로 물러나고 기쿠치의 부하들도 퇴각하면서 전투가 종료됩니다. 양쪽 다 치열하게 싸우고 있습니다. 다케사키 스에나가를 비롯한 일본군이 힘을 내서 싸우지만 역부족입니다. 결국 해가 질 무렵까지 싸웁니다. 일단 물러난 다케사키 스에나가가 다시 싸우려고 하자 부하인 후지와라타 스케미치가 만류하는데 특이한 얘기를 하는군요. 아무도 보는 사람이 없어서 전공을 알릴 수 없다니요?

이노우에 히로미 당시 일본 무사들이 야습을 피했던 것은 위험하기도 했지만 자신들이 세운 전공을 보여줄 수가 없었기 때문입니다.

정명섭 그런 사정이 있었군요. 선두에 서서 돌격하는 다케사키 스에나가! 하지만 몽골군이 쏜 화살에 맞은 말이 주저앉으면서 위기에 처합니다. 3명의 몽골군이 둘러싸고 공격을 합니다. 위기의 순간 어느 무사가 나타나서 구해주는군요. 누군가요?

이노우에 히로미 전투에 참전한 또 다른 고케닌인 시로이시 미치야스입니다.

정명섭 정말 적절한 때 나타나서 구해주는군요. 몽골군의 공격을 받고 부상을 당하긴 했지만 위기를 벗어나는 다케사키 스에나가입니다. 그를 비롯해서 많은 무사들이 고군분투하지만 전세는 점점 여몽연합군에게 유리한 쪽으로 흘러갑니다. 하카다 일대를 장악한 원정군이 민가와 관청에 불을 지릅니다. 일본군이 미즈 성으로 철수하는군요. 미즈 성이라면 다자이후를 지키는 최후의 방어선 아닙니까?

이노우에 히로미 맞습니다. 미즈 성까지 넘어가면 다자이후도 지키지 못한다고 봐야죠.

정명섭 그 와중에 하코자키하치만구筥崎八幡宮라는 신사도 불에 타버리는군요. 다행스럽게도 신상은 극락사라는 절에 옮겨지는 바람에 화를 면합니다. 19일과 20일에 걸쳐서 정말 치열한 전투가 벌어졌는데요. 그것 때문인지 원정군 지휘부의 의견이 심하게 나뉘는군요.

이노우에 히로미 그렇습니다. 총사령관격인 흔도는 일본군의 저항이 심하다는 이유를 들어서 전선으로 철군을 주장하는 반면, 고려군 지휘관인 김방경은 계속 공격할 것을 주장하죠.

정명섭 원정군의 피해도 적지 않은 모양이군요.

이노우에 히로미 네. 아무래도 일본군이 전문 무사집단인 고케닌이 주축이다보니 일대일 전투에서는 밀리지 않습니다. 또한 계속 병력이 증원이 되고 있다는 점도 마음에 걸렸을 겁니다.

정명섭 반면 고려군은 계속 전투할 것을 주장했다는 점이 흥미롭습니다.

이노우에 히로미 아마 고려군의 피해가 적었다는 점 때문이 아닐까 싶습니다. 거기다 이번에 물러나면 또 다시 원정을 위해서 배와 물자를 준비해야 한다는 점도 마음에 걸렸겠죠.

정명섭 김방경 장군이 한신이 배수진을 친 것을 들어가면서 전투를 계속하자고 주장하지만 흔도는 물론 홍다구까지 철수를 주장하는군요. 양쪽의 의견이 팽팽한 가운데 유복형이 돌아옵니다. 그런데 배에 화살을 맞았나봅니다.

이노우에 히로미 일본 측 기록에는 쇼니 가게스게가 쏜 화살에 맞았다고 나와 있습니다. 팔번우동훈과 팔번우동기의 기록을 보면 키가 2미터에 달하고 배꼽까지 수염이 길게 난 몽골군 장수가 기병들을 이끌고 진격해오는 것을 본 쇼니 가게스게가 화살을 쏴서 낙마시켰다고 나와 있습니다. 처음에는 누구인지 몰랐다가 나중에 포로로 잡힌 몽골군으로부터 화살에 맞은 사람이 유복형이라는 사실을 들었다고 하네요.

정명섭 영화나 게임에서 자주 나오는 일대일 전투에서 승리한 것이군요.

이노우에 히로미 그렇긴 합니다만 혼란한 전장에서 과연 이런 식의 싸움이 가능했는지 모르겠네요. 고려사에는 유시, 즉 흐르는 화살에 배를 맞았다고 한 걸 보면 치열한 전투가 벌어지던 와중에 부상을 당한 것으로 보입니다. 어쨌든 여몽연합군의 최고 지휘관조차 부상을 입을 정도로 상황이 급박했던 것으로 보입니다.

정명섭 가뜩이나 피해가 많은 상황에서 유복형까지 화살에 맞은 것을 본 흔도와 홍다구는 전선으로 철수합니다. 홀로 남은 김방경 역시 한숨을 쉬면서 철수할 것을 명합니다. 이해가 가기는 하지만 아쉽군요.

이노우에 히로미 이것 때문인지 일부에서는 이번 원정군의 목표가 다자이후 점령이 아니라 단순한 무력시위였다고 보는 견해도 있습니다.

정명섭 일본군이 미즈 성으로 철수하고, 원정군은 하카다 만에 정박 중인 전투선으로 철수하면서 전장에는 시신들만 남았습니다. 미즈 성으로 철수한 일본군은 날이 밝으면 원정군이 공격이 있을 것으로 예상하고 바짝 긴장하고 있습니다. 하지만 새벽이 되자 바람이 심하게 불고 비가 내리기 시작합니다. 그리고 파도가 점점 높아집니다. 이거 심상치 않은데요?

이노우에 히로미 일본 측 기록을 살펴보면 역풍, 그러니까 해안 쪽으로 거센 바람과 함께 비가 내렸다고 합니다.

정명섭 닻을 내리고 정박 중이던 전투선들이 차츰 바닷가 쪽으로 끌려갑니다. 이러다간 어디 부딪치기라도 하면 어떡하나요. 뱃사공들이 전투선을 고정시키기 위해 안간힘을 쓰고 있습니다만 어려워 보입니다. 결국 해안가의 암초에 걸린 전투선 1척이 가라앉습니다. 그걸 시작으로 다른 배들도 뒤집

히거나 부서집니다. 부서지거나 뒤집힌 배에 타고 있던 병사들이 바다 속으로 가라앉았습니다. 그나저나 겨울철에 웬 태풍이랍니까?

이노우에 히로미 일본사람들은 이것을 가미카제라고 부르죠.

정명섭 악몽 같은 새벽이 끝났지만 하카다 만에는 부서진 배와 빠져죽은 병사들의 시신으로 가득합니다. 대체 피해가 어느 정도인가요?

이노우에 히로미 9백 척의 전투선 중에 2백 척이 가라앉았습니다. 고려의 좌군을 지휘한 김선도 익사한 것으로 알려졌습니다.

정명섭 싸우다 죽은 병사들보다 물에 빠져죽은 병사들이 더 많아 보입니다. 거기에다 배까지 파손되어서 더 이상 싸울 수 없게 됩니다. 결국 철수하고 마는 원정군입니다. 이렇게 여몽연합군의 첫 번째 일본 원정이 막을 내립니다. 잘 싸웠지만 뜻하지 않은 자연재해로 인해 발목이 잡혔네요. 원정군이 떠나고 피난을 떠났던 주민들이 돌아옵니다. 적들이 물러났다는 기쁨도 잠시뿐이고, 잿더미가 된 집들을 보고 망연자실해합니다. 여몽연합군이 철수했다는 소식은 11월 6일 교토에 전해집니다. 일본을 떠난 여몽연합군은 11월 말, 합포로 귀환합니다. 그런데 원정군의 숫자가 꽤 줄어있습니다.

이노우에 히로미 전사자가 1만 1천5백 명이라고 했으니까 전체 원정군의 3분의 1이 돌아오지 못한 셈이네요.

정명섭 일본을 정벌하겠다는 쿠빌라이칸의 야심이 참담한 실패로 끝나고 말았군요.

이노우에 히로미 맞습니다. 워낙 철수 결정이 갑작스러웠고 태풍이 불 계절이 아니었기 때문에, 애초에 다자이후를 점령하려고 했던 게 아니라 무력시위가 목적이 아니었을까 하는 의견들이 있습니다. 하지만 고려사를 보면 태풍 때문에 적지 않은 피해가 발생한 게 맞고, 그것 때문에 철수한 것으로 보입니다. 하지만 제1차 원정이라는 타이틀에서 짐작하셨다시피 그의 야심은 또 다른 전쟁을 부르죠.

정명섭 이렇게 여몽연합군의 첫 번째 일본 원정이 강력한 저항과 태풍 때문에 실
패로 돌아갔다는 소식을 전하면서 이번 중계를 마치도록 하겠습니다.

원정군이 돌아가고 고향으로 돌아온 하카다의 주민들은 잿더미가 된 집을 보고 망연자실했을 것이다. 쓰시마와 이키시마에서 벌인 잔인한 학살극은 외부의 침략을 한 번도 받아본 일이 없던 일본인들에게 크나큰 충격을 주었다. 그래서 아주 오랫동안 두 섬의 주민들은 우는 아이에게 몽골을 뜻하는 무쿠리와 고려를 뜻하는 고쿠리가 온다며 달래곤 했다. 일제시대 우리나라에서 우는 아이에게 일본 순사가 잡으러온다고 달랬던 것과 비슷하다. 일본인들은 우는 아이에게 잔인한 무쿠리와 고쿠리가 온다고 겁을 주면서 달래며, 그들이 다시는 오지 않을 것이라는 작은 희망을 가졌을 것이다.

막대한 인명피해를 낸 고려 역시 어쨌든 성의를 보였다며 한숨을 돌렸다. 하지만 단 한 명의 남자만큼은 포기하지 않았다. 쿠빌라이칸은 남송 정벌이라는 일생일대의 과제를 눈앞에 두고서도 일본 정벌에 대한 꿈을 포기하지 않았다. 그는 다시 일본에 사신을 보내서 항복을 요구하기로 했다. 1275년 2월, 예부시랑 두세충이 이끄는 사절단이 일본으로 향한다. 나가토에 상륙한 사절단은 바쿠후가 있는 가마쿠라에 가서 쿠빌라이칸의 국서를 전달했다. 하지만 호조 도키무네는 그들을 참수하는 것으로 대답을 대신한다. 그들의 죽음은 오랫동안 알려지지 않았다가 사절단 중 몇 명이 탈출하면서 알려졌다. 하지만 남송의 수도를 함락시킨 쿠빌라이칸은 이미 일본 정벌에 쓸 전투선을 건조하라는 명령을 내린 상태였다. 사절단을 보낸 것은 시간을 끌고 정보를 수집하기 위해서였다.

1279년, 남송이 마침내 멸망하면서 쿠빌라이칸은 원하던 대로 일본 정벌에 집중할 수 있게 된다. 아울러 항복한 남송의 수군력을 동원하는 것도 가능해졌다. 그는 항복한 남송의 장수들과 대신들을 불러모아 놓고 일본 정벌의 가부를 묻는다. 남송의 장수들은 쿠빌라이칸에게 충성심을 증명하기 위해 다투어 찬성을 표했다. 하지만 칭기즈칸의 재상이었던 야율초재의 손자 야율희량은 전쟁이 끝난 지 얼마 되지 않았는데 또 다시 싸움을 벌이면 민심이 어지러워질 것이라며 반대의 뜻을 표시한다. 틀린 얘기는 아니었기 때문에, 쿠빌라이칸은 바로 출전하는 대신 우선은 전쟁 준비에 들어간다. 그리고 1279년 6월, 원나라에게 항복한 남송의 장수 범문호가 보낸 사절단이 쓰시마에 도착한다. 범문호는 남송이 원나라의 공격을 받고 멸망했으며, 일본도 그런 꼴을 당하고 싶지 않으면 곱게 항복하라는 내용의 친서를 전달했다. 호조 도키무네는 하카다에서 사절단들의 목을 베어버렸다. 하지만 그것으로도 두 번째 일본 원정을 막지는 못했다. 1280년, 쿠빌라이칸은 고려는 물론 남송의 영토였던 중국의 남해안, 그리고 삼별초의 난을 진압한 이후에 직할령으로 삼은 제주도 등지에서 3천5백 척의 전선을 건조하라고 지시했다. 바야흐로 두 번째 전쟁의 시기가 도래한 것이다.

한편, 다케사키 스에나가는 또 다른 전쟁을 치렀다. 부상을 당했음에도 용감하게 싸웠던 그는 여몽연합군이 물러난 후 논공행상 과정에서 누락되고 말았다. 분개한 그는 다음 해 6월에 말을 팔아서 여비를 마련한 후 직접 가마쿠라로 올라간다. 증거자료인 모코슈라이에코토바를 가지고 가마쿠라 바쿠후에 찾아간 그는 격렬하게 항의한다. 결국 그해 8월 가마쿠라 바쿠후의 고온부교御恩奉行인 아다치 야스모리를 만나게 되었고, 공을 인정받아서 말을 하사받고 히고의 지토로 임명되었다. 다케사키 스에나가처럼 많은 고케닌들은 포상을 바라고 전쟁터에 나갔다. 하지만 가마쿠라 바쿠후는 이들을 만족시킬 포상을 해줄 여력이 없었기 때문에 많은 갈등이 생겼다. 이 문제는 결국 가마쿠라 바쿠후가 무너지는 원인이 되었다.

태풍은 불지 않았다?

우리는 여몽연합군의 일본 원정이 일본인들이 가미카제라고 부르는 태풍에 의해 실패로 돌아간 것으로 알고 있다. 고려사에도 큰 바람이 불고 비가 와서 전투선이 해안가로 밀려가서 바위에 부딪쳐서 침몰했다고 나와 있다. 따라서 일본 원정의 실패가 태풍 때문이었다는 것은 오랫동안 정설로 인정받았다. 하지만 일본의 기상학자인 아라카와 히데토시는 이런 사실에 정면으로 반박했다. 그는 1951년 6월에 발간한 『일본 역사』 120호에서 분에이의 역, 그러니까 여몽연합군의 제1차 일본 원정이 실패로 돌아간 것은 태풍 때문이 아니었다는 주장을 했다. 그는 1944년 중앙기상대에서 발간된 자료집을 토대로 지난 50년 동안의 기상자료들을 분석했는데, 음력 10월 20일, 양력으로는 11월 26일에 태풍이 불었던 적이 없다는 것이다. 즉, 여몽연합군이 첫 번째로 일본을 침략했던 초겨울은 태풍이 부는 시기가 아니었다는 것이다. 더불어서 당시 일본의 기록들에는 의외로 태풍 관련 기록들이 없었다는 점도 의심스럽다고 주장했다. 당시의 기록들 중 태풍의 존재를 얘기한 것은 딱 하나, 교토에 사는 다데노고우지 가네나가라는 사람이 쓴 간추기라는 일기의 한 구절뿐이라는 것이다. 그의 일기에는 어떤 사람에게 들었는데 여몽연합군이 해상에 머무르고 있을 때 역풍이 불어서 퇴각하고, 몇 척의 배가 난파되었다고 적혀 있다. 『팔번우동기』 같은 당시의 사건을 기록한 책에서도 제1차 침공 당시에는 태풍에 관한 언급이 없다고 주장했다. 즉,

여몽연합군의 전투선이 해안가로 떠밀려온 것을 보고 태풍이 불었던 것이라고 추측한 것을 적어놓은 것이라고 설명한 것이다. 아라카와 히데토시는 역풍, 그러니까 맞바람이 불긴 했지만 계절을 감안하면 배들이 가라앉을 정도로 심하지는 않았을 거라고 주장한다. 아울러 역풍이 불어닥친 것은 10월 20일 밤과 그다음 날 새벽이라서 목격자가 없었기 때문에 제대로 된 기록이 남지 않았고, 태풍이 불었다는 전설이 사실인 것처럼 알려졌다고 추측했다. 마치 명량해전의 승리가 철쇄 때문이라는 전설이 사실로 굳어진 것처럼 말이다.

물론 이런 주장에 대한 반론도 존재한다. 우선 50년간의 기상자료만 가지고 7백 년 전의 날씨를 추측한다는 것이 과연 맞느냐는 의문이다. 또한 고려사에는 명백하게 태풍 때문에 전투선이 파손되었다는 기록이 남아있다. 물론 원나라 역사에는 태풍 이야기가 나와 있지 않지만 체면 때문에 제대로 얘기하지 않았던 것으로 추정할 수 있다. 마지막으로 가장 결정적인 자료는 역시 문헌이다. 제1차 원정이 실패로 돌아가고 몇 년 후인 1275년에 신풍이 불어서 여몽연합군의 배가 가라앉았다는 내용의 기록이 남아있다.

어차피 철수를 했는데 태풍이 불었는지 안 불었는지 따지는 것이 무슨 의미가 있을까 싶기도 할 것이다. 하지만 가미카제라고 불리는 신풍은 신국 일본을 지탱하는 정신적인 지주였다. 또한 신이 지켜주는 신성한 나라라는 자부심은 임진왜란은 물론이고, 태평양 전쟁 때도 다른 나라를 침략하는 것을 정당화시켜주는 구실을 했다. 우리가 임진왜란에 대해서 상세하게 배우는 것처럼 일본은 여몽연합군의 두 차례에 걸친 침공에 대해서 자세하게 배우고 있다. 따라서 보통의 일본인들에게 가미카제라는 존재는 깊이 인식될 수밖에 없다. 그런 상황에서 가미카제의 존재 자체를 부정하는 주장이 큰 파장을 일으키는 것은 어찌 보면 당연한 일이다.

8.
제2차 일본 원정
여몽연합군 vs 일본군

◈ **제2차 일본 원정 당시 양측 지휘관 및 참전 병력**

몽골군 지휘관 : 정일본행성 도원수 흔도
참전 병력 : 1만 5천 명

고려군 지휘관 : 정일본행성 도원수 김방경
참전 병력 : 9960명

강남군 지휘관 : 정일본행성 도원수 범문호
참전 병력 : 10만 명

일본군 지휘관 : 규슈 진자이부교 쇼니 쓰네시게
참전 병력 : 불명

...

무쿠리, 고쿠리가 온다
- 일본에서 어린아이가 울 때 어른들이 달래는 말. 무쿠이는 몽골, 고쿠이는 고려를 뜻한다.

1279년, 남송이 완전히 멸망하면서 쿠빌라이칸은 제2차 일본 원정을 실행에 옮긴다. 지난번의 패배를 교훈 삼아서 남송의 수군까지 대규모로 동원할 계획을 세웠다. 원종의 뒤를 이어 즉위한 고려의 충렬왕은 적극적으로 원정에 참여해서 자신의 왕권을 강화하는 발판으로 삼았다. 가장 큰 고통을 받았던 것은 전쟁 준비에 동원된 고려의 백성들이었다. 한편, 일본 역시 방어 준비에 박차를 가한다. 1281년, 드디어 제2차 원정군이 일본으로 떠난다. 항복한 남송의 수군까지 포함하면 1차 원정의 3배가 넘는 규모의 대군이었다.

두 번째 출정

1차 원정이 실패로 돌아갔다는 보고를 받은 쿠빌라이칸은 패배한 장수들을 처벌하는 대신 그들을 위로하고 포상을 했다. 2차 원정을 염두에 둔 행동이었다. 쿠빌라이칸은 눈앞의 적인 남송을 제압하는 데 열중하는 한편, 다시 일본에 사신들을 보낸다. 하지만 가마쿠라 막부의 싯켄인 호조 도키무네는 그들의 목을 베는 것으로 대답을 대신한다. 영악한 쿠빌라이칸은 사신의 죽음을 빌미로 2차 원정을 선포하고 전쟁을 반대하는 여론을 잠재웠다. 한편, 원종이 세상을 떠나고 뒤를 이은 충렬왕은 아버지와는 달리 쿠빌라이칸의 계획에 적극 동참하면서 왕권을 강화하는 데 열중했다.

2차 원정에는 몽골과 고려, 항복한 남송의 군대와 서하출신의 군대까지 소집되었다. 그야말로 다국적군이 편성된 것이다. 지휘부 역시 다양해졌다. 쿠빌라이칸이 일본 원정을 위해 세운 정일본행성, 줄여서 정동행성이 이번에도 핵심 역할을 했다. 정동행성의 최고 책임자는 정일본행성의 우승상 아라한, 그리고 좌승상인 충렬왕이었다. 하지만 아라한이 원정 준비 중에 병으로 세상을 떠나자 아타하이가 그 지위를 대신했다. 흔도와 홍다구, 김방경은 1차 원정을 이끌었던 장군들이었다. 비록 패배의 책임이 있긴 하지만 일본군과 싸워본 경험이 높은 점수를 받았을 것이다. 눈에 띄는 인물은 강남군을 지휘하는 범문호다. 남송의 재상인 가사도의 사위였던 그는 포위 공격을 받던 양양성을 구원하다가 실패한 후 투항한 인물이었다. 그는 투항한 후 일본 정벌을 적극적으로 주장하는데, 아마도 자신의 가치를 높이려는 의도였던 것으로 보인다.

이번에는 꼭 일본을 정복하겠다는 쿠빌라이칸의 야망은 강력했다. 심지어 얼마 전까지 서로 싸웠던 남송과 원나라의 장수들이 같이 배속되는 경우도 있었다. 일본 정복에 대한 쿠빌라이칸의 야망이 얼마나 큰지를 보여주는 사례

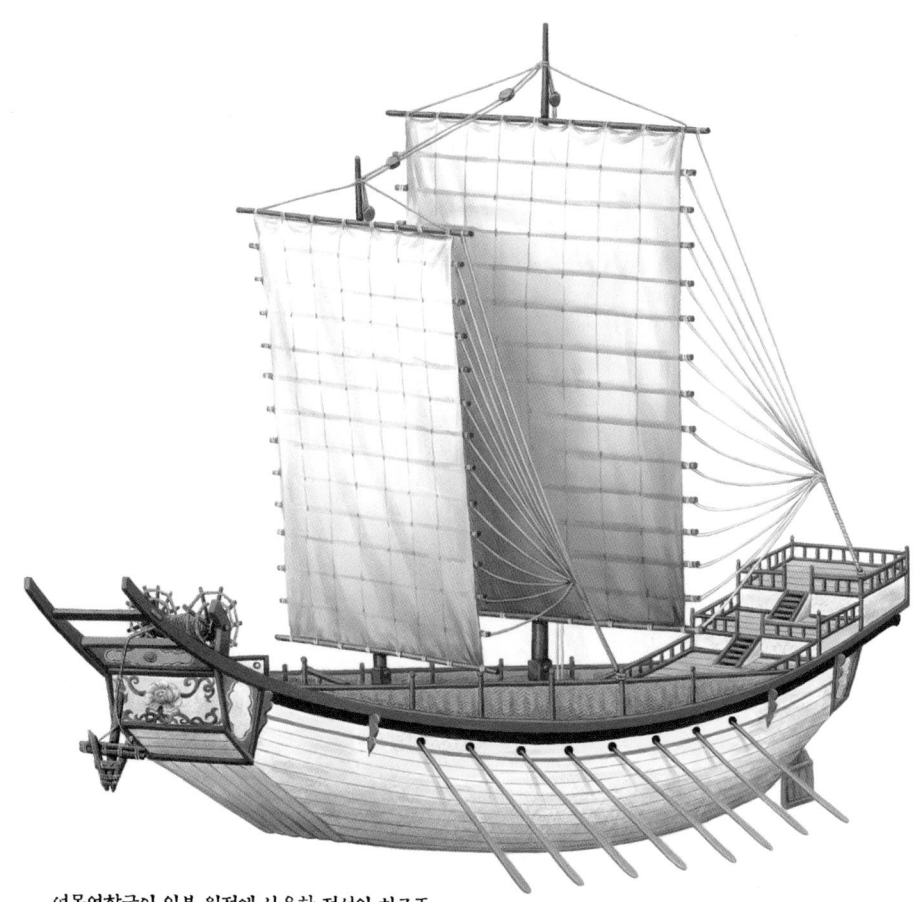

여몽연합군이 일본 원정에 사용한 전선인 천료주.
약 1백~3백 톤의 대형 함선으로 돛과 노를 이용해서 움직였다.

다. 1281년 5월 2일, 동로군이라는 이름이 붙은 여몽연합군 2만 5천 명을 태운 9백 척의 대함대가 오늘날의 마산인 합포에서 출발한다. 1274년의 1차 원정이 실패로 돌아간 지 8년만의 일이었다.

가마쿠라 바쿠후는 원나라의 사신들의 목을 연거푸 베어버린 후 대응책에 골몰한다. 그들이 세운 대응방안은 크게 두 가지였다. 하나는 원정의 전진기지 역할을 하는 고려를 선제 공격하는 것, 다른 하나는 해안가에 방책을 쌓아서 침입군의 상륙을 막는 것이었다. 이국출격이라는 이름이 붙은 선제 공격은 계획 단계에서 무산되었다. 대신 가마쿠라 바쿠후는 해안가에 방책을 쌓는 일에 총력을 기울인다. 겐코보루이元寇防壘라는 명칭에서 볼 수 있듯 이 목적은 여몽연합군의 상륙을 막는 일이었다. 겐코보루이라는 명칭은 당시에는 사용되지 않았고, 1913년 후쿠오카 지역 신문사의 주최로 열린 사적 현지 강연회에서 규슈 대학 교수인 나카야마 헤이지가 최초로 언급했다. 보통 이시즈이치石築地라는 명칭으로도 불리지만 당시에는 방루라는 뜻의 보루이로 불렸을 가능성이 높다.

방루의 건설은 1276년 3월에 시작되어서 그해 8월쯤에 마무리되었다. 건설 지역은 여몽연합군의 1차 침입이 있었던 하카다 만 일대였는데, 동쪽의 하코자키부터 서쪽의 이마쓰까지 약 20킬로미터의 길이를 자랑했다. 방루는 약 3.1미터의 폭으로 아래쪽의 기초를 쌓고, 윗면은 약 2.5미터의 폭으로 건설했다. 2단으로 쌓아올린 기초 위에 바닷가 쪽으로 약 2.6미터 높이의 방벽을 세웠다. 육지 쪽으로는 약 1.45미터의 방벽을 세운 것을 보면 전체적으로는 약 6미터 높이의 해안 성벽이 생긴 셈이다. 강이 바다로 통하는 하구처럼 방루를 세울 수 없는 지형에는 말뚝을 박는 등 보완책을 취했다. 지역별로 뒷부분을 돌 대신 흙으로 쌓는 등 차이점이 있긴 했지만 가마쿠라 바쿠후는 최선을 다해서 방어책을 세웠다. 1차 침입 당시 손쉽게 상륙을 허용함으로써 막대한 병력의 손

제2차 여몽원정군의 지휘관과 규모

구 분	지휘관	병력	비고
동로군	정일본행성 도원수 흔도 정일본행성 도원수 홍다구 정일본행성 도원수 김방경	총 병력: 4만 2천 명 전투병: 2만 5천 명 비전투병: 1만 7천 명	함선 9백 척 군량 12만 3천 석
강남군	정일본행성 도원수 범문호	총 병력: 10만 명	함선 3천5백 척 군량 40만 석
합계		총 병력: 14만 2천 명	

* 2차 원정의 최고책임자는 정일본행성의 우승상 아타하이였다. 고려의 충렬왕은 좌승상에 임명되었다.
* 강남군의 병력 중에는 배를 움직이는 뱃사공들이 포함되어 있었을 것으로 추정된다.

실을 봤던 가마쿠라 바쿠후가 취한 특단의 조치였다. 실제로 이 방루는 여몽연합군의 상륙을 막는 데 일조한다. 무려 20킬로미터에 달하는 방루의 축조를 위해서 규슈의 고케닌들과 농민들은 물론 다른 지역의 인력까지 동원되었다. 그 밖에 나가토 일대에 방루를 쌓는 데도 인근의 고케닌들이 동원됐다. 하카다만 일대의 방어시설 축조와 경비는 이국게고번역異國警固番役, 나가토 일대의 방어시설 축조와 경비는 나가토게고번역長門警固番役이라고 불렸다. 방루의 축조는 물론이고 교대로 경비를 서야 하는 등 막대한 비용과 시간이 소요되었기 때문에 가마쿠라 바쿠후는 규슈 지역의 고케닌들에게 세금을 부과하지 않는 등의 특혜를 주었다.

가마쿠라 바쿠후는 방루를 건설할 때 현지의 고케닌들이 가지고 있는 토지의 크기에 따라 역을 부과했다. 고케닌들은 휘하의 농민들을 시켜서 직접 공사에 나서게 하거나 방패나 깃발, 화살 등을 바치는 식으로 현물 납부를 했는데 차츰 돈으로 납부하는 방식으로 바뀌었다. 그리고 이렇게 만들어진 방루를

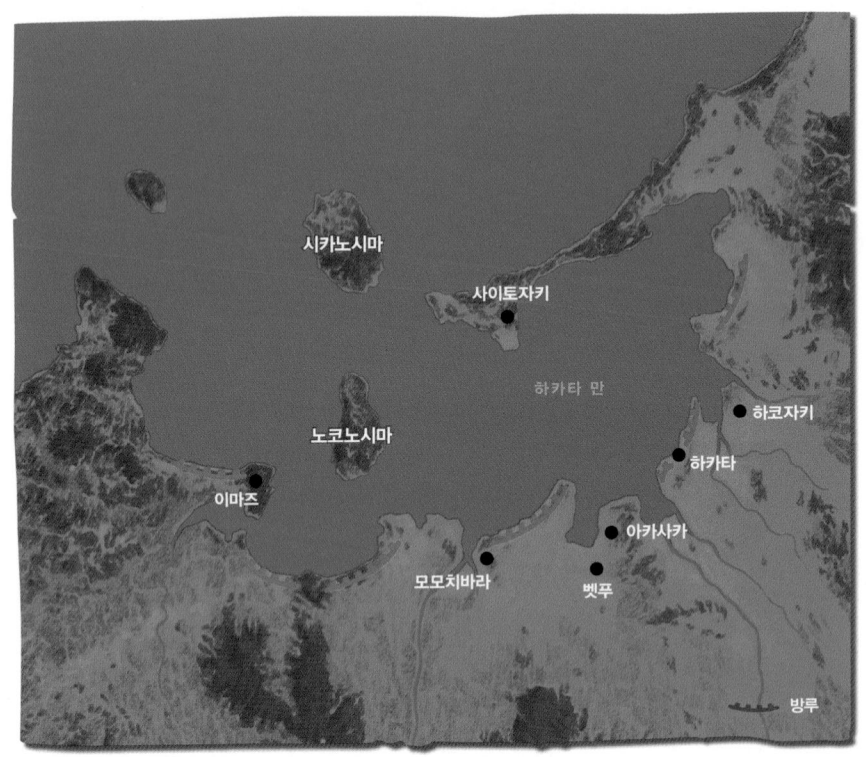

여몽연합군이 침략했던 하카다 일대에 축조한 방루의 위치. 여몽연합군의 상륙을 막기 위해 건설된 것으로 막대한 비용과 시간이 들었다.

3개월간 돌아가면서 경비했다. 각 지역의 책임자인 슈고는 고케닌들이 주어진 역을 다하면 홋칸조覆勘状라는 일종의 영수증을 발급해줬다. 이 방루는 여몽연합군의 침입이 실패로 돌아가고 가마쿠라 정권이 붕괴된 이후에도 계속 관리되다가 무로마치 바쿠후 시절인 14세기 중반에 버려졌다. 이 작업을 진두지휘했던 호조 도키무네는 각 지역의 슈고들을 교체하는 일에도 손을 댄다. 주로 자신의 측근이나 친척으로 교체해서 일사불란하게 움직이면서도 반란의 위협을 줄이는 효과를 노렸다. 그 밖에도 전국적인 토지조사에 들어갔다. 이것은 방어를 하기 위한 각종 재원의 염출을 위해서였다. 고케닌들은 물론 사찰까지 빠짐

없이 조사했는데, 당연히 가마쿠라 바쿠후의 영향력이 확대되는 효과도 노렸을 것이다. 실행에 옮겨지지 않은 이국 정벌 계획 역시 이런 것을 염두에 두었을 가능성이 높다.

두 번째 원정

정명섭 다시 중계 시간이 돌아왔군요. 지난 시간에 1274년의 첫 번째 원정이 일본의 강력한 반격과 때마침 불어온 태풍으로 인해 실패로 돌아갔다는 소식을 전해드렸는데요. 쿠빌라이칸은 포기하지 않고 두 번째 원정을 시도합니다. 그런데 쿠빌라이칸이 왜 이렇게 일본에 집착한 걸까요?

이노우에 히로미 어떤 책을 보니까 그 질문은 등산가한테 왜 산에 올라가냐고 묻는 것과 같은 질문이라고 나와 있더군요. 질문을 받은 등산가는 산이 거기 있으니까 올라간다는 얘기를 남겼습니다. 쿠빌라이칸도 아마 일본이 거기 있어서라고 대답하지 않았을까요? 개인적으로는 쿠빌라이칸의 정통성과 어떤 연관이 있지 않을까 싶습니다.

정명섭 정통성이요?

이노우에 히로미 쿠빌라이칸은 칭기즈칸의 막내아들인 톨루이의 넷째 아들입니다. 1259년 형인 몽케칸을 따라 남송 정벌에 나섰다가 진중에서 갑자기 첫째가 사망하면서 후계자 문제가 불거집니다. 딱히 장자 상속 원칙이 없던 몽골의 관습에 따라서 막내 동생인 아릭 부케가 칸의 지위를 이으려는 상황이었죠. 야심이 있던 쿠빌라이는 한창 진행 중인 남송 정벌을 중단하죠. 그리고 오늘날의 북경인 중도에 입성해서 자신을 지지하는 세력을 모아서 쿠릴타이를 열고 칸의 자리에 오릅니다. 그런데 그 전에 이미 아릭 부케가 칸의 자리에 오른 상태였습니다.

정명섭 그러니까 황제, 아니 칸이 두 명이 된 셈이군요. 내전이 일어나는 건 피할 수가 없었겠네요.

이노우에 히로미 사실 몽골 초원에서 정식으로 열린 쿠릴타이에서 추대된 아릭 부케가 정식 후계자가 맞습니다. 또한 몽골은 막내아들을 후계자로 정하는 관습이 있거든요. 또한 쿠빌라이가 몽골의 전통을 버리고 중국의 문화를 받아들이는 것에 반발하는 세력도 적지 않았고요.

정명섭 단순한 후계 문제로 볼 수 없다는 말이군요.

이노우에 히로미 그렇습니다. 몽골의 미래를 어디에 둘 것인가를 두고 벌어진 갈등이 폭발한 것이죠. 오랜 싸움 끝에 쿠빌라이가 승리하면서 정식으로 칸의 자리에 오르지만 정통성 문제는 내내 그를 괴롭혔죠. 따라서 그의 치세에 거듭된 정복활동은 이런 문제를 불식시키기 위한 정책의 일환이 아닐까 조심스럽게 추측해봅니다.

정명섭 나쁜 생각은 아닙니다만 희생된 사람들이 너무 많다는 게 문제겠네요. 어쨌든 쿠빌라이칸은 남송 정벌이 끝나고 한숨을 돌리자마자 두 번째 원정군을 파견합니다. 이전보다 규모가 많이 커졌네요.

이노우에 히로미 항복한 남송의 수군들이 가세하면서 14만 명이라는 대군이 동원됩니다. 첫 번째 원정군이 뱃사공들까지 포함해도 4만 명이 넘지 않았는데, 이번에는 무려 3배가 넘는 대군이 동원됩니다. 동로군이라고 불린 여몽연합군은 한차례 원정의 경험이 있지만 강남군이라고 칭한 10만 명의 남송군은 이번이 첫 원정이라 어떨지 모르겠네요.

정명섭 임진왜란 다음의 정유재란처럼 일본도 두 번째 침략을 당하게 됩니다. 이때를 뭐라고 부르나요?

이노우에 히로미 여몽연합군의 두 번째 침략은 1281년, 코안弘安 4년에 일어났기 때문에 코안의 역이라고 부릅니다.

정명섭 첫 번째 침입 이후에 가마쿠라 바쿠후는 여러 가지 대책을 내놓는데요. 그 중에서 가장 효과를 본 것이 바로 해안에 방어벽, 즉 방루를 세운 겁니다.

이노우에 히로미 현재도 많이 남아 있고 잘 보존된 편이죠.

정명섭 여몽연합군의 전략은 역시 하카다에 상륙해서 다자이후를 공략하는 것이겠죠?

이노우에 히로미 그렇습니다. 다만 이번에는 강남군이 가세한다는 점이 다른데요.

동로군은 고려의 합포에서 출발하고, 강남군은 지금의 영파인 경원에서 출발해서 합류한다는 점이 달라졌습니다.

정명섭 1281년 5월 3일. 여몽연합군이 합포에서 출발합니다. 그런데 강남군은 아직 출발하지 않는군요. 거리상으로 보면 동로군보다 먼저 출발해야 제 시간에 합류할 수 있을 텐데요.

이노우에 히로미 원정 직전에 정일본행성의 책임자인 아라한이 갑작스럽게 사망한 것 때문인지, 아니면 의도적인 것이었는지 잘 알려지지는 않았지만 이것을 실패 원인으로 꼽기도 합니다.

정명섭 거제도에 머물렀던 동로군이 5월 21일, 쓰시마에 도착합니다. 이틀 정도 거리밖에 안 되는데 너무 오래 걸렸네요.

이노우에 히로미 강남군과 합류하기 위해서 시간을 늦춘 것 같습니다.

정명섭 고려사의 기록을 보면 고려군이 도착한 곳이 세계촌의 대명포라고 나오는데 어디쯤인가요?

이노우에 히로미 오늘날 쓰시마의 사가라고 알려져 있습니다.

정명섭 섬을 빙 돌았군요. 고려군이 일본에 통역관 김저를 보내서 항복하라는 문서를 전달하지만 소용이 없습니다. 결국 김주정이 이끄는 고려군이 상륙해서 교전을 벌입니다. 격전 끝에 일본군을 전멸시키지만 고려군도 낭장 강언과 강사자 등이 전사하는 피해가 발생합니다. 쓰시마를 평정한 여몽연합군이 다음 목표인 이키시마로 향합니다. 이때 태풍이 불어서 113명의 병사와 선원 36명이 실종되는군요. 5월 26일에 여몽연합군이 이키시마의 남쪽 세도우라에 모습을 드러냅니다. 이키시마를 지키고 있던 일본군이 후나가쿠 성에서 농성 준비를 합니다. 그런데 지휘관이 꽤 어려보이네요.

이노우에 히로미 쇼니 스케도키라는 19살의 젊은이로 진자이부교인 쇼니 쓰네시게의 아들입니다. 1차 침입 때 12살의 나이로 참전했던 경력이 있죠.

정명섭 쓰시마도 그렇고 이키시마에 있는 일본군은 십중팔구 죽는다고 봐야 하는데 자기 아들을 그곳에 보내다니 정말 대단하네요.

이노우에 히로미 본래 쇼니 쓰네시게는 이키시마를 포기하려고 했습니다. 어차피 그곳을 지키던 슈고는 1차 침입 때 전사했으니까요. 하지만 이키시마에서 하루라도 막아준다면 방어에 유리하기 때문에 결국 병력을 보내기로 하고 자기 아들을 지휘관으로 임명한 거죠.

정명섭 이게 바로 솔선수범, 노블레스 오블리제라는 거군요. 이키시마에 상륙한 여몽연합군이 곧장 후나가쿠 성을 공격합니다. 쇼니 스케도키가 지휘하는 일본군이 돌을 굴리고 활을 쏘면서 격렬하게 저항합니다만 병력의 열세를 극복하지 못합니다. 쇼니 스케도키를 비롯한 일본군이 모두 전멸당하고 맙니다. 이키시마를 장악한 여몽연합군이 잔인한 보복을 합니다. 어린 자식과 함께 도망친 부모가 아이가 울자 겁에 질려서 목을 졸라 죽이는 비극적인 일도 벌어지는군요.

이노우에 히로미 몽골인들의 잔혹함은 끝이 없었거든요. 손바닥에 구멍을 뚫어서 이리저리 끌고 다니거나 사람을 뱃전에 묶어서 물에 빠져죽게 하는 일이 비일비재했습니다.

정명섭 전쟁이 만든 참혹함이군요. 쓰시마와 이키시마를 짓밟은 여몽연합군이 소수의 수비대를 남겨놓은 채 6월 6일 하카다로 출발합니다. 하지만 해안가에 만들어진 방루를 보고는 상륙을 포기합니다.

이노우에 히로미 지금도 상륙작전의 가장 위험한 순간은 땅에 첫발을 내딛는 순간입니다. 무턱대고 발도로경질주를 타고 해안가에 접근했다가는 방루에서 날아오는 화살에 무방비로 노출되면서 막대한 인명피해가 날 수 있습니다. 거기에다 배를 댈 만한 공간도 없고 말이죠.

정명섭 생각지도 못한 난관에 부딪쳤네요. 이 상황을 어떻게 타개할까요?

이노우에 히로미 일단 해안 상륙을 포기하고 하카다 만 입구에 있는 지하도 즉, 시카노시마를 제압하기로 합니다.

정명섭 그 섬이라면 해안 방벽이 없어서 상륙이 가능하다고 판단한 것이군요.

이노우에 히로미 그렇습니다. 그런 다음 시카노시마에서 약 1백 미터 쯤 떨어진 하카다 만의 동북쪽 반도에 상륙하면 해안 방벽을 피할 수 있게 됩니다.

정명섭 일단 3백 척의 전투선을 나가토로 보내서 혼슈와 규슈 사이의 시모노세키 해협을 차단합니다. 증원군을 막으려는 것이겠죠?

이노우에 히로미 지난 1차 원정 때도 일본 증원군 때문에 승기를 이어가지 못했기 때문에 그걸 막으려는 것 같습니다. 그 외에도 방루가 없는 지역을 찾아서 상륙을 시도하네요.

정명섭 시카노시마 공격에는 김방경이 이끄는 고려군이 앞장섭니다. 김방경 휘하의 박지량, 김주정 등이 이끄는 고려군이 일본군 3백 명을 사살하고 승리를 거두면서 일단 상륙에 성공합니다. 하지만 일본군도 바로 반격에 나서는군요.

이노우에 히로미 시카노시마와 남쪽의 노코노시마가 여몽연합군의 손에 넘어가게 되면 일본군 역시 위험에 처하기 때문에 어떻게든 막아야만 합니다.

정명섭 일본군이 작은 배 2척에 나눠 타고 야습을 감행하는군요.

이노우에 히로미 마쓰우라 당 출신의 구사노지로 즈네나가가 이끄는 병사들입니다.

정명섭 일본군이 여몽연합군의 배에 올라타서 불을 붙이고 21명을 죽인 다음 수급을 베어서 돌아옵니다. 다음 날 다시 전투가 벌어지는데 이번에는 일본군이 홍다구가 이끄는 몽골군을 격퇴합니다. 패배한 홍다구는 혼자서 말을 타고 도망치다가 고려군의 엄호로 겨우 위기를 벗어납니다. 전쟁이 6월 6일 밤부터 14일까지 무려 8일간 계속되면서 양측의 피해가 늘어납니다. 여몽연합군은 시카노시마 우측의 해안가에 상륙하려고 하지만 방루 때문에 실패하고 맙니다. 대치가 길어지면서 홍다구와 흔도는 철수할 것을 고려하지만 김방경은 끝까지 싸울 것을 주장하는군요.

이노우에 히로미 지난번과 마찬가지 이유 때문입니다. 성과 없이 돌아가면 쿠빌라

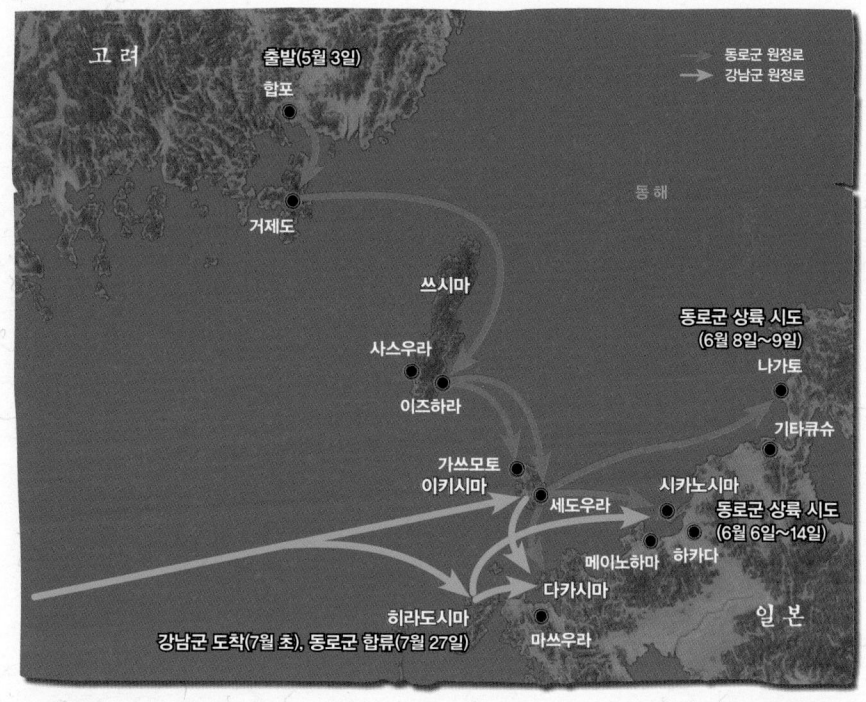

여몽연합군의 제2차 일본 침공 경로. 이번에도 쓰시마와 이키시마를 거쳐서 하카다에 상륙하려고 했다. 하지만 해안에 축조된 방루 때문에 섣불리 상륙할 수 없었고, 중국에서 출발하는 강남군을 기다리느라 지체하고 말았다.

이칸이 세 번째 원정을 시도할 것이 틀림없으니까요.

이노우에 히로미 여몽연합군으로서는 시카노시마를 점령하지 못하면 본토 상륙이 거의 불가능하다고 봐야겠죠. 따라서 필사적일 수밖에 없을 겁니다.

정명섭 일본군의 강한 반격에 여몽연합군의 피해도 늘어납니다. 고려사에는 전염병까지 돌면서 전사자가 3천 명에 달했다고 나와 있고, 일본 측 기록에는 1천 명의 몽골군이 전사했다고 나와 있는 걸 보면 꽤 격렬한 전투가 이어졌나 봅니다. 일본의 반격이 육지는 물론 바다에서도 벌어지는군요. 일본군이 탄 배들은 여몽연합군의 배에 비하면 정말 작아 보이는데요. 너무 무모한 거 아닙니까?

이노우에 히로미 사무라이들로서는 전공을 세울 수 있는 좋은 기회였으니까요. 이 요지방의 수군을 이끌고 시카노시마 해전에서 공을 세운 고노 미치아리의 경우를 살펴볼까요? 그의 집안은 가마쿠라 바쿠후와 천황간의 싸움에서 천황의 진영에 가담했다가 몰락했습니다. 그는 이번 싸움에서 어떻게든 공을 세워서 가문을 일으키려고 자신뿐만 아니라 아들 미치타다, 백부 미치도키 등 온 가문이 총동원합니다. 그리고 눈에 띄는 전공을 세우기 위해서 몇 배나 큰 여몽연합군의 전선을 공격한 것이죠.

정명섭 아니나 다를까 여몽연합군의 전선에서 날아온 화살에 고노 미치아리의 부하 5명이 전사하고 그 역시 왼쪽 어깨에 화살을 맞는 부상을 당합니다. 백부 미치도키는 큰 부상을 입고 결국 전사하고 맙니다. 하지만 고노 미치아리는 이에 굴하지 않고 전선에 접근하는 데 성공합니다. 하지만 갑판이 너무 높아서 올라갈 수가 없네요. 아! 돛대를 전투선 쪽으로 넘어뜨린 다음에 그걸 타고 올라가는 데 성공합니다. 다치지 않은 오른손에 칼을 들고 적의 배에 올라가서 닥치는 대로 베고 찌르다가 값비싼 투구를 쓴 몽골군을 생포해서 돌아옵니다. 전공을 세우겠다는 집념이 대단하군요. 고노 미치아리와 그 일족을 제외하고도 오야노 다네야스 부자와 아키즈키 다네시게 등이 야습을 통해 공을 세웁니다. 하지만 적지 않은 수가 죽거나 부상을 당했고, 너무 긴장한 나머지 노를 떨어뜨리는 바람에 야습에 참가하지 못했다는 얘기가 전해지는 것을 보면 야습이 아주 위험했던 것 같습니다. 그럼에도 경제적인 보상과 가문의 명예 때문에 목숨을 걸어야만 했군요.

>> 작은 배를 탄 고노 미치아리와 그 일족들이 여몽연합군의 함선인 천료주를 공격하고 있다. 접근하는 와중에 날아오는 화살에 큰 피해를 입었지만 굴하지 않고 전진했다. 천료주에 접근하는 데 성공했지만 타고 있는 배가 작은 탓에 돛대를 넘어뜨려서 넘어가야만 했다. 천료주에 오른 고노 미치아리가 왼쪽 어깨에 화살을 맞은 부상에도 나기나타薙刀를 휘두르는 모습이 보인다. 칼날에 긴 손잡이를 끼운 형태의 나기나타는 백병전에서 큰 위력을 발휘했다.

이노우에 히로미 언급한 무사들 외에 다른 사무라이들도 마찬가지 심정이었을 겁니다. 화폐경제가 발달하고 영지 분할이 가속화되면서 고케닌들은 경제적으로 몰락해갔습니다. 더군다나 여몽연합군의 공격에 많은 피해를 입었고 방루 공사에 막대한 비용이 들어가면서 더 궁핍해지고 말았죠. 따라서 가문을 일으키고 포상을 받기 위해서는 목숨을 걸고 전공을 세워야만 했습니다.

정명섭 일본군의 공격이 계속되자 여몽연합군도 나름대로 대응책을 세우는군요. 전투선을 쇠사슬로 연결해서 둥글게 방벽처럼 배치하고 접근하는 일본수군의 배를 향해 회회포를 쏩니다. 회회포라면 남송의 양양성 공략에 쓰인 투석기 아닙니까?

이노우에 히로미 맞습니다. 기존의 투석기보다 더 큰 돌을 멀리까지 날려보낼 수 있죠.

정명섭 접근하던 일본 수군의 전투선이 회회포에서 날아온 돌에 맞고 그대로 가라앉습니다. 겨우 접근한 배도 방벽처럼 모인 여몽연합군의 전투선을 제대로 공격하지 못합니다. 결국 큰 피해를 입은 일본 수군이 퇴각합니다. 피해가 늘어나자 일본군 수뇌부는 배를 이용한 해전을 금지시키는군요.

이노우에 히로미 하지만 전공을 세우려는 무사들이 그걸 지킬 리가 없죠. 어둠을 틈탄 야습이 계속됩니다.

정명섭 격전이 계속되는 가운데 여몽연합군의 지휘부는 6월 15일에 합류하기로 예정된 강남군을 애타게 기다리고 있습니다. 전투선 3백 척이 간 나가토 쪽 상황은 어떻습니까?

이노우에 히로미 여몽연합군이 6월 8일과 9일에 걸쳐서 나가토 근처의 섬과 육지에 상륙해서 교두보를 확보하려고 합니다.

정명섭 이쪽이 뚫리면 일본군의 방어선을 우회할 수 있겠는걸요?

이노우에 히로미 하지만 이 소식을 들은 가마쿠라 바쿠후에서 원군을 보내오면서 일본군이 반격에 나서죠. 결국 내륙으로 진출하는 데는 성공하지만 대치

상태가 이어집니다.

정명섭 일본의 방어선을 여기저기 공격하고 있지만 성과를 내지 못하고 있는 상황이군요.

이노우에 히로미 그렇습니다. 딱히 불리하거나 유리하지 않은 상황이죠.

정명섭 강남군만 합류한다면 다시 공세에 나설 수 있을 것 같긴 한데, 합류 예정일인 6월 15일을 넘겼는데도 감감무소식이네요. 흔도와 홍다구는 김방경에게 또 다시 철수할 것을 주장하지만 김방경은 군량이 아직 한 달 치나 남아있으니까 강남군을 기다려보자며 거절합니다. 대체 강남군은 어디 있는 건가요?

이노우에 히로미 워낙 대군이라 출발이 너무 늦어졌습니다. 애초에는 이키시마에서 합류하기로 했지만 기한을 넘겨서 아예 다카시마 근처에 있는 히라도시마로 가기로 한 상태입니다.

정명섭 무전기도 없는 시절에 합류 지점을 마음대로 바꾸면 문제가 생기지 않을까요?

이노우에 히로미 그래서 선발대 50척을 이키시마로 보내서 이 사실을 알리려고 했습니다만, 항해 미숙으로 인해서 쓰시마로 가버리고 말았죠. 이런저런 혼란 속에서 시간은 계속 흘러갑니다. 결국 먼저 와있던 동로군은 7월초에야 히라도시마에 진을 친 강남군과 합류하기 위해 이동합니다.

정명섭 7월 초면 동로군이 공격을 개시한 지 거의 한 달이나 지난 후군요. 진즉 합류했다면 쓸데없는 인명피해를 줄일 수 있었을 텐데 손발이 안 맞은 대가가 너무나 컸네요. 7월 27일이 되어서야 동로군이 히라도시마로 이동해서 강남군과 합류하는 데 성공합니다.

이노우에 히로미 히라도시마에서 강남군과 동로군의 지휘관들이 작전회의를 열고 이후의 전략에 대해서 논의합니다. 일단 하카다 만의 방어가 너무 강하기 때문에 그쪽을 피해서 다른 지점을 찾기로 하는데요. 1차 침공 때 고려군이 상륙한 마쓰우라를 공격해서 돌파하자는 의견이 나옵니다.

정명섭 그러기 위해서는 마쓰우라 앞바다에 있는 다카시마를 점령해야겠군요.

이노우에 히로미 맞습니다. 일단 다카시마는 별다른 저항을 받지 않고 점령하는 데 성공했지만 이제부터가 문제입니다. 마쓰우라에도 하카다 만처럼 방루가 있습니다. 그리고 설사 여기를 점령한다고 해도 최종목표인 다자이후로 가기 위해서는 험준한 산을 넘어야 하는 문제점이 있었죠.

정명섭 결국 하카다를 통해서 다자이후로 가는 게 가장 좋지만 거긴 방루가 쌓여 있고, 수비군의 숫자가 만만치 않죠. 이래저래 고민이 많겠는데요. 일본 측의 대응은 어떻습니까?

이노우에 히로미 강남군과 동로군이 히라도시마와 다카시마에 집결한 것을 알고는 전투선을 그곳으로 보냅니다. 하지만 강남군과 동로군의 전투선이 거의 4천 척에 달해서 쉽게 공격하지 못하고 있습니다.

정명섭 하긴, 배 크기도 차이가 많이 나는 편이라서 쉽지 않겠죠. 대신 야습을 통해서 전과를 올리려고 하지만 이것도 쉽지 않습니다. 양쪽 모두 결정적인 승기를 잡지 못한 상황이 이어지는군요. 어, 그런데 파도가 점점 높아지고 바람도 세게 부는군요.

이노우에 히로미 태풍이 불어올 시기가 된 거죠.

정명섭 강남군과 동로군의 함선들이 서둘러 항구 안으로 피신합니다만, 7월 30일과 그다음 날에 걸쳐서 거대한 태풍이 불어닥칩니다. 산더미 같은 파도가 전투선을 집어삼키고, 바위에 부딪친 전투선이 장난감처럼 부서져버리네요. 물에 빠져죽은 병사들의 시신이 파도에 떠밀려 항구로 밀려옵니다.

이노우에 히로미 일본 수군의 공격을 막기 위해서 배를 묶어둔 것 때문에 더 큰 피해가 발생했습니다.

정명섭 이로써 두 번째 원정도 태풍으로 인해 실패로 돌아가고 맙니다. 이렇게 결정적인 순간에 불어닥쳤으니, 일본에서 가미카제라고 부를 만하네요. 태풍이 그치고 여몽연합군은 합포로 철수해버립니다. 하지만 다카시마와 히라도시마에는 아직 남은 병사들이 많이 있습니다. 주로 강남군 병사들이군요.

이노우에 히로미 사실상 버림을 받은 거나 마찬가지죠. 덕분에 쿠빌라이칸이 남송을 통치하는 데 방해가 되는 이들을 일부러 제거했다는 식의 음모론이 한참 떠돌았습니다.

정명섭 다카시마에 남은 원정군 병사들이 부서진 배 7~8척을 수리해서 탈출하는 데 성공합니다. 하지만 이 광경을 본 쇼니 가게스케가 부하들을 이끌고 다카시마에 상륙해서 소탕전을 벌입니다. 남은 원정군이 끝까지 저항하지만 결국 일본군에게 패배하고 1천여 명이 포로로 잡히고 맙니다. 일본군은 포로로 잡힌 병사들의 목을 베어버립니다. 강남군이 주둔했던 히라도시마의 상황은 어떻습니까?

이노우에 히로미 이쪽도 피해가 심한 편입니다. 사령관인 범문호조차 널빤지에 의지해 바다를 표류하다가 구조될 정도였으니까요. 물론 미리 태풍에 대비해서 별다른 피해를 입지 않은 부대도 있긴 하지만 더 이상 싸울 수 없다는 점은 명백합니다. 결국 남은 전투선에 병사들을 태우고 철수합니다. 하지만 파손되지 않은 배의 숫자가 적어서 많은 병사들이 섬에 버려지고 마는군요.

정명섭 남은 병사들은 배가 없는데 어떻게 하나요?

이노우에 히로미 나름대로 자구책을 강구하지만 역시 배가 없으면 탈출이 불가능하죠. 결국 몇 달 후에 일본군에게 토벌당하고 맙니다.

정명섭 대체 인명피해가 얼마나 난 겁니까? 절반 이하만 귀환한 것 같은데 말이죠.

이노우에 히로미 가장 많은 숫자였던 강남군은 10명 중에 1~2명 정도만 돌아왔다는 기록이 있고, 고려사에는 아예 10만 명이 모두 죽었다고 나와 있습니다.

정명섭 고려군이 포함된 동로군은 어떤가요?

이노우에 히로미 일단 고려군의 피해 상황은 비교적 정확하게 나와 있습니다. 그해 11월에 고려 조정에서 각 지방에 관리를 보내서 피해 현황을 파악한 덕분이죠. 전투병으로 추측되는 정군 9960명과 뱃사공 1만 7029명, 도합 2만 6989명이 원정에 참여했는데 그중에 생존자가 1만 9397명입니다. 약 7천 명이 돌아오지 못했습니다. 동로군 전체의 피해 규모에 대한 기록은 없지만 같이 움직였던 것으로 봐서는 비슷한 정도가 아니었을까 추측합니다.

정명섭 30퍼센트 정도의 인명피해를 냈군요. 원정군 전체로 보자면 14만 명 중에 약 10만 명이 죽거나 버려진 셈이군요. 고려군의 피해가 적은 편은 아니지만 강남군에 비하면 정말 약과네요. 이렇게 해서 쿠빌라이칸이 야심차게 추진했던 제2차 일본 원정도 실패로 돌아가고 맙니다. 이제 더는 시도하지 않겠죠?

이노우에 히로미 다들 그렇게 생각했습니다만 쿠빌라이는 3차 원정을 추진합니다.

정명섭 정말 포기를 모르는군요.

이노우에 히로미 원정이 실패로 끝난 다음 해인 1282년 2월에 전선을 건조할 나무를 베라는 명령을 내리는 한편, 3천 척의 군선을 건조할 것을 명령합니다. 그리고 고려에도 물자와 병력을 제공할 것을 명령합니다. 그러나 다행스럽게도 반대여론이 높아지면서 3차 원정 계획은 중단되었습니다. 이후에도 쿠빌라이칸은 일본 원정의 꿈을 버리지 않지만 옛 남송지역의 반란이 계속되면서 결국 1294년 세상을 떠날 때까지 실행에 옮기지 못하죠.

정명섭 다행이군요. 이로서 두 차례 원정에 참여하느라 고통을 받았던 고려도 한숨을 돌릴 수 있겠습니다. 일본 역시 다행스럽게 생각했겠죠?

이노우에 히로미 아마 그랬을 겁니다.

정명섭 두 차례의 침입이 일본에게 어떤 영향을 미쳤을까요? 그리고 일본에서는 어떻게 침략을 막아냈다고 가르치고 있습니까?

이노우에 히로미 큰 위기를 겪었지만 폭풍으로 인해서 막아낼 수 있었다는 사실은 일본인들에게 큰 충격과 안도감을 주었죠. 단기적으로는 가마쿠라 바쿠후의 지배력이 높아졌지만 포상 문제를 둘러싼 불만으로 인해 결국 붕괴되는 결과를 가져왔습니다. 후대의 일본인들은 천황이 이끄는 조테이朝廷와 가마쿠라 바쿠후가 서로 손을 잡고 힘을 합쳤다는 점, 그리고 호조 도키무네의 용기와 결단력이 승리를 이끈 원인이라고 말합니다. 아울러 몽골군이 바다를 건너오느라 지쳤고, 급하게 건조된 배들이 폭풍에 쉽게 파손되었다는 점도 승리의 요인으로 꼽고 있습니다. 아무래도 가장 큰 영향은 일본은 신이 보호해주는 나라라는 인식이 강해졌다는 것이죠.

정명섭 말씀 잘 들었습니다. 두 차례의 일본 원정이 모두 실패로 돌아갔다는 소식을 끝으로 이번 중계를 마치겠습니다. 다음 시간에는 고려 후기에 벌어진 왜구와 홍건적의 침입을 중계하는 시간을 갖도록 하겠습니다.

태풍이 그치고 범문호를 비롯한 강남군 장수들이 철수한 다음에도 히라도시마에는 적지 않은 강남군 병사들이 남아있었다. 아무도 이들의 운명에 관심을 가지지 않았지만 시간이 흐르고 몇 명의 강남군 출신 병사들이 귀환하면서 어떤 일이 벌어졌는지 알려지게 되었다. 지휘관들에게 버려진 히라도시마의 강남군 병사들은 장백호라는 하급 지휘관을 총관으로 추대하고, 부서진 배들을 수리해서 탈출할 계획을 세운다. 하지만 다카시마의 원정군을 토벌한 일본군은 이들을 그냥 놔두지 않았다. 빠져나갈 길이 없던 강남군은 결사적으로 저항하지만 결국 패배하고 약 3만 명이 포로로 잡힌다. 승리한 일본군은 생포한 자들 중 몽골과 고려인들은 모두 죽이고 나머지 남송 출신의 강남군들은 살려서 노예로 부린다. 이때 포로로 잡힌 우창이라는 강남군 병사가 동료 2명과 함께 고려로 탈출해 오면서 버려진 강남군들의 비극이 전해졌다.

1282년 6월에는 심총을 비롯한 6명의 강남군 병사들이 탈출해 온다. 심총은 강남군이 발진했던 경원 출신으로서 총파라는 관직에 있던 자였다. 다른 강남군보다 빨리 6월 18일에 히라도시마에 도착했던 그는 태풍이 불어 배가 가라앉으면서 섬에 고립되었고, 히라도시마의 오룡산에 있다가 10월 8일 일본군이 섬에 들어오면서 포로로 잡혔다고 털어났다. 남아있던 병사들의 숫자가 적었던 다카시마는 비교적 이른 시기에 토벌되었지만, 10만 명에 가까운 병사들이 있던 히라도시마는 몇 달 후에야 일본군이 밀어닥쳤음을 알 수 있다. 아마 식량이 떨어져서 굶주림에 시달리도록 만든 후에 공격한 것으로 보인다. 심총을 비롯한 강남군들은 일본군이 생포한 강남군들을 선별해서 장인이나 농사꾼들은 살려두고 나머지는 죽였다고 전했다. 충렬왕은 상장군 인후와 낭장 류비를 시켜서 이들을 원나라로 돌려보냈다. 그해 12월에는 반대로 원나라에서 고려로 생존자들을 보내준다. 봉성, 즉 오늘날의 파주 출신의 고려 병사가 일본군의 포로가 되었다가 탈출해서 원나라의 명주에 도착했는데, 쿠빌라이칸이 기적적으로 살아돌아온 그에게 백호 벼슬을 내려주고 갱생이라는 이름을 지어준 후에 돌려보낸 것이다.

아무것도 모르던 민초들은 지배자의 욕심과 자존심에 이리저리 휘둘리다가 머나먼 타국 땅에서 비참한 최후를 맞았다. 그리고 이들이 겪은 잔인하고 슬픈 운명은 이렇게 남은 생존자들을 통해 역사에 살짝 흔적을 남겨놓았다.

진격의 일본, 이국 정벌 계획을 세우다

여몽연합군의 1차 원정이 실패로 돌아간 후, 일본은 해안가에 돌로 석축을 쌓는 등 방어에 박차를 가하는 한편, 잘 알려지지 않았지만 고려를 공격할 계획을 세운다. 1275년 12월 8일, 가마쿠라 바쿠후의 싯켄인 호조 도키무네는 규슈 지역을 통치하고 있던 쇼니 쓰네시게에게 다음 해 3월에 고려를 정벌할 것이니 만반의 준비를 갖춰놓으라고 지시한다. 구체적으로 살펴보면 규슈 지역의 지토와 고케닌들에게 배와 식량, 그리고 배를 움직일 선원들을 차출해서 하카다에 집결시키라고 한 것이다. 부족한 부분은 다른 지역의 지코와 고케닌들에게 징발하고, 원정군의 총사령부는 하카다에 설치할 예정이었다. 이국 정벌 계획은 일종의 공세적인 방어로서 몽골 원정군의 전진기지 역할을 하던 고려를 공격함으로써 재침략을 막거나 늦추려고 했던 것 같다. 정벌 계획은 구체적으로 진행되어서 각 지역의 고케닌들에게 구체적인 징발량이 할당되기도 했다.

그렇다면 가마쿠라 바쿠후는 왜 고려를 공격할 계획을 세운 것일까? 정벌 이유를 구체적으로 알려주는 증거는 없지만 포상의 목적도 있지 않을까 추측해본다. 즉, 고려를 공격해서 얻어낸 전리품을 여몽연합군과의 전투에 참전한 고케닌들에게 분배해서 불만을 잠재우려는 목적으로 진행되었을 가능성을 배제할 수 없다. 하지만 이 계획은 끝내 실현되지 못했다.

여러 가지 이유가 있었겠지만 일단 무사들의 반발이 가장 큰 이유였다. 자기 땅을 지키는 일이라면 기꺼이 희생하겠지만 다른 지역을 공격하는 것은 다른 문제였다. 거기에다 1차 침략으로 인한 피해가 만만치 않았던 상태라서 배를 만들고 물자를 모으는 것이 쉽지 않았다. 결국 가마쿠라 바쿠후는 이국 정벌 계획을 포기하고 이시츠이지石築地라고 불리는 해안 방벽 공사에 총력을 기울인다.

만약 일본이 이국 정벌 계획을 그대로 추진해서 고려를 공격했다면 어떤 일이 일어났을까? 이 계획을 소개한 일본 측 학자는 참담한 실패로 끝났을 것이라고 추측한다. 불과 3개월간의 준비만으로 얼마나 전력을 모을 수 있을지 의문이며, 설사 고려의 남부 해안에 상륙한다고 해도 고려군과 그곳에 머물고 있던 몽골군의 반격에 휘말려 제대로 싸워보지도 못하고 패배했을 것이 분명하다는 것이다. 이들은 고려 후기에 나타난 왜구들과는 달리 정규군이었다. 따라서 체면을 중시하는 사무라이들이 신속한 이동과 약탈을 통해 적에게 타격을 줄 수 없으리라고 봤다. 더군다나 방패 역할을 해주던 바다의 날씨가 이번에는 발목을 잡을 우려가 있다. 혹시라도 원정군이 타격을 받아서 전력이 약화된다면, 몽골군이 재침략해올 경우 해안에서 막을 병력이 부족해진다.

1944년 겨울, 제2차 세계대전에서 벌지 전투라 불렸던 전투에서 히틀러는 전세를 일거에 역전시키기 위해 서부전선에서 대반격을 실시한다. 이 전투는 초반에는 방심한 미군을 밀어내면서 성공을 거뒀지만, 결국은 공세를 지속할 물자와 병력의 부족으로 패배로 끝난다. 더불어 이 공세를 위해 적지 않은 병력과 물자를 소모하는 바람에 독일 본토를 지킬 여력도 부족해지면서 결국 제2차 세계대전의 패배를 앞당겼다는 평가를 받고 있다. 가마쿠라 막부의 이국 정벌 계획 역시 실행에 옮겨졌다면 벌지 전투와 비슷한 결과가 나왔을 것이다.

9.
홍건적의 침입

고려군 vs 홍건적

◈ **제1, 2차 홍건적의 침입 당시 양측 지휘관 및 참전 병력**

제1차 홍건적의 침입
고려군 지휘관 : 서북면 도순찰사 정세운
참전 병력 : 2만 명

홍건적 지휘관 : 모거경
참전 병력 : 4만 명

제2차 홍건적의 침입
고려군 지휘관 : 총병관 정세운
참전 병력 : 20만 명

홍건적 지휘관 : 반성, 사유, 관선생 등
참전 병력 : 10만 명

...

우리는 백성들이 오랫동안 오랑캐의 지배를 받는 것에 분개해서 군사를 일으켰다. 그래서 중원을 회복한 후 동쪽으로는 옛날 제나라와 노나라 땅을 넘고, 서쪽으로는 함진으로 진출했다. 그리고 남쪽으로는 민광을 지나고, 북쪽으로는 유연까지 이르렀다. 우리의 발걸음이 닿는 곳마다 백성들이 마치 굶주린 자가 산해진미를 얻고 병든 자가 좋은 약을 만난 것처럼 기뻐하며 귀순해왔다. 이제 장수들로 하여금 사졸을 엄중히 타일러 백성들을 괴롭히는 일이 없도록 했다. 우리에게 귀순한 백성들은 잘 대해줄 것이며 어리석게도 반항하는 자는 처벌할 것이다.

– 홍건적이 고려에 보낸 편지

새로 왕위에 오른 공민왕은 친원파를 제거하고 빼앗긴 영토를 수복하는 등 반원정책을 야심차게 추진했다. 하지만 중원에서 반란을 일으킨 홍건적이 원나라 군에게 쫓겨서 고려로 넘어오게 된다. 오랜 전쟁으로 단련된 이들은 곧 고려를 위기에 빠트린다.

기나긴 대몽항쟁이 끝나고 삼별초의 반란과 두 차례의 일본 원정까지 겪은 고려는 글자 그대로 껍데기만 남게 된다. 몽골이 세운 원나라 황제의 사위가 된 고려의 왕들은 몽골 복식을 하고 몽골 이름을 가졌으며, 몽골 황족 출신의 왕후를 맞이했다. 관리들은 원나라에 충성하기 바빴고, 아예 고려를 원나라의 지배를 받는 성으로 편입하자는 주장을 펴기도 했다. 이렇게 나라가 뿌리째 흔들리던 1351년, 충혜왕의 친동생인 강릉대군이 새로운 왕에 즉위했다. 원나라에서 오랫동안 머물렀던 그는 원나라에 황혼이 찾아오고 있음을 느꼈다. 실제로 중국 대륙을 차지하고 원나라를 세운 이후 몽골족은 특유의 야성을 잃으면서 급속도로 쇠퇴하고 있었다. 원나라에서 돌아온 강릉대군(공민왕)이 고려의 임금이 되던 해, 마침내 비밀결사인 백련교도들이 주축이 된 반원항쟁이 일어났다. 이들은 모두 머리에 붉은 두건을 둘렀기 때문에 홍건적, 홍두군, 혹은 홍군이라고 불렸다. 원나라는 반란을 진압하고 주모자들을 처벌했지만 그럴수록 반란의 불길은 더 거세졌다. 이들의 반란이 감당할 수 없을 정도로 커지자 원나라는 고려에 원군을 청했다. 이에 공민왕은 최영 등 장수와 병사들을 원나라에 파견했다. 그리고 돌아온 이들의 보고를 통해 자신의 판단이 맞았다고 확신한 공민왕은 신속하게 행동에 나섰다. 1356년 5월, 공민왕은 원나라에 공녀로 갔다가 황후의 자리에 오른 기황후의 일족인 기철과 그의 일당들을 궁궐로 유인해서 모두 죽였다. 그리고 동녕부와 쌍성총관부를 공격해서 빼앗긴 영토를 되찾았다. 신속하고 과감한 공민왕의 움직임에 내부 문제로 어려움을 겪던 원나라는 제대로 대응하지 못했다. 공민왕은 편하게 왜구 문제와 내부 개혁에 집중할 수 있다고 생각했다.

붉은 폭풍

그렇게 안심한 순간 뜻밖의 사태가 벌어진다. 원나라와 싸우던 홍건적들이 고려를 노린 것이다. 1355년, 송나라를 세운 홍건적들은 본격적인 북벌을 벌였다. 이들은 거침없이 북진해서 한때 상도와 요양을 점령하는 등 기세를 떨쳤다. 하지만 곧 원나라의 반격을 받고 퇴로가 끊기고 말았다. 1359년 2월, 홍건적은 공민왕에게 협박편지를 보낸다. 불길한 징조는 그해 11월부터 시작되었다. 요동 지역에 살던 유민들과 고려 백성들이 전란을 피해 압록강을 넘어온 것이다. 그리고 며칠 후 홍건적 3천 명이 압록강을 건너와 노략질을 하고 돌아갔다. 다음 달인 12월, 모거경이 이끄는 홍건적 4만 명이 얼어붙은 압록강을 건너와서 의주를 함락시키고 백성들을 학살했다. 이어서 정주[1]를 공격해서 손에 넣었는데, 이 와중에 도지휘사 김원봉이 전사했다. 소식을 들은 공민왕은 수문하시중 이암을 서북면도원수로 삼아서 홍건적을 막도록 지시했다. 고려 조정이 이렇게 대책을 마련하는 사이에도 홍건적은 부지런하게 움직였다. 인주까지 손에 넣은 홍건적은 남하를 시도하다가 안주군민만호 안우가 이끄는 고려군의 반격을 받고 물러났다가 다시 철주[2]를 침략했다. 안우가 다시 이들을 맞아 승리를 했지만 두 번째 전투에서 패배한 후 정주[3]로 물러나서 전열을 가다듬었다. 이렇게 고려군이 홍건적을 막는 사이 이암이 서경에 도착했지만 휘하의 병력들이 부족하자 황주[4]로 물러났다. 이렇게 일이 급박하게 돌아가자 개경에서는 다들 피난을 갈 준비를 했다. 심지어 공민왕조차 말을 타는 연습을 할 지경이었다. 이

---

1 오늘날의 평안북도 의주군 고성.
2 오늘날의 평안북도 철산군.
3 오늘날의 함경남도 정주군 정평.
4 오늘날의 황해북도 황산군.

런 상황에서 고려군의 방어선을 돌파한 홍건적이 마침내 서경을 점령했다. 그리고 불가사의하게도 남진을 하는 대신 서경에 눌러앉았다.

그 사이 한숨을 돌린 고려는 1360년 1월, 병력을 서경 부근 생양역[5]에 집결시켰다. 하지만 때마침 찾아온 혹한에 고려군은 큰 고통을 겪는다. 그리고 고려군이 집결하고 있다는 사실을 알아챈 홍건적은 포로로 잡은 고려 백성 1만 명을 모조리 학살하는 만행을 저지른다. 준비를 마친 고려군이 서경을 공격했다. 그 와중에 먼저 진입한 병사 1천여 명이 압사당하는 참사가 벌어졌지만 홍건적 수천 명을 죽이고 서경을 탈환하는 데 성공한다. 서경에서 물러난 홍건적은 용강과 함종 등지로 후퇴했고, 이들을 추격하던 고려군은 역습을 당한다. 하지만 두 번째 벌어진 전투에서 고려군은 지휘관이 전사하는 피해를 무릅쓰고 싸운 결과 홍건적 2만 명을 죽이는 전과를 올린다. 도망치던 홍건적들은 강의 얼음이 깨지면서 떼죽음을 당하고 간신히 살아남은 홍건적들도 추위와 굶주림에 지쳐 쓰러졌다. 결국 수백 명만이 압록강을 건너 도망치면서 홍건적의 1차 침입은 막을 내린다. 고려로서는 최선을 다했지만 무너진 국가 체제의 한계를 여실히 드러냈다. 행정체계가 유명무실화되고, 사적이고 혈연으로 맺어진 관계가 중시되면서 병력 동원이나 보급에 어려움을 겪는다. 로마 공화정 말기의 군단들이 서로 편을 나눠서 내전을 벌였던 것은 국가나 원로원보다 장군들과 밀착되었기 때문이다. 고려의 백성들도 왕이나 조정보다는 나를 지켜주는 마을의 유력자에게 의지했다. 군인들 역시 전리품을 챙겨주는 장군들에게 충성을 바쳤다.

이런 상황에서 고려는 남쪽과 북쪽에서 거의 동시에 침략을 당했다. 기초 체력이 바닥난 고려로서는 감당하기 어려운 상황이었다. 공민왕은 드물게 준비된 왕이었다. 하지만 불행하게도 원나라뿐만 아니라 고려에게도 황혼이 찾아왔다. 한두 명의 지도자나 장군들의 힘으로는 돌이킬 수 없는 상황으로 치달은 것이다. 홍건적의 첫 번째 침입을 물리쳤다는 기쁨은 잠시였다. 바로 다음 달인

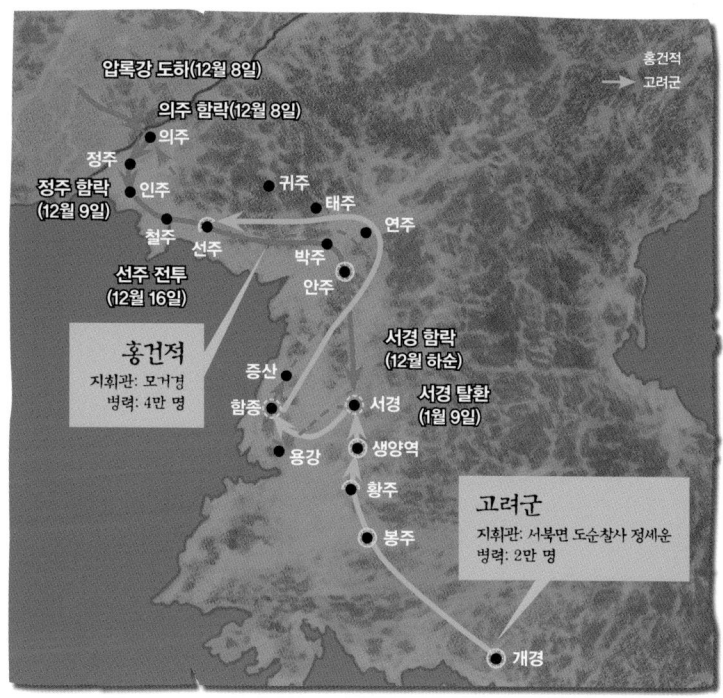

홍건적의 제1차 침공 경로. 고려가 제대로 대응하지 못하는 사이 서경까지 점령한다.

3월에 들어서 수군으로 변신한 홍건적이 70척의 배를 타고 서해도의 풍주[6]와 서경 근처의 섬들에 정박한 후 봉주[7]를 침입했다. 그리고 다른 홍건적 수군이 서해도의 안악군에 쳐들어왔다. 그 후로도 오늘날의 황해도 지역인 서해도 해안을 침략했다. 왜구들은 아예 해안지방을 벗어나서 평택과 아산, 수원 등지를 공격하고 개경의 코앞인 교동도를 침략했다. 그렇게 끔찍했던 1360년이 지나갔다. 한편, 요동 지역에 남아있던 홍건적은 원나라군의 방어선을 뚫고 중국 본토로 돌아가려고 했지만 실패로 돌아가고 말았다. 그러자 그들은 다른 목적지

---

5 오늘날의 평양시 중화군.
6 오늘날의 황해남도 과일군.
7 오늘날의 황해북도 봉산군.

를 떠올렸다. 홍건적이 다시 침입해올 움직임을 보이자 공민왕은 1361년 10월, 첫 번째 침입을 물리친 공을 세운 추밀원 부사 이방실을 서북면 도지휘사로 임명한다. 아울러 청천강 방어선이 뚫릴 것에 대비해서 동지추밀원사 이여경을 황주 남쪽의 절령에 보내서 목책을 설치한다. 그리고 같은 달 반성과 사유, 관선생 등이 이끄는 홍건적 10만 명이 압록강을 건너온다. 홍건적의 두 번째 침입이었다.

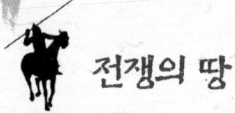

전쟁의 땅

정명섭 독자 여러분 잘 지내셨습니까? 이번 시간에는 왜구와 더불어 고려를 괴롭힌 악의 축 중 하나인 홍건적의 침입에 대해서 중계해드리도록 하겠습니다. 도움 말씀에는 신효승 작가님이 나와주셨습니다. 홍건적들은 왜 원나라와 싸우다가 고려를 넘본 겁니까?

신효승 1357년, 북송의 수도였던 개봉을 점령한 홍건적은 대송국을 세우고 세 방향으로 북벌군을 보냅니다. 그중 중로군의 목표가 바로 산서성 일대였죠. 이들은 한때 순조롭게 진격했지만 원나라의 반격을 받고 밀려납니다. 중원으로 돌아가는 길이 원나라군에 의해 차단되자 고려로 넘어온 것이죠. 그리고 홍건적이라고 통칭하긴 하지만 다들 목적과 출신 성분이 달라서 내부의 갈등도 만만치 않았습니다. 이후의 일이긴 하지만 홍건적의 주축이 된 백련교의 교주 한산동의 아들인 한림아의 경우 같은 백련교도이자 반란군 두목인 주원장에게 의탁했다가 살해당하죠. 사실 홍건적은 돌아갈 수도 없었습니다. 1359년에 원나라군의 반격을 받아서 대송국의 거점인 개봉을 빼앗긴 상태였거든요.

정명섭 그러니까 퇴로가 끊기고 돌아갈 곳이 마땅치 않아서 고려를 침략했다는 말씀이시군요.

신효승 그런 셈이죠. 중국의 농민 반란은 규모나 진행 과정이 우리나라와 매우 다릅니다. 숫자도 어마어마하고, 계속 이동하면서 세력을 늘리는 경우가 많죠. 보통은 군대만 이동하는 게 아니라 가족들까지 함께 이동하는 경우가 많습니다.

정명섭 군대라기보다는 하나의 집단이 움직인다고 봐야한다는 말씀이네요. 그런데 군인도 아닌 반란군에 가족들까지 같이 움직인다면 전투력이 약해지지 않을까요?

신효승 그건 초기에나 해당되는 얘깁니다. 정부군과의 전투가 계속되면서 경험이 쌓이고, 그 과정이 반복되면서 노련하고 강한 군대가 만들어지는 것이죠. 그러니까 1359년과 1361년에 고려를 침략한 홍건적은 단순한 도적 집단이나 가족들과 함께 떠도는 유랑 집단이 아니라 오랜 전투로 단련된 위험한 군대라는 얘깁니다.

정명섭 그렇군요. 1359년의 침략은 서경을 내주는 선에서 끝났지만 이번에는 숫자도 많고 기세도 만만치 않아 보이네요. 지난번처럼 얼어붙은 압록강을 건너온 홍건적이 삭주[8]를 공격합니다. 소식을 들은 공민왕이 백성들을 동원해서 개경의 성문을 수리합니다. 삭주를 짓밟은 홍건적이 이성[9]을 공격해서 손에 넣은 후, 11월 초에 무주[10]에 진을 칩니다. 기병이 주축도 아닌데 정말 빠르게 움직이네요.

신효승 전쟁터에서 쌓아온 오랜 경험이 있고, 작년에 한 번 쳐들어왔었기 때문에 지형에도 어느 정도 익숙할 겁니다.

정명섭 고려 쪽의 대응은 어떻습니까?

신효승 11월에 접어들면서 서북면 도지휘사인 이방실은 홍건적과의 정면승부를 피하고, 순천과 은산 등지의 백성과 식량들을 모두 절령의 목책 후방으로 대피시킵니다.

정명섭 그래도 백성들을 버려두지는 않는군요. 이방실은 안전한 곳에 백성들을 대피시킨 후 안우 등과 함께 홍건적들을 공격합니다. 소규모 교전이긴 하지만 승리를 하면서 자신감을 쌓아갑니다. 이러다 본격적인 반격에 나서겠죠?

---

8 오늘날의 평안북도 삭주군.
9 오늘날의 평안북도 창성군.
10 오늘날의 평안북도 영변군.

고려의 성을 정찰 중인 홍건적. 원나라의 지배에 반기를 든 이들은
붉은 두건을 썼기 때문에 홍건적이라고 불렸다. 원래 농민이었던 이들은
거듭된 전투를 통해 전사들로 거듭났다. 빼앗은 무기와 갑옷을 사용했는데
오른쪽의 홍건적 역시 고려군의 갑옷과 칼을 가지고 있다.

신효승 그럴 기회를 노리고 있을 겁니다.

정명섭 당하고 있던 홍건적이 11월 9일, 안주를 기습적으로 함락시킵니다. 타이밍을 노리고 있던 중이었나요? 기습을 당한 고려군은 청천강 방어선을 포기하고 퇴각합니다. 이 와중에 상장군 이음과 조천주가 전사하고 지휘사 김경제가 포로로 끌려갑니다. 일반 병사들의 피해도 만만치 않습니다. 기세를 올린 홍건적이 아군 110만 명이 뒤따르고 있으니 항복하라고 큰소리를 칩니다. 퇴각한 고려군은 절령의 방어선에 진을 칩니다. 이곳이라면 홍건적을 막을 수 있겠죠?

신효승 잘 대응해야 할 겁니다. 특히 여기는 홍건적을 피해 피난 온 백성들이 있거든요.

정명섭 안주가 함락되었다는 소식을 들은 공민왕이 관리들에게 군마를 징발하는 한편 관리들을 보내서 절령의 목책을 지키도록 합니다. 아, 눈에 띄는 인물이 활약을 하는군요. 이성계가 홍건적 1백 명을 죽이고 1명을 생포하는 전과를 올리네요.

신효승 아버지 이자춘이 고려에 투항한 이후 이성계는 가병들을 이끌고 여러 전투에 참전하면서 명성을 얻습니다. 이번 홍건적의 침입에서도 큰 활약을 합니다.

정명섭 긴장된 순간입니다. 그런데 11월 16일, 홍건적 1만 명이 한밤중에 몰래 절령의 목책으로 접근합니다. 고려군은 전혀 눈치채지 못하고 있습니다. 이러다 기습을 당하기라도 하면 위험한데 말이죠. 날이 밝고, 닭이 우는 것을 신호로 매복해있던 홍건적들이 일제히 절령의 목책을 공격합니다. 선두에 선 철기병 5천 명이 문을 돌파하면서 순식간에 방어선을 뚫는 홍건적들입니다. 고려군은 기습을 당해 제대로 막지 못한 채 궤멸당하고, 장수들만 겨우 빠져나옵니다. 안주성에 이어서 절령의 목책도 허무하게 무너지고 맙니다. 홍건적의 기습에 속수무책으로 당하네요.

신효승 역시 경험이 많아서인지 어떻게 해야 이기는지 잘 알고 있습니다. 그리고 1만 명의 사람과 5천 필이나 되는 말이 아무런 소리도 내지 않고 한밤중에 공격지점까지 이동한 점도 승리의 한 가지 요인이었습니다.

정명섭 목책을 점령한 홍건적들이 피난 온 백성들을 참혹하게 학살합니다. 정말 눈 뜨고 볼 수 없을 정도로 끔찍합니다. 고려군은 어디까지 물러났습니까?

신효승 안우가 패잔병들을 데리고 금교역[11]에 진을 칩니다.

정명섭 금교역이면 개경이 코앞 아닙니까? 이러다가는 개경까지 위험해지는 것 아닌지 모르겠네요. 안우에게 총병관 김용이 합세하는데 최영을 개경으로 보내서 병력이 부족하다고 보고합니다. 하긴 두 번이나 크게 패배했으니 싸울 병력이 바닥났겠죠?

신효승 병력 보충이 원활하지 못했다는 점도 감안해야 할 겁니다. 남쪽지역에서는 여전히 왜구들이 약탈을 저지르고 있는 중이라 쉽사리 빼내지도 못하는 상태거든요.

정명섭 절령의 패전 소식을 들은 공민왕이 결국 짐을 싸는군요. 한편, 소식을 들은 개경의 주민들도 하나둘씩 피난을 떠날 준비를 합니다. 공민왕이 피난을 떠난다는 소식을 들은 김용과 안우 등이 와서 뜯어말리네요. 특히 최영이 공민왕이 개경에 머무르고 장정들을 모아서 종묘사직을 지킬 수 있다고 목소리를 높이는군요. 결국 공민왕이 민천사라는 사찰에 잠시 머물면서 개경을 지킬 장정들을 모으지만 호응이 없습니다.

신효승 그만큼 고려라는 나라에 대한 기대치가 낮아졌다는 것을 의미하죠. 거기다 패전 직후로 분위기도 안 좋았고 말이죠.

정명섭 결국 안우가 공민왕에게 피난을 떠날 것을 권유합니다. 11월 19일, 공민

---

11 오늘날의 황해북도 금천군.

왕이 부인인 노국공주와 함께 숭인문을 통해 남쪽으로 떠납니다. 한편, 주민들도 피난을 떠나는데 한꺼번에 많은 인파가 몰린 탓에 이산가족들이 생기는 건 둘째치고 압사 사고까지 잇따르고 있습니다. 참으로 가슴 아픈 광경입니다.

신효승 어쩔 수 없는 일이죠. 개경이 비록 성으로 둘러싸여 있다고는 하지만 홍건적을 막을 병력도 없었고, 자칫 왕이 잡히기라도 한다면 사태는 걷잡을 수 없어지니까요.

정명섭 공민왕이 피난을 떠나고 닷새 후인 11월 24일, 홍건적이 마침내 개경에 입성합니다. 첫 번째 침략 때 서경을 내준 데 이어 도읍인 개경까지 내주고 맙니다. 한편, 정처 없이 피난을 떠난 공민왕은 다음 달이 되어서야 겨우 복주[12]에 도착합니다. 한숨을 돌린 공민왕이 정세운을 총병관으로 임명해서 개경을 탈환하라는 명령을 내립니다. 지금까지 상황을 살펴봤는데 홍건적이 침입한 지 두 달 만에 고려가 개경까지 내주고 계속 밀리고 있습니다. 뭔가 대책이 있어야 할 것 같은데요?

신효승 일단 왕이 안전한 곳으로 피난을 떠났으니까 더 이상의 남진을 막고 하루 빨리 개경을 되찾아야 할 겁니다.

정명섭 그래야겠죠. 가뜩이나 왜구들이 날뛰고 있는데 홍건적까지 눌러앉아 버리면 고려로서는 정말 최악의 상황에 처할 수도 있습니다.

신효승 다행스러운 건 지난번에 서경을 점령하고 눌러앉은 것처럼 이번에도 홍건적들이 개경을 점령하고 더 이상 남진할 움직임이 없다는 겁니다.

정명섭 정말 그러네요? 지난번도 그렇고 일정 시점까지는 전투를 잘 하다가 큰 성을 점령하고 나면 그대로 눌러앉는 모습을 보여줍니다. 왜 그러는 걸까요?

---

12 오늘날의 경상북도 안동.

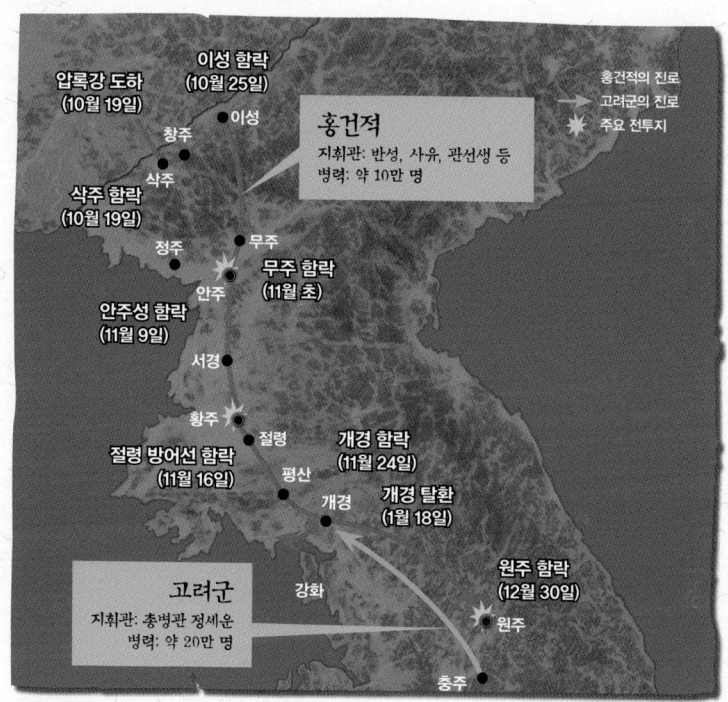

압록강 도하
(10월 19일)

이성 함락
(10월 25일)

창주
이성

삭주 함락
(10월 19일)
삭주

홍건적
지휘관: 반성, 사유, 관선생 등
병력: 약 10만 명

→ 홍건적의 진로
→ 고려군의 진로
✳ 주요 전투지

정주
무주

무주 함락
(11월 초)

안주성 함락
(11월 9일)
안주

서경

황주
절령

절령 방어선 함락
(11월 16일)

평산

개경 함락
(11월 24일)

개경

개경 탈환
(1월 18일)

고려군
지휘관: 총병관 정세운
병력: 약 20만 명

강화

원주 함락
(12월 30일)

원주

충주

홍건적의 제2차 침공 경로. 첫 번째 공격보다 더 많은 홍건적들이 넘어왔으며, 고려군이 제
대로 대응하지 못하면서 결국 개경까지 넘겨주고 말았다. 다행히 개경 점령 후에는 별다른
움직임 없이 주변을 약탈하는 데 치중하면서 고려군이 반격에 나설 수 있게 되었다.

신효승 다른 침략자들처럼 명확한 목표가 있는 것이 아니고, 중국에서처럼 그냥
거점으로 삼을만한 곳이 생기면 자연스럽게 자리 잡는 습관 때문에 그런
것 같습니다.

정명섭 개경에 자리 잡은 홍건적들이 사방으로 약탈을 하러 돌아다닙니다. 이 와
중에 원주성이 함락되고 목사 송광언이 전사하고 맙니다. 이렇게 1361년
도 저물어갑니다. 과연 다음 해에는 고려가 반격을 할 수 있을까요?

신효승 홍건적이 개경에서 움직이지 않았던 것이 결과적으로는 고려에 재기의
발판을 마련해주게 됩니다. 조만간 개경을 탈환하려는 움직임을 보일 겁
니다.

정명섭 말씀하신대로 전력을 집중시킨 고려군이 개경의 동쪽에 있는 천수사라는 절에 진을 칩니다. 20만 대군이면 한번 싸워볼만 하겠는데요.

신효승 하지만 홍건적이 개경을 지키고 있는 상황이라 쉽지는 않을 겁니다.

정명섭 어쨌든 이번 싸움으로 결판이 나겠군요. 개경에 있는 홍건적들의 움직임은 어떤가요?

신효승 두 달째 별다른 움직임을 보이지 않고 있습니다. 다만 개경을 방어하기 위해 소와 말의 가죽을 성벽에 걸쳐놓고 물을 부어서 얼려놨네요.

정명섭 그러면 성 밖에서 사다리를 타고 오르기 어렵겠는데요?

신효승 그래서 고려군은 사다리를 타고 오르는 공성전 대신에 기습하기로 결정합니다. 호군 권희라는 젊은 장수가 홍건적의 동태를 보고 와서는 개경 동쪽에 있는 숭인문에 정예부대가 모여 있으니 여기를 먼저 공격하자고 합니다.

정명섭 네? 정예부대가 지키고 있는 곳을 먼저 공격하면 피해가 많이 발생할 텐데요? 잘못 들으신 거 아닙니까?

신효승 아닙니다. 뒤집어서 얘기하면 그 부대만 격파하면 쉽게 승리할 수 있다는 뜻도 되죠.

정명섭 강한 놈을 먼저 때린다는 말씀이군요. 1월 18일 새벽, 권희가 수십 명의 기병을 이끌고 선두에 서서 기습적으로 성문을 돌파합니다. 그 뒤를 따라 고려군들이 일제히 공격을 개시합니다. 안주와 절령에서 홍건적에게 당한

《 홍건적이 점령한 개경의 성문을 기습적으로 돌파하는 고려군. 홍건적이 성벽 위에 얼린 가죽을 걸쳐놓은 것이 보인다. 이 당시 고려군의 칼은 몽골의 영향을 받아서 휘어진 형태를 보였다. 가운데 고려군 장수가 쓴 투구는 고려대학교 박물관에 전시된 고려시대 투구 유물을 참고해서 그린 것으로 앞쪽에 반달형의 가리개가 부착되어 있다. 그리고 작은 철편을 이어붙인 찰갑을 착용했는데 북한의 평안북도 동창군과 우리나라의 익산 지역에서 발굴된 고려시대 철제 찰갑편 유물을 복원한 것이다. 칼을 든 왼쪽의 병사는 두루마기처럼 위아래가 일체형인 두정갑을 착용했고, 오른쪽의 병사는 쇠사슬을 엮은 쇄자갑을 착용했으며 창날 아래 대롱에 대를 끼우는 투겁창을 들고 있다. 창은 조선 전기 세종실록에 나와 있는 그림을 참고했다. 두 병사 모두 붉은 삭모로 장식된 챙이 달린 첨주형 투구를 썼다.

방식을 고스란히 갚아주는군요. 한편, 성 안에 있던 홍건적은 졸지에 기습을 당하고 허둥지둥합니다. 물밀듯이 성 안으로 밀어닥친 고려군이 홍건적을 닥치는 대로 쳐냅니다. 이성계도 가병 2천 명을 거느리고 이 전투에 참전했네요.

신효승 그 전에도 활약을 하긴 했지만 실질적인 데뷔 무대라고 봐야겠죠.

정명섭 승기를 잡고 기세를 올리는 고려군입니다. 하지만 홍건적들은 개경 안에 만들어놓은 누벽과 보루에 의지해서 저항을 합니다. 특히 망루에 올라간 홍건적들이 쏜 화살에 고려군의 피해가 적지 않습니다. 고려군이 임시방편으로 길가의 집에서 뜯어온 문짝을 방패삼아 공격하는군요. 해 질 녘까지 전투가 계속되면서 개경 안은 온통 피와 시체들로 넘쳐납니다. 비록 적이지만 칭찬을 안 해줄 수가 없네요. 기습을 당해서 절망적인 상황에 빠졌으면서도 자기 자리를 지키고 잘 싸우는 홍건적들입니다.

신효승 아무래도 수년간 원나라군과 싸워오면서 얻은 경험 때문일 겁니다. 어느 전투건 패주할 때 가장 많은 사상자가 나거든요. 그러니까 차라리 자리를 지키고 싸우는 게 훨씬 생존에 유리합니다. 물론 전장 한복판에서 인간이 이런 합리적이고 냉철한 판단과 행동을 하는 게 쉽지는 않겠지만 말이죠.

정명섭 해가 떨어지면서 전투는 잠시 소강 상태에 접어듭니다. 새벽부터 전투가 벌어졌으니 종일 전투가 벌어졌군요. 개경 안에서 고전을 하긴 했지만 고려군이 일단 승기를 잡았다고 봐야겠죠?

신효승 홍건적 지도자들 중 사유와 관선생이 고려군의 손에 목숨을 잃은 것으로 보입니다. 지휘관들이 죽을 지경이면 일반 병사들의 피해도 만만치 않을 테죠. 문제는 이런 절망적인 상황에서도 홍건적들이 저항을 멈추지 않는데다, 미로 같은 골목길이 많은 도시의 특성상 완전한 소탕이 어렵다는 점입니다. 그리고 해가 떨어지면 홍건적들이 역습을 할 가능성도 높아집니다. 고려군은 절대 방심하지 말아야 합니다.

정명섭 　아! 우려하신대로 해가 떨어진 틈을 타서 홍건적들이 고려군의 포위망을 돌파하려고 합니다. 밤중이라 적과 아군을 알아볼 수 없게 되면서 혼란스러워집니다. 물론 고려군도 물러서지 않고 싸웁니다. 하지만 악착같이 공격한 끝에 홍건적이 포위망을 뚫는 데 성공합니다. 동쪽의 탄현문과 숭인문을 통해 개경 밖으로 탈출합니다. 이 와중에 잠깐 쉬고 있던 이성계도 다시 전장으로 향합니다.

신효승 　강한 군대와 그렇지 않은 군대는 위기 상황에 처했을 때 어떻게 대처하느냐에 따라 나뉩니다. 홍건적들은 절망적인 상황에서도 포기하지 않고 돌파구를 찾았습니다. 적이지만 칭찬해줘야 할 일이죠.

정명섭 　고려군이 적극적으로 추격하지는 않는군요.

신효승 　이미 몇 차례 추격을 하다가 역습을 당한 사례가 있어서 조심하는 것 같습니다.

정명섭 　홍건적들이 숭인문으로 탈출하고 있는데 여긴 고려군이 처음으로 공격한 곳 아닙니까?

신효승 　맞습니다. 고려사에는 장수들이 일부러 탄현문과 숭인문을 열어주고 홍건적들이 나갈 수 있게 했다고 나옵니다만, 사실은 홍건적들이 고려군의 포위망을 뚫고 탈출했을 가능성도 높습니다.

정명섭 　일부러 열어준 게 아니라면 고려군의 포위망을 돌파했다는 얘긴데요. 숭인문이라면 고려군이 진입했던 곳이니까 경계가 특히 엄하지 않았을까요?

신효승 　오히려 그걸 노리고 강습 돌파를 시도했을 가능성도 높습니다. 어쨌든 중원 대륙을 무대로 원나라군과 싸웠던 백전노장들이니까요.

정명섭 　이 와중에 이성계도 홍건적들에게 포위를 당해서 죽을 고비를 넘깁니다. 개경 밖으로 탈출한 홍건적들이 북쪽으로 도망칩니다. 고려군은 홍건적이 버리고 간 원나라 황제의 옥쇄를 챙깁니다. 이렇게 해서 홍건적의 두 번째 침입도 막을 내립니다. 승리하긴 했지만, 시기도 그렇고 고려가 입은 막대한 피해를 생각하면 우울하네요.

신효승 안타까운 일이죠. 원나라의 간섭을 뿌리치고 이제 막 새출발을 하려는 찰나였는데 홍건적의 침입을 당하면서 개혁의 동력을 소모한 셈입니다. 거기에다 두 차례의 침입으로 북방은 물론 개경까지 쑥대밭이 되면서 경제적인 피해도 적지 않은 상태입니다.

정명섭 언뜻 봐도 고려가 입은 피해가 어마어마해 보이네요.

신효승 맞습니다. 한참 개혁에 몰두해야 할 시기에 일어난 일이라 공민왕으로서는 더 뼈아픈 일로 느껴질 겁니다. 그러나 가장 큰 문제는 국가의 능력에 대해 백성들이 의문을 품었다는 겁니다.

정명섭 그렇겠군요. 특히 절령의 목책에 피신해 있다가 몰살당한 백성들의 경우에는 그야말로 국가를 믿었다가 죽은 경우라고 할 수 있겠네요.

신효승 부서지고 불탄 건물이야 다시 세울 수 있지만 국가에 대한 믿음이 한번 흔들리면 쉽게 치유되지 않습니다. 특히 뒤에 얘기하겠지만 개경을 탈환한 장군들에 대한 처리 문제는 그런 불신감을 더 키웠죠.

정명섭 참, 도망친 홍건적들은 어떻게 되었나요?

신효승 압록강을 건너서 요동으로 돌아가지만 주력부대가 고려에서 소멸된 상태라 힘을 쓰지 못합니다. 결국 그해 4월에 요동행성동지 고가노에게 섬멸당합니다. 이때 홍건적 4천 명이 죽고 두목 파두반은 생포당하죠.

정명섭 불행 중 다행으로 세 번째 침입은 없겠군요. 우여곡절 끝에 고려군이 빼앗긴 개경을 수복하고 홍건적들을 물리쳤다는 소식을 전하면서 이번 중계를 마치도록 하겠습니다.

피 묻은 미래

전쟁은 정치의 연장이라는 얘기가 있다. 왕과 장군들은 말단 병사들과 하급 지휘관들이 목숨을 걸고 얻은 승리를 가지고 주판알을 튕긴다. 그리고 때로는 비극적인 셈법이 나오기도 한다. 고려의 경우 비극의 시작은 정세운과 김용의 알력이었다. 공민왕이 강릉대군이었던 시절부터 곁에서 모셔왔던 두 사람은 나란히 연저수종 일등공신에 책봉되면서 출세가도를 달린다. 하지만 공민왕은 측근들 사이에 충성 경쟁을 시켰다. 측근들은 더 많은 권력을 얻기 위해 어제의 동지와 갈등을 벌였다. 개경을 수복하는 데 가장 큰 공을 세운 것은 역시 총병관 정세운이었다. 기철 일당의 제거에 앞장서는 등 공민왕의 측근으로서 맹활약하던 그에게는 날개를 단 격이었다. 그리고 그것을 지켜보던 김용에게는 어두운 앞날을 예고하는 것이나 다름없었다.

개경을 되찾은 뒤, 왕이 돌아오기만을 기다리던 상원수 안우에게 김용의 친척이자 공부상서를 지냈던 김림이 은밀히 찾아온다. 그는 안우에게 왕의 밀서를 건넸다. 밀서에는 정세운을 죽이라는 공민왕의 글이 적혀있었다. 안 그래도 개경 수복을 앞두고 정세운이 후방인 도솔원[13]으로 빠진 것을 서운하게 생각했던 안우로서는 눈이 번쩍 뜨일만한 얘기였다. 게다가 밀서를 가져온 김림은 정세운이 평소에 안우와 김득배, 이방실을 싫어하니 전쟁이 끝난 다음에는 필시 제거하려고 들 것이라며 충동질을 한다. 안우는 그 얘기에 넘어갔고, 이방실 역시 별다른 의심 없이 믿었다. 두 사람은 김득배의 막사로 찾아가서 밀서를 보여주면서 협력할 것을 요구했다. 하지만 김득배는 협력을 거절하며 흥분한 두 사람을 진정시킨다.

---

13 오늘날의 경기도 파주.

"이제 겨우 적을 물리쳤는데 어찌 우리끼리 피를 본단 말이요? 이 일은 신중하게 처리해야 마땅하오. 정 부득이하다면 정세운을 체포해서 압송하면 그만 아니겠소?"

김득배의 설득에 두 사람은 일단 물러났지만 그날 밤에 다시 찾아왔다. 그리고 임금의 명령이니 따라야 한다고 얘기하고는 술자리를 빙자해 정세운을 불렀다. 일이 어떻게 돌아가는지 까맣게 모르고 있던 정세운은 막사로 들어서다가 목숨을 잃었다. 함께 싸운 장수들끼리 모략을 써서 죽이는 어이없는 사태가 벌어진 것이다. 한편 복주에 있던 행재소[14]에서 이 소식을 들은 공민왕은 즉시 세 명의 장수들을 용서한다는 명령을 내리는 한편, 옷과 술을 상으로 하사한다. 안심한 안우는 공민왕을 알현하러 복주로 내려온다. 그리고 행궁의 중문을 들어서는 순간 문지기가 철퇴로 안우의 머리를 내리치려고 했다. 그 순간 안우는 김용의 밀서가 든 주머니를 가리키면서 "잠깐만 참아라. 내가 이 편지를 왕께 보여준 후 죽음을 달게 받겠다"고 처절하게 외쳤다. 하지만 결국 안우는 철퇴에 맞아 숨이 끊어졌다. 안우가 죽었다는 사실을 보고 받은 공민왕은 안우가 불충한 마음을 먹고 정세운을 살해한 죄로 처형당했으며, 이방실과 김득배를 체포하는 자에게는 3계급 특진을 시키겠다는 벽보를 내건다. 개경을 수복시킨 영웅들이 하루아침에 역적이 된 것이다. 공민왕은 이어서 대장군 오인택과 어사중승 정지상, 만호 박춘 등을 보내서 두 사람을 체포하라고 한다.

상황이 이렇게 돌아가는 줄 모르고 왕을 만나기 위해 안동으로 내려오던 이방실은 용궁현[15]에서 박춘 일행과 만났다. 박춘이 임금의 교지를 전하겠다고 하자 이방실은 아무 의심 없이 뜰에 무릎을 꿇어앉았다. 대장군 오인택이 칼을 빼서 내리치자 이방실은 그대로 꼬꾸라진다. 하지만 중상은 아니었는지 잠시 후 일어난 이방실은 담을 넘어서 도망친다. 박춘이 뒤를 쫓아서 잡자 이방실도 그의 칼을 빼앗으려고 했다. 그러자 정지상 등이 뒤에서 이방실을 칼로 찔러 죽였다. 이방실을 뒤따라오던 김득배는 기주[16]에 도착할 즈음 이 어처구니없는 사태의 전모를 듣는다. 김득배는 심복 몇 명과 함께 조상의 무덤이 있는 산양현[17]에 숨는다. 김득배의 행방이 묘연해지자 공민왕은 그의 아내와 자식들을 잡아다가 김득배의 아내에게 남편이 숨어있는 곳을 자백하라고 고문하는 한편, 사위를 동원해서 장모를 설득하게 한다. 기나긴 설득 끝에 김득배의 부인이 남편의 은신처를 털어놓는다. 김득배는 즉시 산양현으로 출동한 박춘과 정지상의 손에 목숨을 잃는다.

고려사에는 이런 어처구니없는 사태를 간신 김용의 농간으로 기록하고 있다. 하지만 김용이 조카 김림의 손에 쥐어서 보낸 밀서가 과연 위조였을까? 공민왕은 철퇴를 맞으면서도 애타게 그를 찾던 안우의 목소리를 정녕 듣지 못했던 것일까? 설사 김용이 정세운과 나머지 장수들을 이간질한 사실을 몰랐다고 해도 왜 나머지 장수들을 체포해서 심문하지 않았을까? 측근들의 전횡을 누구보다 경계하고 의심했던 공민왕은 정녕 김용의 이런 행동을 전혀 눈치채지 못했던 것일까? 진실은 아무도 모른다. 하지만 김용의 뒤에 공민왕의 짙은 그림자가 드리워져 있다는 사실은 명백하다. 공민왕으로서는 어쩔 수 없는 선택이었거나 방조할 수밖에 없었다고 항변할지도 모르겠다. 장군들의 힘이 강해지면 상대적으로 왕권은 위축될 수밖에 없다. 더군다나 고려 왕조는 무신들의 손에 1백 년간이나 휘둘리기도 했다. 하지만 이런 치졸하고 비겁한 속임수는 상황을 깔끔하게 정리해주지 못한다.

혼란을 잠재우기 위한 비상수단은 더 큰 혼란을 가져올 뿐이다. 마음속의 의심은 그 누구도 잠재울 수 없기 때문이다. 이렇게 경쟁자인 정세운과 미래의 경쟁자들이 될 수 있었던 안우, 이방실, 김득배를 제거한 김용 역시 오

---

14 임금이 임시로 머무는 장소.
15 오늘날의 경상북도 예천군 용궁면.
16 오늘날의 경상북도 영주시 풍기군.
17 오늘날의 경상북도 문경시 산양면.

래 살지는 못했다. 개경으로 돌아온 공민왕은 불탄 궁궐 대신 홍왕사에 머물렀다. 그런데 1363년 3월 초, 복면을 쓴 괴한들이 홍왕사를 습격한다. 공민왕은 겨우 자리를 피하고, 환관 안도적이 공민왕인척 누워 있다가 대신 죽임을 당한다. 공민왕을 죽였다고 믿은 괴한들은 시중인 홍언박의 집으로 쳐들어가서 그도 죽여 버렸다. 그러나 얼마 후 소식을 듣고 달려온 장군들에 의해 괴한들은 모두 체포되고 그 배후에 김용이 있었음이 밝혀진다. 이에 공민왕은 가차 없이 김용을 처형한다. 이렇게 측근들이 모두 사라진 공민왕은 홀가분하게 새로운 파트너를 영입한다. 바로 신돈이었다. 공민왕이 측근들을 어떻게 처리했는지 잘 알고 있던 신돈이 협력을 주저하자, 공민왕은 영원히 그를 배신하지 않겠다는 글까지 써서 보여준다. 하지만 그 맹세 역시 오래가지 못했다. 이런 혼란과 좌절이 계속되면서 드디어 고려의 백성들은 금지되었던 의문을 품게 되었다.

'과연 고려가 존속할만한 가치와 의미가 있을까?'

사람들이 국가에 의지하는 것은 나와 내 가족들을 보호해 줄 것이라는 믿음 때문이다. 하지만 공민왕이 개경을 수복한 장군들을 처형하고 개혁을 시도한 신돈을 제거하는 모습을 보면서 더 이상 희망을 갖지 않게 된 것이다. 물론 공민왕으로서는 어쩔 수 없었다고 항변할 수도 있다. 문제는 고려 백성들이 보기에 위정자가 어쩔 수 없다는 변명으로 넘어갈 수 있는 한계를 훌쩍 넘겨버리고 말았다는 것이다. 결국, 공민왕이 자제위의 손에 비참하게 죽었을 때, 그의 죽음을 대신할만한 충성스러운 측근은 남아있지 않았다. 그리고 오랜 세월 쌓인 불신은 몽골의 침략에도 굴복하지 않고 수백 년 동안 지탱한 고려왕조를 무너뜨리게 된다.

한편, 억울하게 죽은 이방실의 열 살 난 어린 아들 이중문이 저자에 나가서 놀면 지나가던 사람들이 가엽게 여기며 음식을 사서 먹였다. 그리고 "우리가 지금 편하게 지낼 수 있는 것은 오직 이 아이 아버지의 공이다"라며 눈물을 흘렸다고 한다. 정치가 백성들을 배신할 때, 그들은 냉혹하게 등을 돌린다. 그래서 변두리 출신의 장군 이성계에게 새로운 왕조를 열 수 있는 기회가 주어진 것이다.

이생이 담장 안을 엿보다

생육신 중 한명인 김시습이 쓴 한문소설인 『금오신화』는 일종의 중편 모음집으로 5편의 이야기가 실려 있다. 그중 한 편인 『이생규장전』은 '이생이 담장 안을 엿보다'라는 제목을 가진 소설로서 김시습이 살던 시대보다 백 년이나 앞선 시대인 고려 공민왕 때 있었던 홍건적의 침입을 다루고 있다. 고려의 도읍인 개경의 낙타교 근처에 열여덟 살의 청년 이생이 살고 있었다. 국학에 다니던 그는 길거리를 다니면서 시를 읊는 로맨티스트였다. 한편, 선죽리 근처의 양반집에 최씨 성을 가진 처녀가 살고 있었는데 그녀 역시 시와 문장을 잘 지었다. 어느 날 이생은 그녀의 집 옆을 지나가다가 우연찮게 담장 안을 엿보게 된다. 그리고 누각에 앉은 최씨 처녀가 수를 놓으면서 시를 읊는 모습을 보고 한눈에 사랑에 빠지게 된다. 하지만 담장 안으로 넘어갈 수 없던 그는 종이에 시를 써서 안으로 던진다. 이생의 시를 읽은 그녀는 저녁 때 만나자는 내용의 답장을 보낸다. 그리고 그날 저녁 이생이 찾아오자 밧줄을 담장 밖으로 늘어뜨렸다. 두 사람은 시를 통해 서로의 마음을 확인하고는 불같은 사랑을 나눈다. 하지만 이런 사랑도 잠시, 이생은 아들의 비행을 눈치챈 아버지에 의해 시골로 쫓겨난다. 그 일로 최씨 처녀가 자리에 드러눕게 되자 최씨 처녀의 부모는 정중하게 혼례를 청하고 두 사람은 결국 혼례를 올리게 되었다. 그리고 이생은 그 이듬해 과거에 합격해서 조정에 출사하게 된다. 하지만 그해가 바로 1361년, 홍건적의 두 번째 침입이 있던 해였다. 공민왕이 복주, 즉 지금의 안동으로 피난을 떠나고, 백성들은 홍건적을 피해 흩어졌다. 이생 부부도 도망치다가 홍건적에게 쫓기게 되었다. 이생은 몸을 피했지만 이생의 부인은 홍건적에게 잡히고 말았다. 그녀는 겁탈하려는 홍건적에 완강하게 저항하다 결국 목숨을 잃었다. 홍건적들이 물러나고 간신히 살아난 이생은 개경으로 돌아왔지만 그의 집과 그녀의 집 모두 잿더미가 된 상태였다. 가족을 모두 잃은 이생은 부인과 추억이 남아있던 누각에 홀로 앉아서 비통에 젖는다. 바로 그때, 헤어진 최씨 부인이 나타났다. 놀란 이생이 어찌된 일이냐고 묻자, 자신은 이미 죽었지만 남편을 그리워하는 마음을 가지고 환생했다고 털어놓는다. 이생은 죽은 아내가 묻어놓은 재물을 가지고 양가 부모의 시신을 합장하고 잘 모셨다. 그리고 남은 재물을 가지고 아내와 함께 조용히 지냈다. 그러던 어느날, 최씨 부인은 이제 돌아갈 때가 되었다며 남편에게 작별을 고한다. 아내를 떠나보낸 이생은 마지막 부탁대로 들판에 버려진 아내의 시신을 잘 수습해서 묻어준다. 그리고 몇 달 후 아내를 그리워하다가 세상을 떠난다.

비극적인 로맨스 소설이지만 여기에서 주목할 것은 홍건적의 침입이다. 홍건적의 침입으로 수많은 이생이 생겨났을 것이고, 이들은 술과 한숨으로서 먼저 떠난 가족들을 그리워했을 것이다. 우리는 역사를 볼 때 승리와 패배, 성공과 실패, 그리고 영광과 좌절로 나누려고 든다. 하지만 인간이 꾸려가는 역사는 그렇게 단순하지 않다. 이생은 무력하게 아내를 지켜주지 못했다. 그리고 돌아온 아내가 다시 떠나가자 시름시름 앓다가 세상을 떠났다. 그것은 아내에 대한 미안함이나 순애보만으로는 해석할 수 없다. 전란 통에 가족을 모두 잃은 한 남자가 할 수 있었던 마지막 선택이었다. 찰리 채플린은 '인생은 가까이서 보면 비극이고, 멀리서 보면 희극'이라는 명언을 남겼다. 전쟁과 역사는 그 반대다. 멀리서 지켜보면 아주 멋진 명품 드라마지만, 가까이서 보면 눈물 없이는 볼 수 없는 신파극이다. 이생과 그 부인의 사연처럼 말이다.

10.
진포, 황산 대첩
고려군 vs 왜구

◈ **진포, 황산 대첩 당시 양측 지휘관 및 참전 병력**

진포 대첩
고려군 지휘관 : 해도원수 나세와 심덕부, 부원수 최무선
참전 병력 : 병력 3천 명, 전투선 1백 척

왜구 지휘관 : 불명
참전 병력 : 불명, 전투선 5백 척

황산 대첩
고려군 지휘관 : 양광, 전라, 경상도 도순찰사 이성계
참전 병력 : 불명

왜구 지휘관 : 아기발도
참전 병력 : 불명

...

2월에 왜가 고성, 죽림, 거제 등에서 노략질을 하였다. 합포천호 최선 등이 이들과 싸워서 격파하였다. 이때 죽은 적이 3백여 명이었는데, 왜구가 일어난 것이 이때부터 시작되었다.

– 고려 충정왕 2년(서기 1350년) 2월

고려가 몽골의 그늘에서 벗어날 즈음 왜구의 침략이 거세졌다. 시간이 흐를수록 단순한 약탈과 노략질에서 벗어나 대규모 침략으로 이어졌다. 하지만 국가 체제가 거의 붕괴 직전이었던 고려는 이들의 공격을 막을만한 능력이 없었다. 길고 오랜 고통 끝에, 고려는 상황을 반전시킬 회심의 카드를 꺼내든다.

영원한 전쟁

조 홀드먼의 SF소설 『영원한 전쟁』에서는 초광속 항법을 발견한 인류가 우주에 식민지를 건설하다가 외계인과 전쟁을 벌이는 얘기가 나온다. 주인공 윌리엄 만델라는 덕분에 무려 천 년 동안이나 전쟁을 벌여야 했다.

파괴와 살육을 불러오는 전쟁은 아이러니하게도 모든 갈등을 잠재우는 역할을 하기도 한다. 전쟁의 결과에 따라 승자와 패자로 명확하게 나눠지면서 한쪽이 수긍하거나 체념하기 때문이다. 그래서 사람들은 죽음을 무릅쓰고 전쟁을 치른다. 더 이상의 죽음을 피하기 위해서 말이다. 고려 사람들은 윌리엄 만델라가 겪은 것처럼 왜구와 영원할 것 같은 전쟁을 치렀다.

여몽원정이 끝나고 고려에는 드디어 평화가 찾아왔다. 하지만 이런 달콤한 평화는 1350년 봄, 왜구가 해안에 모습을 드러내면서 끝이 난다. 이 해의 간지를 따서 경인년 왜구라고 불린 침략을 시작으로 본다면, 왜구의 침략은 조선 초기까지 대략 50년간 지속됐다. 악몽의 시작을 알리는 1350년만 하더라도 모두 다섯 차례의 침략이 있었다. 몽골과의 기나긴 전쟁을 30년이라고 쳐도 거의 2배에 가까운 긴 기간이었다. 그리고 그 피해는 몽골은 물론, 거란이나 홍건적의 침입보다 더 크고 참혹했다. 다른 전쟁들은 고려의 살을 베고 찔렀다. 상처가 크고 출혈이 심해서 숨이 끊어질 뻔했던 적도 있었지만, 어쨌든 참고 견디면 상처가 아물고 피가 멎었다. 하지만 왜구는 끊임없이 고려의 몸에 생채기를 냈다. 처음에는 그 상처들이 너무 작아서 난 줄도 몰랐지만 여기저기 잦아지면서 큰 출혈로 이어졌다. 고려는 뒤늦게 치료하려고 했지만, 이미 때는 늦었다. 할 수 있는 일이라고는 고작 응급처치뿐이었다.

다른 전쟁과 달리 왜구의 침략이 고려에 치명적인 상처를 남긴 이유는 그들의 목적이 달랐기 때문이다. 거란이 세운 요나라나 몽골은 정치적인 이유로 고려를 침략했다. 따라서 목적을 달성하거나 혹은 실패하면 결과에 상관없이 그것으로 전쟁은 끝나고 평화가 찾아왔다. 하지만 왜구의 목적은 전혀 달랐다. 그들은 쌀을 비롯한 재물, 그리고 포로로 끌고 갈 수 있는 백성들을 노렸다. 따라서 한차례 공격이 끝나면 물러나는 것이 아니라 다시 동시다발적으로 나타났다. 위기를 느낄 만큼의 대군은 아니었지만 배를 이용한 치고 빠지기 전술은 고려군이 대응하기 어렵게 만들었다. 지금처럼 해안 감시 레이더가 없던 시절이라서 배를 타고 불쑥 나타난 왜구들을 감시하고 경보를 알릴만한 방법이 없었다. 뒤늦게 소식을 듣고 달려가 봤자 폐허가 된 마을과 그들에게 저항하다가 죽은 백성들의 시신만 남았다. 가장 이상적인 것은 수군이 해안선을 지키는 것이었다. 하지만 지킬 곳은 많고 전투선의 숫자는 적었다. 몽골의 간섭을 받으면서 군비 증강이 제대로 이뤄지지 않은 탓이다. 고려의 대응에 문제가 있다고 느낀 왜구들은 점점 대담하게 나왔다. 그들이 노린 최고의 목표는 조운선이었다.

도로가 발달하지 않은 한반도에서 동력기관이 나오기 전에 최고의 운송수단은 배였다. 땅이 넓은 중국은 운하를 파서 그 길을 이용했지만 한반도에서는 서해를 주로 이용했다. 세금으로 거둔 쌀을 실은 배는 서해를 거쳐 개경으로 들어갔다. 왜구들은 이 조운선을 노렸다. 그나마 1350년 이전에는 왜구들이 소규모라서 대응이라도 할 수 있었지만 점점 규모가 커져서 감당하기 어려워졌다. 비극의 전조를 알리는 1350년 2월의 첫 침입의 충격이 채 가시기도 전인 4월, 왜선 1백 척이 나타나서는 순천을 시작으로 남원과 구례, 영광을 오가면서 조운선을 약탈했다. 대략 배 1척에 20~30명쯤 탄다고 추정하면 2~3천 명의 대군이 불쑥 나타난 것이다. 다음 해 8월에는 130척이 오늘날의 인천 지역에 나타났다. 남해안을 얼쩡대다가 대담하게도 고려의 도읍인 개경의 코앞까지 진출한 것이다. 그리고 뭍으로 상륙해서 남양부[1]와 쌍부현[2]을 불태워버렸다. 충정왕[3]은 이권에게 나아가 막으라고 명령했다. 하지만 이권은 "나는 장수도 아니고 녹을 받고 있지 않기 때문에 명령에 따를 수 없다"며 사임해버렸다. 다음 해인 1352년, 원나라에서 돌아온 강릉대군이 왕의 자리에 오르니, 그가 곧 공민왕이었다. 하지만 왜구의 침략은 멈추지 않았다. 공민왕은 수군을 동원해서 왜구들을 저지하려고 했지만 숫자에 압도당한 고려 수군은 나아가 싸울 생각조차 하지 못했다. 이때부터 왜구들은 개경으로 조운선이 들어가는 입구인 교동도를 집중적으로 노렸다. 아예 교동도에 올라와서 창고를 털어가기도 했다. 그리고 전라도 해안을 지나는 조운선을 약탈하고 강릉까지 침략하는 등 활동 범위도 넓어졌다. 공민왕을 둘러싼 각종 정치적인 사건들과 홍건적의 침입도 왜구에 대한 대처를 느리게 만들었다. 공민왕은 왕이 된 후 원나라의 기황후를 등에 업은 기철 일파와 내내 갈등을 벌였다. 1352년에는 측근인 조일신이 난을 일으켰고, 1354년에는 원나라의 요청으로 원병을 파견해야 했다. 1356년에는 결국 기철과 그 일당을 제거하고, 쌍성총관부와 동녕부를 수복하면서 개혁 정치에 시동을 걸었다. 하지만 1360년과 61년에 홍건적의 침입을 받으면서 급격한 제동이 걸린다. 특히 두 번째 침입 때는 개경이 함락되는 참사를 겪는다. 물론 두 달 후에 개경을 수복하는 데 성공하지만 이번에는 전후 처리 과정에서 장군들이 죽는 사건이 벌어진다. 설상가상으로 흥왕사에 머물던 공민왕에 대한 암살시도가 벌어지면서 측근인 김용이 처벌당했고, 원나라에서는 공민왕을 폐위시키고 덕흥군을 왕위에 올렸다. 물론 고려군이 덕흥군의 군대를 물리치면서 위기는 넘겼지만, 이런 급박한 상황이 계속되면서 왜구에 대한 대책은 뒤로 밀려났고, 백성들의 고통은 계속 이어졌다. 가장 좋은 방법은 수군을 양성하는 일이지만 조운선의 약탈이 계속되고 백성들이 잡혀가면서 세금을 징수하는 것

---

1 오늘날의 경기도 수원.
2 오늘날의 경기도 시흥.
3 당시 충정왕은 10대 초반이었기 때문에 모든 권력은 몽골 출신인 그의 어머니에게 있었다.
4 오늘날의 전라북도 부안.
5 오늘날의 인천광역시.
6 오늘날의 경기도 수원시.
7 오늘날의 경상남도 마산시.

이 불가능해졌다. 따라서 수군을 육성할 시간적 여유나 재정이 부족했다. 육상에 방어진을 만들어도 장수들의 행패에 병사와 백성들이 오히려 도망치는 형편이었다. 이런 상황에서 왜구들이 아예 교동도를 제집 드나들듯 하자 위협을 느낀 공민왕은 개경의 외성을 쌓으라는 명령을 내린다. 그 사이 서천이나 당진 같은 해안 지역은 물론이고 진위 같은 내륙 지역도 왜구들의 발길이 닿게 되었다. 물론 여러 가지 특단의 대책들이 수립되었다. 왜구들의 습격으로 조운선이 계속 차단되자 공민왕은 중국 용병들을 고용했다. 장인보 등 6명의 선장을 고용했는데 이들은 저마다 배 1척과 150명의 부하들을 거느리고 왔다. 이들에게 전라도의 조운선을 보호하라는 임무가 떨어졌다. 하지만 이들은 검모포[4]에서 왜구들의 공격을 받았다. 바람을 이용한 화공작전에 걸린 이들은 막대한 사상자를 내고 말았다. 기세를 올린 왜구들은 인주[5]와 화지량[6]을 쑥대밭으로 만들었다.

홍건적들이 물러나자 비로소 한숨을 돌린 공민왕은 왜구들을 근절하기 위한 대책을 세우기 시작한다. 북방의 병력들을 호출해서 교동도와 강화도의 전선 80척에 탑승시켜서 함대를 만든 것이다. 이들은 전라도에서 올라오는 조운선을 호위해서 올라오다가 왜구들의 함대와 마주친다. 하지만 고려 수군은 왜구들의 유인 작전에 걸려들어서 참패를 당한다. 공포에 질린 병사들이 바다로 뛰어들었고, 이 모습을 본 후위의 고려 수군들은 도망쳐버렸다. 왜구와 싸우다가 부상을 당한 병마판관 전승원은 물에 뛰어들었다가 조난당한 병사를 구출하고 3일 만에 귀환했다. 비슷한 시기 전라도 도순어사 김횡이 내포에서 왜구들과 싸우다가 참패를 당했다. 물론 경상도 도순문사 김속명이 진해현에서 왜구 3천 명을 죽이는 전과를 올리기도 했다. 하지만 침략하는 왜구들의 규모는 점점 늘어나서 왜선이 2백 척을 넘어서 3백 척에 이르렀다. 그리고 노리는 목표물도 달라졌다. 1374년 4월에는 무려 350척의 왜선이 합포[7]에 나타나 군영에 불을 질렀다. 이 싸움에서 전사한 고려군의 숫자가 무려 5천 명에 달했다. 같은 달에는 오늘날의 평안북도 선천군에 속한 목미도에 침입한 왜구들과 싸우던 서해도 만호 이성이 전사했다. 설상가상으로 공민왕이 의문의 죽음을 당하고 어린 우왕이 즉위하면서 왜구에 대한 대책은 또다시 뒷전으로 밀리고 말았다. 1376년 7월, 왜구들이 전라도의 군영에 침입하고, 나주를 노략질했다. 내륙으로 침범한 왜구들에 의해 공주까지 함락되었다. 양광도 원수 박인계가 연산현[8]의 개태사에서 왜구들과 맞서 싸웠지만, 그는 전사하고 고려군은 참패한다. 수군은 물론 지상에서 정규군이 패전하고 장수가 전사하는 사태가 벌어진 것이다. 기세를 올린 왜구들이 전라도 지역을 짓밟고, 그들이 개경을 공격한다는 소문이 퍼지자 고려에서는 부족한 병사들을 충원하기 위해 승려들까지 차출해야만 했다. 위기의 순간 60대의 노장 최영이 구원 투수로 등판했다. 그는 만류하는 우왕과 대신들에게 시기를 놓치면 안 된다는 말을 남기고 남쪽으로 길을 떠났다. 최영의 판단은 정확했다. 고려군을 물리친 왜구들은 자신감이 붙었는지 예전과 달리 몇 달 동안이나 약탈을 하고 돌아다녔다. 군대를 수습한 최영은 늙은 몸을 이끌고 선봉에 섰다. 최영의 명성을 잘 알고 있던 왜구들은 방향을 돌려서 퇴각하다가 홍산현[9]에서 따라잡히자 근처 산에 있는 산성에 올라갔다. 시간을 끌면서 원군을 기다리려는 속셈이었다. 이런 속셈을 간파한 최영은 선두에 서서 전투를 이끌었다. 그는 입술에 화살을 맞는 부상을 당하면서

---

8 오늘날의 충청남도 논산시 연산면.
9 오늘날의 충청남도 부여시 홍산면.

» 고려 후기의 무사들. 왼쪽의 무사는 경번갑을 착용하고 투구를 썼다. 손에 든 것은 월도로 주로 기병들이 사용했다. 쇠사슬과 철판을 엮어서 만든 경번갑은 광주민속박물관에 있는 정지 장군의 유물을 참고해서 그린 것으로 고려 후기에 사용된 것으로 추정된다. 투구는 역시 고려대학교 박물관에 있는 고려시대 투구를 토대로 그렸다. 8개의 철판을 서로 겹쳐서 만든 것으로 눈 윗부분에 챙이 달려있다. 유물에는 목을 보호하는 드림이 없었지만 비슷한 형태의 투구 유물에 남아있는 것을 토대로 그렸다. 오른쪽의 무사는 꼭대기를 붉은 삭모로 장식한 챙이 달린 첨주형 투구에 쇠사슬로 만든 쇄자갑을 착용했다. 손에 든 창은 창자루가 창날 아래의 대롱에 삽입되는 투겁창 형태다. 두 병사 모두 갑옷 안에 사슴가죽으로 만든 내갑인 녹피 방령포를 착용했다. 녹피 방령포는 이중 깃으로 되어 있으며 여밀 수 있는 단추가 붙어있다. 이 그림은 중요민속자료 21호로 지정된 남이흥 장군 일가의 유품을 토대로 그린 것이다.

도 왜구들을 섬멸했다. 홍산대첩이라고 알려진 이 전투는 날뛰던 왜구들의 기세를 꺾는 효과를 가져왔다. 그 이후에도 왜구들은 여전히 무리지어 내륙을 약탈했다. 전주가 함락되고, 강화도의 군선 50척이 불타고 병사 1천여 명이 전사하는 등 피해가 잇따랐다. 위기에 빠졌던 고려는 최영에 이어 이성계라는 걸출한 전쟁 영웅이 등장하고, 화약무기라는 비장의 카드를 꺼내면서 차츰 해결의 실마리를 잡아간다. 하지만 고려 왕조가 막을 내릴 때까지 끝끝내 왜구의 침입을 근절시키지 못했다.

일본 측 연구에 의하면 왜구의 고려 침략은 1350년부터 고려왕조가 멸망한 1392년까지 약 40년간 4백 건 가까이 발생했다. 1년에 약 40여 건에 달했고, 3년 정도를 제외하고는 매년 발생했다. 이들이 조운선을 약탈하면서 개경의 곡식 값은 폭등했고, 관료들에게는 녹봉이 지급되지 못했다. 백성들이 왜구에게 끌려가거나 그들을 피해 유랑하면서 세금을 걷는 것도 불가능했다. 몽골이나 요나라처럼 큰 타격을 주지는 않았지만, 왜구는 서서히 그러나 확실하게 고려를 붕괴시켰다.

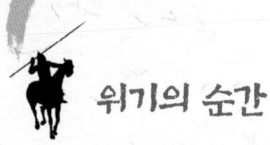

위기의 순간

정명섭 어느덧 마지막 중계 시간이 돌아왔습니다. 중계에 앞서 설명을 하는 데도 시간이 많이 소요되었네요. 오늘 중계를 도와주실 이노우에 히로미 작가님이 나와주셨습니다. 1350년, 경인년부터 왜구의 침입이 대규모, 조직화되었는데요. 일본에서는 왜 이런 현상이 벌어졌다고 보고 있나요?

이노우에 히로미 일본 내부의 갈등에서 비롯되었다고 보고 있습니다. 가마쿠라 바쿠후가 붕괴하고 잠깐 고다이고 천황이 정권을 장악합니다. 하지만 아시카가 다카우지가 반기를 들면서 일본은 남북조의 혼란에 빠져듭니다. 이런 혼란한 상황을 틈타서 왜구들이 활개를 쳤다는 것이 일본학계의 정설입니다.

정명섭 우리나라 사람이 듣기에는 약간 책임을 회피하는 듯한 느낌이 있네요. 그 얘기는 나중에 나눠보기로 하고요. 지금까지 상황을 살펴보면 1376년에 최영 장군이 홍산에서 왜구를 물리치면서 위기를 넘겼고, 북방에서 활약하던 이성계 장군이 본격적으로 왜구 토벌에 투입되면서 차츰 상황이 호전되고 있는 중입니다. 하지만 여전히 왜구들의 침입이 계속되고 있어서 뭔가 특단의 대책이 필요한 상황인 것 같습니다.

이노우에 히로미 고려뿐만 아니라 명나라도 왜구들에게 많은 괴롭힘을 당했습니다. 왜구의 전술이 배를 이용해서 치고 빠지는 방식이라 쉽사리 대처가 불가능합니다. 침입한 사실을 알고 군대가 출동하면 이미 배를 타고 도망친 후라서 허탕을 치기 일쑤죠.

정명섭 수군을 양성하거나 해안 경계를 강화하는 방법은 어떤가요?

이노우에 히로미 수군은 양성하고 유지하는 데 막대한 비용이 듭니다. 거기에다 고려처럼 해안선이 긴 경우에는 더 많은 수군이 필요하죠. 해안 방어의 경우도 레이더나 무전기가 없던 시절이라 오로지 눈으로만 봐야 하는 상황입니다. 그러니 병력을 나눠서 배치해야 하는데 그러면 각개 격파 당하기 일쑤죠. 그리고 왜구라고 통틀어서 얘기하지만 사실 남북조 내전을 겪은 무사들이 참여하고 있기 때문에 실력과 경험도 만만치 않습니다.

정명섭 그러니까 말이 왜구지 거의 일본 정규군과 다름없다는 말씀이신가요?

이노우에 히로미 1377년 5월에 김해부사 박위와 강주원수 배극렴이 황산강에서 왜구와 싸워서 승리했을 때 패가대만호라는 왜구 괴수의 목을 베었습니다. 이 사람을 왜구 두목이 아니라 일본의 영주로 보기도 하죠. 나중에 이성계와 싸운 아기발도라는 젊은 장수도 단순한 왜구 두목이 아닌 것을 보면, 이 시기 왜구의 구성원이 생각보다 복잡하고 다양하지 않았나 싶습니다.

정명섭 아무리 그렇다고 해도 고려의 대응이 너무 안이해 보이는데요?

이노우에 히로미 고려의 경우는 북방에 주력부대를 배치한 상태이기 때문에 상대적으로 남쪽의 방비는 허술할 수밖에 없습니다. 이른바 '북로남왜'라고 부르면서 양쪽 모두를 경계했지만 실질적인 위험은 북쪽이라고 본 것이죠.

정명섭 같은 해 10월에 화통도감이 설치되네요. 화약무기를 만들기 위해 처음에는 명나라 태조 주원장에게 도움을 요청했는데 재료를 바치면 만들어주겠다는 조롱조의 답신을 받고 포기하죠. 하지만 최무선이 포기하지 않고 실험을 거듭해서 마침내 국산화에 성공합니다.

이노우에 히로미 많은 도움이 될 것 같습니다만, 실전에 투입하려면 아직 시간이 필요하죠.

정명섭 1378년 들어와서도 상황이 호전되지는 않습니다. 왜구들이 안산과 인천, 부평, 그리고 오늘날의 서울시 금천구에 해당되는 지역을 노략질하네요. 인천은 그렇다고 해도 부평이나 금천은 해안에서 한참 먼 곳 아닌가요?

이노우에 히로미 고려군이 나타나지 않고, 설사 나타난다고 해도 어렵지 않게 이길 수 있다는 자신감이 붙은 거죠.

정명섭 계속해서 왜구들이 충남 부여와 서천지방까지 휩쓰는군요. 고려군은 번
　　　번이 패하면서 이들을 제대로 막지 못합니다. 다행히 최영과 이성계 장군
　　　이 왜구들의 기세를 꺾어놓긴 하지만 잠시 뿐입니다. 심지어는 평안북도
　　　철산까지 습격을 받는군요. 해가 거듭될수록 온 나라가 전쟁터로 변하고
　　　있습니다.

이노우에 히로미 참으로 안타깝습니다. 빨리 대책을 세워야 하겠는데요.

정명섭 아, 한동안 잠잠했던 왜구들이 다시 대규모로 침입합니다. 무려 5백 척에
　　　달하는 배가 전라도 해안에 모습을 드러냅니다. 5백 척이면 20명씩 탔다
　　　고 해도 1만 명, 30명이 탔다고 한다면 1만 5천 명이나 되네요. 고려가 이
　　　정도 숫자의 왜구들을 막을 수 있을까요?

이노우에 히로미 최영이나 이성계 장군이 용감하게 싸우고 있지만 병력도 부족하고
　　　무엇보다 왜구들의 숫자가 너무 많네요.

정명섭 그나마 다행인 것은 화통도감에서 만든 화포가 실전에 배치가 되어서 함
　　　선에 탑재되었다는 점입니다. 왜구들이 나타났다는 소식을 들은 해도원
　　　수 나세와 심덕부, 그리고 부원수 최무선이 드디어 1백여 척의 함대와
　　　3천 명의 병사들을 이끌고 출동합니다. 최무선이 몇 년간 양성한 화통방
　　　사군도 함께 탑승합니다. 이게 고려가 동원할 수 있는 전 함대네요.[10]

이노우에 히로미 화약무기를 쓸 수 있다는 점에 기대를 걸어봐야겠어요.

정명섭 그나저나 고려가 왜 이렇게 화약무기에 목을 맨 건가요?

이노우에 히로미 원거리에서 적을 공격하는 데 가장 적합하기 때문이죠. 왜구들은
　　　보통 백병전에 강하기 때문에 가급적 거리를 두고 공격해야 합니다.

정명섭 그거라면 활이 더 낫지 않을까요?

---

10 1380년 4월 해도도통사 최영이 우왕에게 동원할 수 있는 수군 함선이 1백 척, 병사들은 3천 명뿐이라고 보고한다.

이노우에 히로미 물론 그렇지만 활은 제대로 쏘려면 많은 시간을 들여 연습해야 하기 때문에 궁수들을 육성하는 데 시간이 많이 걸립니다. 뿐만 아니라 흔들리는 배 위에서는 생각보다 명중률도 낮고, 방패로 막으면 명중시킬 방법도 없죠. 반면 화약무기는 사정거리가 활과 비슷하거나 좀 더 멀면서도 돌이나 장군전 같은 것을 날릴 수 있어서 적의 배를 부술 수 있습니다.

정명섭 얘기를 듣고 보니까 여러 가지 장점이 있네요. 과연 이런 장점들을 살릴 수 있을지 궁금해집니다. 왜구들의 움직임은 어떤가요?

이노우에 히로미 전라도 해안을 따라 북상하다가 진포[11]에 닻을 내리고 있는 중이네요. 워낙 대군이라 근처의 고려군이 덤벼들 엄두를 내지 못하고 있어요.

정명섭 왜구들이 굵은 밧줄로 배를 동여매고 뭍으로 상륙해서 약탈을 합니다. 해안을 따라 늘어선 배의 끝이 보이지 않습니다. 약탈과 방화, 살인을 저지르면서 지옥 같은 풍경이 펼쳐집니다. 분탕질을 한 왜구들이 포로들을 시켜서 약탈한 곡식들을 배로 실어 나르는데 흘린 낟알이 길에 두껍게 쌓일 지경입니다. 남하하던 고려 수군들이 진포에 왜구들의 배가 정박해있다는 사실을 확인하고는 조심스럽게 접근합니다. 화약무기가 있다고는 하지만 몇 배나 되는 왜구들을 이길 수 있을까요? 고려 수군이 다가오는 것을 본 왜구들이 서둘러 배에 오릅니다. 하지만 배를 밧줄로 연결해서 묶어놓은 탓에 해전을 시도하지는 않습니다. 그냥 배에서 버틸 모양이네요.

이노우에 히로미 고려군의 숫자가 적은 걸 알고 굳이 해전을 벌이지 않아도 물러날 거라고 판단한 모양입니다.

정명섭 고려의 전투선이 조심스럽게 접근하는 가운데 왜구들이 뱃전에 서서 활

---

11 전투가 벌어진 진포의 위치에 대해서는 대략 충청남도 서천이나 전라남도 군산으로 나눠져 있다. 대략 금강 하구 일대를 지칭하는 것으로 보는 견해도 있다.

을 쏠 준비를 합니다. 몇 명은 긴 칼과 창을 휘두르면서 소리를 지르는군요. 뭐라고 외치는 건가요?

이노우에 히로미 "어서 덤벼라, 겁쟁이들!"이라고 소리치네요.

정명섭 하지만 고려 수군은 들은 척도 하지 않고 활의 사정거리 밖에서 배를 멈춥니다. 그리고 각 전선에 탑승한 화통 방사군들이 대장군포에 화약을 넣고 격목을 끼우면서 발사 준비를 합니다. 대장선의 장대 위에서 그 모습을 지켜보는 최무선의 얼굴에 땀이 흐르는군요.

이노우에 히로미 고려로서는 마지막 희망이나 다름없으니까요. 그동안 왜구들은 고려군의 대응이 엉망이라는 사실을 알고는 차츰 규모를 늘려왔습니다. 1백 척 미만으로 침략해왔다가 2백 척, 3백 척으로 늘렸고, 이제는 5백 척이 되었죠. 여기서 막아내지 못한다면 더 많은 배들이 몰려올 겁니다. 그렇게 되면 고려로서는 버틸 재간이 없어지는 거죠.

정명섭 장군전을 끼우는 것을 끝으로 발사 준비를 마친 화통 방사군들이 발사 준비가 완료되었다는 깃발을 들고는 대장선을 쳐다봅니다. 긴장한 표정의 최무선이 한쪽 손을 번쩍 듭니다. 어서 덤비라고 조롱하던 왜구들도 심상치 않은 분위기를 느꼈는지 조용히 바라보고 있네요. 드디어 들었던 손을 내리는 최무선입니다. 그러자 대장선에서 북소리가 울리고 그걸 신호 삼아서 화통 방사군들이 대장군포를 발사합니다. 대장군포가 굉음과 함께 날아가 왜선들을 그야말로 박살냅니다.

이노우에 히로미 오랫동안 기다려왔던 순간이었을 겁니다. 드디어 고려가 왜구들과 싸울 수 있는 무기를 손에 넣었네요.

정명섭 그동안 당한 울분을 풀기라도 하는 듯 일방적으로 두들겨대는 고려 수군들입니다. 당황한 왜구들이 화살을 쏘지만 고려의 전투선에 닿지 못합니다. 배들이 묶여 있어서 몰고 나오지도 못하고 있네요. 게다가 묶여 있던 배들에 불길이 옮겨 붙으면서 삽시간에 불바다가 됩니다. 예상치 못한 공격에 놀란 왜구들이 어찌할 바를 모르네요. 수군이 해안을 따라 길게 늘어선 왜구의 배를 차례로 격파합니다. 화약무기가 제대로 효과를 내고 있네요.

이노우에 히로미 그렇습니다. 왜구들이 고려군을 얕잡아본 것도 있긴 하지만 오랫동안 준비하고 노력한 보람이 있네요.

정명섭 왜구들의 저항이 약해지자 고려군이 더 가까이 접근합니다. 그리고 지금까지 사용하던 대장군포 대신 새로운 무기를 준비합니다. 저것들은 뭔가요?

이노우에 히로미 주화와 화전을 쓸 모양입니다.

정명섭 둘 다 화살에 화약을 매단 거 아닌가요?

이노우에 히로미 그렇긴 하지만 발사 방법과 목적이 다릅니다. 주화는 화살에 부착한 약통에서 분출하는 화약의 힘으로 날아가는 겁니다. 고려시대에는 그냥 한 발씩 쐈는데 조선시대 들어서 신기전으로 이름이 바뀌었죠. 그리고 문종 때 화차가 개발되면서 한꺼번에 수십 개의 주화를 쏠 수 있게 되었습니다. 반면 화전은 화살에 화약을 부착해서 활로 쏘는 겁니다. 화살이 목표물에 꽂히고 심지가 타들어간 화약이 터지면서 불을 내거나 파편으로 타격을 주는 방식이죠.

정명섭 고려군이 주화를 사용하는군요. 긴 꼬리를 남기며 날아가는 주화를 본 왜구들이 혼비백산합니다. 살아남은 왜구들이 결국 배를 포기합니다. 고려의 수군들이 가까이 접근해 화전을 쏩니다. 왜구들의 배가 순식간에 불타오르는 모습을 보고 고려 수군들이 함성을 지르는군요. 반면 뭍으로 내려온 왜구들은 자신들이 타고 온 배가 불쏘시개가 되어버린 모습을 망연자실한 표정으로 바라보네요.

이노우에 히로미 이렇게 당할 거라고는 상상도 못했을 테니까 그럴 만도 하죠.

정명섭 진포 앞바다는 지금 불타는 배들이 뿜어내는 불길과 연기, 그리고 죽은

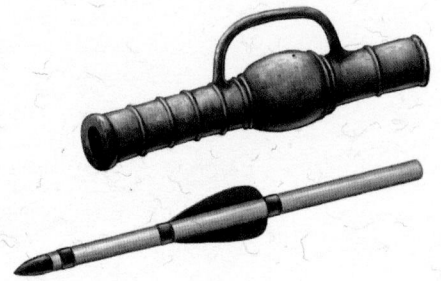

최무선이 개발한 화포와 발사체인 대형 화살.
화포는 경희대학교 박물관에 있는 고총통을
참고해서 그렸으며, 발사체는 조선시대의
대표적인 발사체인 대장군전을 토대로 그렸다.
화포는 수십 년 동안 고려를 괴롭힌 왜구를
근절시키는 데 큰 역할을 했다.

고려의 전투선은 전형적인 평저선
형태였다. 왜구들과의 해전에서
고전을 면치 못했지만 최무선이
개발한 화포를 장착함으로써
비로소 대응할 수 있게 되었다.

왜구들의 시신과 부서진 배의 파편들로 가득합니다. 수군들이 남은 왜구들의 배를 찾아서 하나씩 처리합니다. 간혹 살아남은 왜구들이 창과 칼을 휘두르며 넘어오려고 시도하지만 실패하고 맙니다. 결국 배를 포기한 왜구들이 내륙으로 발걸음을 옮깁니다. 바다가 온통 불에 타고 있습니다. 불타는 왜선들을 보던 최무선의 눈에 눈물이 그렁그렁합니다. 이제 고려가 왜구와 싸울 수 있는 해법을 찾은 건가요?

이노우에 히로미 그 정도가 아니라 해전의 방식이 아예 변해버렸다고 해도 과언이 아니죠. 그 전에는 주로 활을 쏘다가 배를 바짝 붙여서 전투병들이 넘어가서 싸우는 방식을 썼습니다. 무대가 바다로 옮겨졌을 뿐 사실상 육지에서 싸우는 것과 큰 차이가 없었죠. 그러니까 백병전을 잘 하고 숫자가 많은 쪽이 유리했습니다.

정명섭 그래서 늘 해전에서 왜구들이 고려군을 이겼죠.

이노우에 히로미 맞습니다. 하지만 화약무기를 사용하면 적군들이 타고 있는 배 자체를 무력화시킬 수 있습니다. 상대방의 숫자가 얼마나 많든 문제가 되지 않죠. 또 사람을 맞춰야 하는 활과는 달리 좀 더 큰 배를 목표로 삼을 수 있기 때문에 명중시킬 확률도 더 높습니다.

정명섭 그럼 이번 승리가 단순히 왜구의 기세를 꺾었다는 것 정도에만 그치지 않는다는 말씀이시군요.

이노우에 히로미 그렇습니다. 이제 대포를 사용하면 바다에서도 왜구와 대등하거나 혹은 유리하게 싸울 수 있고, 수적인 열세도 이겨낼 수 있게 된 거죠. 몇 년 후의 일입니다만 정지 장군이 이끄는 고려 수군이 왜구 선단을 관음포에서 격퇴시켰을 때도 이 화약무기들이 큰 효과를 봤죠. 고려가 만약 화약무기를 손에 넣지 못했다면 대마도 정벌 같은 대담한 공세는 생각하지도 못했을 겁니다.

정명섭 참으로 의미가 있는 승리였다는 말씀이시군요. 그나저나 배를 잃은 왜구들이 내륙으로 이동하는데 아직 숫자가 만만치 않네요.

이노우에 히로미 애초에 배를 지키고 있던 인원이 많지 않았고, 고려군이 배를 목표로 했기 때문에 상대적으로 피해가 적은 편이죠.

정명섭 아! 배를 잃은 왜구들이 분풀이를 하는지 포로로 잡은 고려 백성들을 마구 죽입니다. 차마 눈 뜨고 볼 수 없을 정도로 참혹한 광경입니다. 수천 명이 죽고 겨우 330명만이 살아서 도망쳐옵니다. 학살을 저지른 왜구들은 옥주[12]로 달아나서 먼저 상륙한 동료들과 합세합니다. 그리고 선주[13]와 경산 일대를 노략질합니다. 돌아갈 길을 잃어서 그런지 작정하고 분탕질을 벌이고 있네요.

이노우에 히로미 워낙 대규모 부대라서 고려군이 막는 것이 어려워 보입니다. 빨리 대책을 세워야겠는데요.

정명섭 한편 개경으로 귀환한 나세와 심덕부, 최무선에게 우왕이 상으로 금 50냥씩을 하사합니다. 그리고 이성계를 양광, 전라, 경상도순찰사를 삼아서 왜구들을 토벌하라는 명령을 내립니다. 그 사이 왜구들이 고려군을 격파하고 함양까지 짓밟아버립니다. 이어서 남원산성을 공격하지만 함락시키지 못하자 운봉현을 불살라 버립니다. 그리고 나서 북쪽으로 진격해서 개경을 공략하겠다고 큰소리를 치네요. 이러는 사이 9월에 접어듭니다. 전장에 도착한 이성계가 병사들을 이끌고 왜구들을 추격합니다. 드디어 황산에서 왜구와 격돌합니다.

이노우에 히로미 중요한 순간이죠. 여기에서 패배하면 정말 왜구들이 개경을 공략할지도 모릅니다.

정명섭 이성계 장군이 부대를 나눠서 진격하는 본대는 평탄한 길로 보내고, 자신

---

12 오늘날의 충청북도 옥천.
13 오늘날의 경상북도 선산.

은 별동대를 이끌고 오른쪽 산기슭으로 행군합니다. 하지만 겁을 먹은 고려군 본대가 퇴각하면서 이성계가 이끄는 별동대만 진군하게 됩니다. 가뜩이나 수적으로 불리한데 더 어려워지겠는데요?

이노우에 히로미 다행스럽게도 날이 저물어서 상대방도 고려군의 숫자를 정확하게 파악할 수 없는 상태입니다. 다만 매복이 있으면 위험해질 수 있을 것 같아요.

정명섭 말씀드리는 순간! 숲 속에 숨어있던 왜구들이 일제히 공격을 개시합니다. 하지만 노련한 이성계는 미리 예상하고 있었다는 듯 화살을 퍼부어댑니다. 이렇게 어두운 밤에 별빛에만 의지해서 활을 쏘고 있는데도 속도도 그렇고 명중률도 장난이 아니네요.

이노우에 히로미 원래 이성계는 활을 잘 쏘기로 유명한 무장이었으니까요.

정명섭 세 번에 걸친 왜구들의 공격을 성공적으로 격퇴하는 이성계입니다. 매복 공격이 실패로 돌아가자 왜구들이 황산의 험한 지형을 이용해서 방어진을 폅니다. 공격이 실패하니까 미련 없이 수비로 전환하네요.

이노우에 히로미 당시 일본 무사들의 전형적인 전투 방식입니다. 주로 군사력이 약했던 남조 측이 이런 방식을 많이 썼죠.

정명섭 이성계가 공격 명령을 내립니다. 하지만 선두의 고려군이 왜구의 방어선을 돌파하지 못합니다. 이에 이성계가 직접 나서는군요. 밤중이라 양측 모두 뒤엉켜서 정신없이 싸우고 있습니다. 그 와중에 창을 든 왜구가 말을 탄 이성계의 뒤로 몰래 접근합니다. 하지만 지휘에 정신이 팔린 이성계는 알아차리지 못합니다. 조금 떨어진 곳에서 싸우던 부하 이두란이 조심하라고 외치지만 듣지 못하네요. 어쩔 수 없이 이두란이 직접 활을 겨눕니다. 잘못 쏘면 이성계가 맞겠는데요. 다행스럽게도 창을 든 왜구를 명중하는 이두란의 화살입니다. 격전이군요.

이노우에 히로미 왜구들로서도 여기에서 패배하면 돌아갈 곳이 없으니까 그야말로

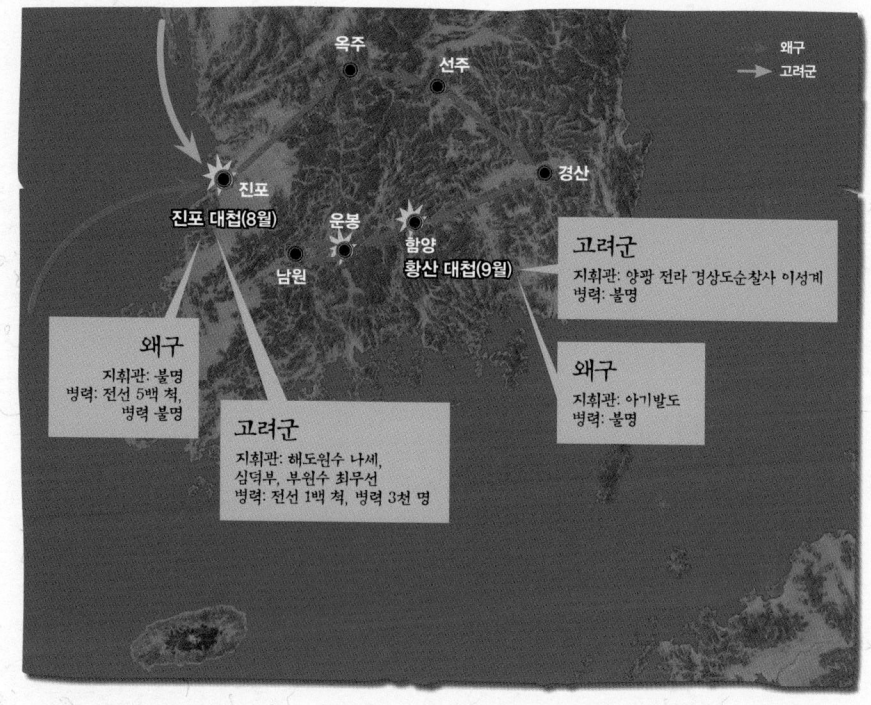

진포와 황산대첩 당시 왜구들의 이동 경로. 배를 잃은 왜구들은 내륙을 휩쓸면서 약탈과 학살을 저질렀다.

결사적으로 싸울 수밖에 없을 겁니다.

정명섭 왜구의 공격이 이성계에게 집중됩니다. 타고 있던 말이 화살에 맞자 바꿔 타지만 그 말마저도 적의 화살에 맞습니다. 이성계 역시 왼쪽 다리에 화살을 맞습니다만, 아픈 티를 내지 않고 뽑아버려서 아무도 눈치채지 못합니다. 몇 번이고 포위되지만 중국인 부하 장수 처명의 맹활약으로 간신히 빠져나옵니다. 안전한 곳으로 물러나서 겨우 한숨을 돌리는 이성계와 부하들입니다. 정말 손에 땀을 쥐게 하는 싸움이네요.

이노우에 히로미 양쪽 모두 필사적입니다.

정명섭 그때 이성계가 다시 칼을 고쳐 잡고 싸우러 나갑니다.[14] 방금 죽을 고비를 넘겼는데 겁도 나지 않는 모양입니다. 다음 날 해가 뜨자 이성계와 고

나기나타를 들고 공격해오는 왜장 아기발도를 사살하는 이두란. 아기발도는 오요로이를 착용하고 면갑으로 얼굴을 가린 상태라서 빈틈을 찾기 어려웠다. 아기발도가 착용한 오요로이의 가슴에 늘어진 작은 방패 같은 것은 전단판栴檀板과 구미판鳩尾板으로 양쪽 겨드랑이를 보호하는 역할을 했다.

려군이 다시 황산의 왜구들과 격돌합니다. 이성계의 활약에 감동을 받은 걸까요? 고려군도 힘을 냅니다. 이때 왜구들의 진영에서 온몸을 갑옷으로 무장한 장수가 모습을 드러냅니다. 왜구들의 히든카드인가요?

이노우에 히로미 고려군이 아기발도라고 부르는 젊은 장수네요. 원래는 왜구가 아니었지만 거듭된 간청에 합류하게 된 것이죠. 나이는 어리지만 왜구들이 모두 이 자의 말을 따른 걸 보면 무예나 통솔력이 뛰어난 인물로 보입니다.

정명섭 아기발도가 창을 휘두를 때마다 고려군이 맥없이 쓰러집니다. 그 광경을 본 이성계가 생포할 뜻을 비추지만 이두란이 사상자가 날 것이라며 활로 쏴서 죽이자고 합니다.

이노우에 히로미 맞는 얘기인 것 같아요. 전황이 급박한 상황이라서 빨리 제거하는 게 좋겠습니다.

정명섭 그런데 온몸은 물론이고 얼굴까지 갑옷으로 가린 상태라 활을 쏠만한 곳이 없는데 말이죠. 이두란과 상의를 마친 이성계가 말을 타고 달려 나가며 신중하게 활을 겨눕니다. 시위를 떠난 화살이 아기발도의 투구꼭지를 맞춥니다. 기울어진 투구를 바로 쓰는 아기발도. 하지만 이성계가 다시 화살을 쏴서 기어코 투구꼭지를 맞춰서 투구를 떨어뜨립니다. 그 빈틈으로 이두란이 화살을 쏴서 아기발도를 사살합니다. 일본 투구의 장식이 화려한 게 오히려 표적이 되어버렸네요.

이노우에 히로미 이제 마지막 장애물까지 제거했으니 계속 밀어붙여야죠.

정명섭 마지막 희망이 사라진 왜구들이 저항을 포기하고 달아나지만 이미 빈틈없이 포위당한 상태입니다. 모두 전멸당하고 고작 70명만 살아남아서 지

---

14 이 장면을 두고 고려사에서는 이성계가 바로 나갔다고 되어 있지만, 이성계가 해를 가리키며 맹세한다는 내용이 나오는 것으로 봐서는 다음 날 다시 전투가 벌어진 것으로 보인다.
15 살아남은 왜구들은 지리산을 거쳐 무등산에서 마지막 저항을 시도하다가 배를 타고 탈출을 시도한다. 그러나 성공하지 못하고 사살당하거나 생포된다.

리산으로 달아납니다.[15] 노획한 말이 무려 1천6백 필에 달합니다. 이렇게 진포와 황산에서 승리를 거둠으로서 고려는 왜구들과의 전쟁에서 주도권을 잡아갑니다. 이번 싸움 어떻게 보셨나요?

이노우에 히로미 몇 번이나 위기를 겪었지만 어떻게든 승리하겠다는 이성계의 투지가 돋보인 싸움이었습니다.

정명섭 저도 그렇게 생각합니다. 진포나 황산 전투는 참으로 결정적인 시점에서 벌어진 전투로, 고려는 여기에서 승리를 거머쥐면서 어떻게든 실마리를 찾아갈 수 있었습니다.

이노우에 히로미 반면 왜구들은 고려가 가진 화약무기 앞에서 속수무책으로 당하는 모습을 보여주면서 그들이 가진 명백한 한계를 드러냈죠.

정명섭 고려가 왜구들을 물리쳤다는 소식을 전하면서 고려전쟁생중계의 모든 중계를 마치도록 하겠습니다. 중계를 끝까지 들어주셔서 고맙습니다.

매력적인 비즈니스, 약탈

1350년부터 왜구들의 대규모 침입이 늘어난 이유는 무엇일까? 그것은 일본 내부의 사정이 변했기 때문이다. 고려를 침략한 왜구들은 대개 가까운 쓰시마나 규슈 쪽에서 넘어왔다. 따라서 고려는 왜구의 침략이 심해지면 대마도에 사신을 보내 항의하고 처벌을 요구했다. 일본의 행정력이 잘 유지되었을 때는 이 방법이 효과적이었다. 왜구는 일본의 입장에서도 단속과 처벌대상이었기 때문에 가마쿠라 바쿠후가 융성할 때는 발호를 억제할 수 있었다. 실제로 가마쿠라 바쿠후 시절이었던 1227년, 일본은 고려의 항의를 받고 관련자 90명을 처벌하고 이 사실을 고려에 알렸다. 하지만 1333년 고다이고 천황을 지지하는 무사들이 가마쿠라 바쿠후를 무너뜨리면서 혼란이 시작되었다. 교토에 입성한 고다이고 천황은 가마쿠라 바쿠후를 대신해 통치했지만, 급격한 변화는 곧 지지층이었던 무사들의 불만을 사게 되었다. 결국 1336년, 아시카가 다카우지가 고다이고 천황을 몰아내고 교토를 점령하면서 다시 혼란이 찾아온다. 쫓겨난 고다이고 천황은 요시노로 달아났고, 아시카가 다카우지는 교토에 허수아비 천황을 세웠다. 두 명의 천황이 각기 정통성을 주장하면서 남북조로 분열되었다. 그리고 약 60년간 기나긴 내전을 치러야만 했다. 이렇게 중앙의 통제가 느슨해지고 혼란이 가중되면서 지방에 대한 통제도 느슨해졌다. 이런 혼란은 자연스럽게 왜구의 활동 증가로 이어졌다. 처음에는 부족한 식량을 약탈하는 수준이었던 왜구들은 나중에는 아예 대규모 약탈단을 조직했다. 그리고 왜구들을 처벌하던 무사 집안은 아예 이들을 부하로 맞이하거나 세금을 받는 조건으로 약탈을 묵인하는 데까지 이른다.

왜구들의 정체는?

세종 28년(서기 1446년) 10월 28일, 판중추원사 이순몽은 세종대왕에게 다음과 같이 고한다.

…… 신이 듣자옵건대, 고려 왕조의 말기에 왜구가 크게 성해서 백성들이 살 수가 없게 되었습니다. 그러나 그들 중에 실제 왜인들은 10명 중에 1~2명에 지나지 않았습니다. 본국의 백성들이 거짓으로 왜인의 의복을 입고서 당을 만들어 난을 일으켰으니 ……

이순몽의 말대로라면 고려 후기를 뒤흔들었던 왜구들은 대부분 고려인이었고 실제 일본인은 얼마 안 된다는 얘기가 된다. 우리들은 왜구라고 하면 앞머리를 밀고 훈도시에 게다를 신은 왜인들을 떠올린다. 하지만 일본에서는 왜구들 안에 일본인만 있었던 것이 아니라 제주도민, 그리고 양수척이나 재인 같은 천민집단이 주동을 했거나 적극적으로 가담했다고 주장한다. 설사 일본인의 소행이라고 해도 쓰시마 같은 일부 지역 거주민들의 짓이라는 것이다. 아울러 왜구의 발생 원인도 고려가 몽골군과 손잡고 자국을 침공한 것에 대한 복수였거나, 고려의 무역 제한으로 인한 경제적인 빈곤을 타계하기 위한 약탈이라는 등 은근히 고려에게 책임이 있다는 식으로 떠넘기고 있다. 그들은 그 근거로 단순한 해적

집단이라고 보기에는 왜구들의 숫자가 너무 많고, 1천 필이 넘는 말을 끌고 바다를 건너는 것도 불가능하다는 점을 든다. 그리고 위에 언급한 이순몽의 발언도 주요한 증거로 삼는다. 그렇다면 일본 쪽의 주장은 사실일까?

일단 고려사의 기록을 보면 재인이나 화척 같은 천민이나 노비들이 무리를 지어서 가왜, 즉 왜구 흉내를 내면서 약탈을 한 사례가 있다. 중요한 점은 이들이 진짜 왜구들과 손을 잡고 길안내를 하거나 약탈에 가담했다는 증거가 없다는 점이다. 제주도민이라는 주장 역시 별다른 근거가 없이 당시 제주도가 아직 고려에 완전히 복속되지 않은 상태라는 점을 내세웠다. 하지만 이런 주장을 뒷받침할만한 최소한의 사료조차 없는 형편이다. 가장 중요한 근거가 되는 이순몽의 발언은 호패법을 부활시키기 위해 과장했을 가능성이 제기되고 있다. 그렇다면 고려를 종횡무진하던 왜구들의 진짜 정체는 무엇일까?

1330년대부터 1390년대까지 일본은 남북조로 나눠져서 내전을 치른다. 내전이 벌어지면서 자연스럽게 약탈을 하던 집단에 대한 통제력도 떨어졌다. 지방의 영주들은 이들의 약탈을 묵인하는 조건으로 세금을 받다가 아예 가담을 했던 것으로 보인다. 이들이 가담하면서 왜구들의 숫자와 전투능력이 높아졌고, 고려군과도 거의 정규군 수준의 전면전을 치를 수 있게 되었다. 흥미로운 점은 고려의 항의를 받은 일본 조정, 즉 북조는 이 왜구 집단을 남조 측에 가담한 자들로 봤다는 점이다. 그래서 고려 측에 지금 당장은 막을 수 없다고 설득하는 한편, 군대를 고려에 파견해서 왜구 토벌을 도왔다. 1378년 6월, 규슈를 통치하고 있던 이미가와 로슌이 승려인 신홍과 69명의 병사를 고려로 보내서 왜구를 토벌했다. 이들은 조양포에서 전투를 벌여서 왜구들을 전멸시키고 부녀자 20명을 풀어주는 등 나름대로의 전과를 올렸다. 다음 해에도 북조 측에서는 군대를 파견했고, 포로로 끌려온 고려 백성들을 송환했다.

참고문헌

I. 상수채 전투

단행본
『고려사절요 - 상』 김종서 외 지음, 민족문화추진회 옮김, 신서원, 2000

『전쟁과 역사 2 - 거란, 여진과의 전쟁』 임용한 지음, 혜안, 2004

『고려 거란 전쟁 - 압록강 연안에서 전개된 영토 확장 전쟁』 안주섭 지음, 경인문화사, 2003

『여요전쟁사』 국방부 전사편찬위원회 지음, 1990

『지도로 보는 한국사』 김용만 지음, 수막새, 2004

『해동 명장전』 홍양호 지음, 국방부전사편찬위원회, 1987

『고려, 북진을 꿈꾸다 - 고구려 영토회복의 꿈과 5백 년 고려전쟁사』 정해은 지음, 플래닛미디어, 2009

『한국의 군제사』 김홍 지음, 학연문화사, 2001

『국역 요사 - 상』 김위현, 이성규 옮김, 단국대학교출판부, 2012

논문
「고려 거란 전쟁과 기병전술」 이홍두 지음, 사학연구 제80호, 2005

「전략적 사고에서 본 서희의 강동 6주 협상」 박상현 지음, 한국정치학회보 제44집 제3호, 2010

「고려 거란 '30년 전쟁'과 동아시아 국제질서」 육정임 지음, 동북아역사논총 34호, 2011

「993년 고려 거란 간 갈등 및 여진 문제」 최덕환 지음, 한국학 중앙연구원 석사학위논문, 2012

「초기 거란의 성장과 국제적 위상: 태조, 태종 시기(907~947)를 중심으로」 유빛나 지음, 전북대학교 대학원 석사학위논문, 2012

「고려 전기 군제 연구」 홍원기 지음, 연세대학교 박사학위 논문, 1998

2. 귀주 대첩

단행본 『고려의 북진정책사』 장학근 지음, 국방부 군사편찬연구소, 2004

『전쟁으로 보는 한국사』 김성남 지음, 수막새, 2005

『고려시대 북진전략』 국방부군사편찬연구소 지음, 2006

논문 「다시 보는 한국 고전사 – 귀주 대첩 : 귀주 대첩은 우리 역사상 흔치 않은 야전이었다」 김병륜 지음, 국방저널, 2006

「고려 현종대 거란과의 전쟁과 지배체제 개편」 이정훈 지음, 한국중세사연구 제29호, 2010

「고려 현종대의 무신란」 강철원 지음, 전남대학교 석사학위 논문, 2010

3. 귀문관 전투

단행본 『한국사전쟁통사 2 : 고려 시대 편』 국방군사연구소, 1993

논문 「윤관의 생애와 활동」 남인국 지음, 한국중세사연구 제32호, 2012

「윤관의 생애와 정치적 위상」 박은진 지음, 조선대학교 석사학위논문, 1999

「고려 숙종의 개혁정치 연구」 배봉균 지음, 동국대학교 석사학위논문, 1988

「고려 초기의 북방영토와 9성의 위치비정」 최규성 지음, 백산학보 제76호, 2006

「12세기 초 고려의 여진정벌과 대외관계의 변화」 강은정 지음, 국민대학교 석사학위논문, 2002

「고려, 조선시대 윤관 9성 인식의 변화」 이정신 지음, 한국중세사연구 제32호, 2012

「1107년~1109년 고려의 갈라진 지역 축성과 '윤관 9성' 인식」 송용덕 지음, 한국사학보 제43호, 2011

기타 네이버 지식백과 – 국역 고려사

4. 길주성 전투

단행본 『모반의 역사』 한국역사연구회 지음, 세종서적, 2001

『전쟁으로 읽는 한국사』 김광일 지음, 은행나무, 2012

논문 「11세기 후반~12세기 초 여진정벌문제와 정국동향」 추명엽 지음, 한국사론 제45집, 2001

「고려의 여진정벌과 기마전」 이홍두 지음, 군사, 2007

「고려 예종대 구성환부에 관한 연구」 민병환 지음, 조선대학교 석사학위논문, 1990

5. 동선역, 안북성 전투

단행본 『모반의 역사』 한국역사연구회 지음, 세종서적, 2001

『전쟁으로 읽는 한국사』 김광일 지음, 은행나무, 2012

논문 「11세기 후반~12세기 초 여진정벌문제와 정국동향」 추명엽 지음, 한국사론 제45집, 2001

「고려의 여진정벌과 기마전」 이홍두 지음, 군사, 2007

「고려 예종대 구성환부에 관한 연구」 민병환 지음, 조선대학교 석사학위논문, 1990

6. 충주산성 전투

논문 「제5차 여몽전쟁과 충주산성의 위치비정」 최규성 지음, 상명사학 6, 1998

「충주 대림산성 고: '충주산성'과의 관련성을 중심으로」 최근영 지음, 중원문화논총 4, 2000

「충주산성 북문지 발굴조사 개보」 조순흠, 조록주 지음, 한국성곽학보 제9집, 2006

「고려의 몽골전쟁과 기마전」 이홍두 지음, 역사와 실학 제34집, 2007

「몽고침입에 대한 최씨정권의 외교적 대응」 강재광 지음, 서강대학교 박사학위논문, 2007

7. 제1차 일본 원정

단행본 『여몽연합군의 일본정벌』 정순태 지음, 김영사, 2007

『쿠빌라이칸의 일본 원정과 충렬왕』 이승한 지음, 푸른역사, 2009

논문 「원 간섭기 원종과 충렬왕이 정치적 행적: 김방경의 삼별초 정벌, 일본원정을 중심으로」 이정신 지음, 한국인물사연구 제10호, 2008

「여원 일본원정군의 일본 출정과 여원 관계」 김위현 지음, 국사관논총 제9집, 1989

「여원연합군의 일본원정 경로에 대한 고찰」 이재범 지음, 군사연구 제127집, 2009

「여원연합군의 일본침입과 고려군선」 윤용혁 지음, 군사, 2008

9. 홍건적의 침입

단행본 『건국의 정치 – 여말선초, 혁명과 문명 전환』 김영수 지음, 이학사, 2006

『여말선초 군제개혁 연구』 윤훈표 지음, 혜안, 2000

『폭군의 몰락』 이한 지음, 청아출판사, 2009

『이생규장전』 백승남 지음, 한겨레 아이들, 2004

논문 「고려말 홍건적의 침입과 안동임시수도의 대응」 이경희 지음, 역사와 경계 24, 1993

「홍건적의 침입에 대한 고찰」 김정의 지음, 군사, 1988

「14세기 홍건적의 고려침구 원인에 대한 일고찰: 요동지역 정세를 중심으로」 노창민 지음, 홍익대학교 석사학위논문, 1994

「고려 공민왕대 중엽의 정치적 변동」 민현구 지음, 진단학보 제107호, 2009

「공민왕의 안동몽진에 관한 일연구」 김호종 지음, 안동문화 1, 1980

「금오신화, 이생규장전의 비극성과 그 미학적 기제: 낭만성과 비분강개의 비극성을 중심으로」 김창현 지음, 온지논총 제28집, 2011

10. 진포, 황산 대첩

단행본 『왜구와 고려, 일본 관계사』 이영 지음, 혜안, 2011

『화염 조선 – 전통 비밀병기의 과학적 재발견』 박재광 지음, 글항아리, 2009

『잊혀진 전쟁 왜구(그 역사의 현장을 찾아서)』 이영 지음, 에피스테메, 2007

논문 「고려 말 무장 세력의 군사적 배경」 진석우 지음, 호남대학교 인문사회과학연구 제8집, 2001

「고려 후기 왜구의 발생과 실체 검토」 이동현 지음, 제주대학교 석사학위 논문, 2010

「고려 우왕대 왜구의 동향과 성격 변화」 정연현 지음, 역사와 세계 33, 2008

「고려 후기 왜구의 성격에 대하여」 이재범 지음, 사림 제19호, 2003

「여말선초 왜구발생의 메카니즘」 이영 지음, 한국중세사연구 제34호, 2012

「홍산, 진포, 황산 대첩의 역사지리학적 고찰」 이영 지음, 일본역사연구 제15집, 2002

「고려후기 최무선의 생애와 화약제도」 김기섭 지음, 한국중세사연구 제26호, 2009

「고려시기 해전과 초기 화약무기: 원거리 무기의 선호와 화약 도입을 중심으로」 한성일 지음, Strategy 21. 제12권 제2호 통권 제24호, 2009

고려전쟁 생중계

ⓒ 정명섭 신효승 이노우에 히로미 김원철 2014

1판 1쇄   2014년 5월 25일
1판 2쇄   2019년 12월 24일

글   정명섭 신효승 이노우에 히로미
그림   김원철
펴낸이   김정순
책임편집   이은정 김수진
디자인   이혜령
마케팅   김보미 임정진

펴낸곳   (주)북하우스 퍼블리셔스
출판등록   1997년 9월 23일 제406-2003-055호
주소   04043 서울시 마포구 양화로 12길 16-9(서교동 북앤빌딩)
전자우편   editor@bookhouse.co.kr
홈페이지   www.bookhouse.co.kr
전화번호   02-3144-3123
팩스   02-3144-3121

ISBN   978-89-5605-744-6 03090

이 도서의 국립중앙도서관 출판시도서목록(CIP)은 서지정보유통지원시스템 홈페이지(http://seoji.nl.go.kr)와 국가자료공동목록시스템(http://www.nl.go.kr/kolisnet)에서 이용하실 수 있습니다. (CIP제어번호: CIP2014013041)